U0450684

国家自然科学基金青年项目"外向型开放式创新动机/模式、解吸能力与创新绩效：理论构建与实证研究"（批准号：71602019）

# 开放式创新、动态能力与创新绩效的关系研究

马文甲 著

中国社会科学出版社

## 图书在版编目（CIP）数据

开放式创新、动态能力与创新绩效的关系研究/马文甲著.
—北京：中国社会科学出版社，2020.5
ISBN 978-7-5203-6415-7

Ⅰ.①开⋯ Ⅱ.①马⋯ Ⅲ.①企业创新—研究 Ⅳ.①F273.1

中国版本图书馆 CIP 数据核字（2020）第 069678 号

| | |
|---|---|
| 出 版 人 | 赵剑英 |
| 责任编辑 | 刘晓红 |
| 责任校对 | 周晓东 |
| 责任印制 | 戴　宽 |
| 出　　版 | 中国社会科学出版社 |
| 社　　址 | 北京鼓楼西大街甲 158 号 |
| 邮　　编 | 100720 |
| 网　　址 | http://www.csspw.cn |
| 发 行 部 | 010-84083685 |
| 门 市 部 | 010-84029450 |
| 经　　销 | 新华书店及其他书店 |
| 印刷装订 | 北京君升印刷有限公司 |
| 版　　次 | 2020 年 5 月第 1 版 |
| 印　　次 | 2020 年 5 月第 1 次印刷 |
| 开　　本 | 710×1000　1/16 |
| 印　　张 | 13.75 |
| 字　　数 | 213 千字 |
| 定　　价 | 76.00 元 |

凡购买中国社会科学出版社图书，如有质量问题请与本社营销中心联系调换
电话：010-84083683
版权所有　侵权必究

# 序

传统创新理论一般都是假定企业技术创新是在企业内部完成的。通常是企业要先有自己的创意,然后进一步开发、研制新产品,进而推向市场,自己分销、提供服务、资金以及技术支持。这种创新模式被称为"封闭式创新"(Closed Innovation)(Chesbrough,2003)。封闭式创新衍生出这样一种良性循环:企业在内部研发方面投入大量资金,研发出新技术,且使用知识产权来保护这些新技术,然后将它们转化为新产品推向市场实现更高的利润,进而再投资于更多的内部研发工作。

随着知识员工流动性增强、风险投资兴起以及创新成果所面临的外部选择增加等侵蚀性因素导致的创新环境变化,特别是随着许可、风险投资、开放源码、创新社群等新的现象的出现,加之新的信息技术和创新的大量涌现,封闭式创新的成本高、风险大、一些技术因被束之高阁而无法实现其价值等弊端日益显露出来,它的良性循环也随之被打破。在此背景下,切萨布鲁夫(Chesbrough,2003)在《开放式创新:进行技术创新并从中赢利的新规则》(*Open Innovation:The New Imperative for Creating and Profiting from Technology*)一书中首次提出了"开放式创新"的概念,指出当企业着眼于发展新技术的时候,可以并应当同时利用内部和外部的所有有价值的创新,同时使用内部、外部两条市场通道。具体来说,企业需要突破以往封闭的边界,从外部引进更多更丰富的创新元素与能量,同时将组织内闲置未使用的创意与创新通过授权、技术移转或是创新技术内包等方式分享出去,协助企业进入其他市场或创造新市场,扩大现有市场范围,促进创新的流动与分享。

开放式创新的概念得到了学者的广泛认同,成为近几年创新领域研究的热点问题。其中，企业的开放式创新程度问题亦成为关注的焦点。"开放度"这一概念随开放式创新的兴起而被广泛使用，表示企业在开放式创新中对外部开放的程度，开放度过低使企业无法充分利用外部资源；而开放度过高将导致企业管理注意力配置分散、对外部技术的过度依赖以及内部技术知识的泄露等问题。以致开放度与创新绩效存在何种关系一直是创新管理领域探讨的热点问题，但是已有研究均忽略了实施开放式创新所需的动态能力的作用。由于动态能力本身具有开拓性和开放性，对开放式创新具有发展适用性，而且开放式创新对动态能力有依赖性，所以在研究开放度与创新绩效关系时应该充分考察动态能力的作用。

基于此，本书在检验开放度与创新绩效关系的基础上，研究动态能力对两者关系的影响，探讨企业如何实现开放度和动态能力的匹配以达到最佳的创新绩效，并分析企业动态能力提升的路径。

本书总体分为十一章。第一章为绪论。介绍选题的背景，基于背景的分析提出了研究的核心问题，然后提出了本书采用的研究方法和主要内容以及研究可能的创新点。第二章为文献综述。分别对开放式创新、动态能力、组织学习以及它们之间的关系进行了归纳梳理，并提出现有研究的局限性及未来研究应关注的方向。第三章为开放度对创新绩效的影响。通过实证研究方法检验开放度和创新绩效之间的关系。第四章为基于不同动机的开放式创新模式及演化。从企业开放式创新的技术动机和市场动机出发，并以沈阳机床的开放式创新过程为研究对象，剖析开放式创新模式的基本类型及其随动机动态变化的过程。第五章为基于开放度的开放式创新模式及绩效实现机制。以开放度为标准，划分开放式创新模式，并分别以案例进行检验。第六章为外向型开放式创新导向与模式的匹配对企业绩效的影响。聚焦外向型开放式创新，从企业导向出发，揭示其与外向型开放式创新模式的关系，以及两者的匹配对企业绩效的影响。第七章为动态能力对开放度与创新绩效关系的影响。在开放度与创新绩效关系研究的基础上，引入动态能力理论，并通过实证研究方法检验动态能力对开放度与创新绩效关系的影响。第八章为开放度与动态能力的协同演变。以沈阳机床为例，聚焦于动态能力与开放度协同演变，重点研究其变化路径，并构建演变的过程模型。第九章为开放式创新下动态能力促进企业敏捷性构建。通过案例研究分析开放式创新动态能力对企业敏捷性影响，以及企业敏捷性构建和演化。第十章为企业动态能力的提升路径。第十一章为研究结论与展望，总结了本书的研究成果，分析其理论贡献和现实意义以及研究的不足之处，并针对这些不足提出了未来改进和继续研究的前景和方向。

本书研究了动态能力作用下的开放度与创新绩效的关系，深化了开放式创新结果方面的研究，弥补了以往孤立研究开放式创新与动态能力的不足。此外，本书聚焦于动态能力在开放式创新过程中的演化，重点研究其演化路径，并构建演化的过程模型。且以沈阳机床为例，从其管理实践活动中归纳与提炼开放式创新与动态能力的理论关系。克服了以静态视角研究开放式创新和动态能力的弊端。本书明确了企业在创新环境中对内外部资源的配置方向和内容，在实践中，为企业有效实施开放式创新和提升动态能力提供了理论依据。

由于水平所限，书中难免存在不当之处，恳请各位读者不吝赐教斧正。

马文甲<br>
2019 年 4 月 14 日

# 目　录

第一章　绪论 …………………………………………………………… 1
　　第一节　研究背景 ……………………………………………… 1
　　第二节　问题的提出 …………………………………………… 7
　　第三节　关键概念界定 ………………………………………… 8
　　第四节　研究方法 ……………………………………………… 10
　　第五节　可能的创新点 ………………………………………… 11

第二章　文献综述 ……………………………………………………… 14
　　第一节　开放式创新 …………………………………………… 14
　　第二节　动态能力 ……………………………………………… 39
　　第三节　开放式创新与动态能力 ……………………………… 46
　　第四节　组织学习 ……………………………………………… 48
　　第五节　组织学习与动态能力 ………………………………… 49
　　第六节　现有研究评述总结 …………………………………… 51

第三章　开放度对创新绩效的影响 …………………………………… 52
　　第一节　企业开放式创新的开放对象 ………………………… 52
　　第二节　开放度对创新绩效影响研究假设 …………………… 64
　　第三节　变量选择与测量 ……………………………………… 66
　　第四节　问卷设计与回收 ……………………………………… 71
　　第五节　数据分析 ……………………………………………… 73

## 第四章 基于不同动机的开放式创新模式及演化 ……………… 83
### 第一节 研究设计与方法 …………………………………… 83
### 第二节 案例对象背景及基本情况 ………………………… 84
### 第三节 案例分析 …………………………………………… 85
### 第四节 案例讨论 …………………………………………… 92
### 第五节 案例研究结论 ……………………………………… 96

## 第五章 基于开放度的开放式创新模式及绩效实现机制 ……… 98
### 第一节 专业型开放式创新模式及绩效实现机制 ………… 98
### 第二节 专注型开放式创新模式及绩效实现机制 ………… 102
### 第三节 自主型开放式创新模式及绩效实现机制 ………… 105
### 第四节 搜寻型开放式创新模式及绩效实现机制 ………… 109

## 第六章 外向型开放式创新导向与模式的匹配对企业绩效的影响 …………………………………………………………… 113
### 第一节 理论与假设 ………………………………………… 114
### 第二节 研究设计 …………………………………………… 117
### 第三节 实证研究 …………………………………………… 119
### 第四节 研究发现及启示 …………………………………… 122

## 第七章 动态能力对开放度与创新绩效关系的影响 …………… 125
### 第一节 动态能力的维度剖析 ……………………………… 125
### 第二节 研究假设 …………………………………………… 129
### 第三节 变量选择与测量 …………………………………… 130
### 第四节 数据分析 …………………………………………… 131

## 第八章 开放度与动态能力的协同演变 ………………………… 137
### 第一节 研究设计与方法 …………………………………… 137
### 第二节 案例对象背景 ……………………………………… 139
### 第三节 研究发现 …………………………………………… 142

## 第九章　开放式创新下动态能力促进企业敏捷性构建 …… 146

- 第一节　研究框架 …… 147
- 第二节　研究设计 …… 148
- 第三节　案例背景与敏捷性构建的动态过程 …… 151
- 第四节　案例讨论 …… 154
- 第五节　研究发现 …… 159

## 第十章　企业动态能力的提升路径 …… 162

- 第一节　研究假设 …… 163
- 第二节　变量选择与测量 …… 165
- 第三节　数据分析 …… 166
- 第四节　基于组织学习的企业动态能力的提升路径 …… 169
- 第五节　案例分析 …… 171

## 第十一章　研究结论与展望 …… 177

- 第一节　本书的主要结论 …… 177
- 第二节　理论贡献与实践意义 …… 180
- 第三节　研究不足与展望 …… 182

## 参考文献 …… 185

## 后　记 …… 210

# 第一章 绪论

## 第一节 研究背景

**一 开放式创新成为企业技术创新的主导范式**

创新既是促进公司健康成长的关键因素,也是企业成长和获利的关键驱动力。面对激烈的市场竞争,技术创新已经成为国家经济增长、产业发展和企业竞争力提高的主要源泉(Dosi,1988)。掌握创新的公司比同类企业的发展更为迅速,能够创造更多的利润(Tucker,2002)。

传统创新理论一般都是假定企业技术创新是在企业内部完成的。往往是企业要先有自身的创新想法,然后进一步发展,进行新产品的开发,然后企业自己把产品带入市场,自己宣传、建立销售渠道、为技术和市场的开发做各种服务和支撑。这样的创新范式被称为"封闭式创新"(Closed Innovation)(Chesbrough,2003)。封闭式创新衍生出这样一种良性循环:企业在内部研发方面投入大量资金,研发出新技术,且使用知识产权来保护这些新技术,然后将它们转化为新产品推向市场实现更高的利润,进而再投资于更多的内部研发工作。

在20世纪,封闭式创新一直起到了很好的作用,并得到了普遍的应用。世界诸多著名的实验室就是发轫于封闭式创新,并且出现了很多有价值、影响深远的技术。如托马斯·爱迪生的内部实验室、贝尔实验室、通用电气实验室,等等。而且,在这些实验室中发现了诸多新的现象,对新技术的产生具有重要意义,例如,晶体管就产生于贝尔实验室，复印技术也是产生于当时，诸如此类的划时代的技术大量出现。

然而，在20世纪后期，一些新现象的出现使运转良好的封闭式创新发生了改变。一是知识型员工的流动性越来越强。当他们从原来的公司离职时，由于知识自身的特性，他们会将原公司花费巨大投入研发的技术知识带到新公司，而这些新公司根本不会向原公司就这笔培训费用支付任何赔偿。二是高等教育越来越普及，使接受高等教育的人逐渐增多。由于认识也是知识的负载体，这一类群体的增加使技术知识走出实验室，随着这一群体的分布而渗透于四处，不仅包括高新技术行业，而且包括传统行业，不仅渗透大公司，而且进入中小企业。三是风险资本的发展。风险投资也可以称为创业投资，通过成立新公司，投资新技术，将其转化为商品，继而把这些新企业培育成为那些大规模的老牌公司的强劲竞争对手，而先前，行业内绝大多数的技术创新和研发工作都是由这些老牌公司提供资金的。在争夺行业领导权的时候，这些新公司只不过本着"拿来主义"，直接利用了这些研究成果。四是随着技术生命周期越来越短，从创意到商品进而推向市场的速度加快，封闭式创新独立完成创新的速度往往赶不上市场的变化，进一步受到来自市场的挑战。加之消费者对多样化产品的需求以及自主参与创新的要求，他们进入企业的技术创新过程成为普遍意愿。

当以上对封闭式创新侵蚀的因素发生效力时，封闭式创新成为有效创新方式的逻辑已经不再适用，封闭式创新就不再有持续性，它的成本高、风险大、一些技术因被束之高阁而无法实现其价值等弊端日益显露出来。在此背景下，切萨布鲁夫在《开放式创新：进行技术创新并从中赢利的新规则》一书中首次提出了"开放式创新"这一概念，认为当企业着眼于发展新技术的时候，可以并应当同时利用内部和外部的所有有价值的创新，同时使用内部、外部两条市场通道。具体来说，企业打破原来僵化的组织边界，从企业外部获取更多的创新所需要的资源，不仅如此，企业还应该将组织内闲置未使用的创意与创新通过授权、技术移转或是创新技术内包等方式分享出去，协助企业进入其他市场或创造新市场，扩大现有市场范围，促进创新的流动与分享。从根本上说，开放式创新的思维逻辑是建立在拥有广泛知识技术基础之上的，企业的新技术不能完全仅仅使用自身的销售渠道，同时，自身的渠道还可以承担外部技术的商业化的任务，而不应该仅销售企业自己的商品。

封闭式创新已经被很多行业所摒弃，其中高新技术行业表现最为突出。其中，开放源代码是典型案例。例如，一直致力于开放源代码的太阳微系统公司，它把软件的源代码在网上公布，开放源代码的不仅包括办公应用软件 Open Office，还包括其开发的操作系统 Solaris 10。公司将很多开发出来的软件的源代码公开，并将一些硬件的技术也公开。如公司最新研发的、投入费用高昂的处理器 UltraSPARC T1 技术被公之于众，使用户免费使用该产品，不用再付任何费用。太阳微系统公司利用这种将软件和硬件技术公开的方式，更多的是为了能使其获得较多的使用者，对其进行推广。而且这些使用者还可以根据自己的需求改变源代码和相关技术，从而促进软件和硬件的技术进一步发展。因此，公司将该模式视为可以产生新的商业机会的商业模式，因为公司清楚地知道，假如不公开相关源代码和技术，就没有用户对源代码和技术的修改，所有满足市场的技术开发责任均由公司自己承担，以致公司在技术研发方面的速度和成功率都较低，在市场竞争中会丧失竞争优势。所以，太阳微系统公司认为，选择开放是正确的行为。

开放式创新如今已超越最初的高新技术行业，在很多传统行业也已被普遍使用。一个反映开放式创新广泛使用的例子是宝洁公司。1999年，宝洁公司改变其研发过程，突破组织的边界，搭建信息技术平台，将公司外部众多的用户、科学家联合起来，使分别于世界各地的研发人员聚集于一个统一的平台，根据用户提出的要求实施创新，这一做法使宝洁公司获得了更多的创意和资源，将这种创新称为联发（Connect and Develop）。公司的联发将分布于各个地区的用户和研发工程师视为本公司的人员，再加上公司存在的 9000 多名研发人员，共获取 180 多万人员参与产品研发。当公司在研发过程中遇到问题时，会将这些问题发布在公司建立的"C+D"英文网站上，向在世界各地的研发人员招募解决方案。当公司收到解决方案后，公司会立即实验其有效性，并进行适度奖励。同时，宝洁公司在平时也通过研发平台向世界各地的研发人员招募创意，这一措施使公司获得了更多的创意和专利，使资源得到了更有效的配置。

开放式的创新企业在激烈的市场竞争中获得成功，说明了企业的发展已经不是创新与否的问题,而是如何进行创新,即创新模式的选择问题。在知识经济时代,企业只利用自身的资源进行创新,不仅创新风险高,而且投入大、成本高、效率低,无法在动荡的环境中获取并维持竞争优势。创新变得更加开放,它不再是一个企业自身能够回答和解决的问题。相反,企业应该与利益相关者,尤其是顾客,进行广泛而密切的合作。以往的封闭式创新仅仅利用企业内部资源,而现存的侵蚀性因素打破了其良性循环,要求企业同时利用内外部所有资源和内外部两条市场通道,进行创新和使技术商业化。所以,这种要求不仅使企业重视技术创新,还应该把相应的模式视为企业发展的重点,这种模式通常包括战略联盟、技术许可以及合资等方式作为支撑。无论是太阳微系统公司,还是宝洁公司,它们已经突破了传统的封闭式创新模式,充分利用外部创意,实现创新的开放化,即开放式创新。

## 二 动态能力成为企业竞争优势的来源

正如上文讨论企业技术创新环境中出现的侵蚀因素一样,用户对产品的需求出现多样化且变化频繁,而且在技术领域中,产品技术生命周期缩短,以致企业必须提升产品研发速度,加之信息技术为企业间合作提供了技术支持,诸如此类的现象出现使企业的经营环境发生了巨大变化(Marquardt,2002)。这些环境的巨变促使企业改变原有的竞争手段(D'Aveni,1994),改变了对资源的利用方式(Leonard - Burton,1992);市场垄断和资源垄断都是不能持久的,核心能力有可能变成核心刚性;资源和能力很快就不适应环境的变化,以至于微小的不一致就会带来大的失败;而且,从竞争者的角度来看,随着知识的流动性增强,企业竞争对手的模仿能力和创新能力逐渐提升,以致企业的竞争优势被侵蚀(翁君奕,2005)。所以,D'Aveni(1994)将这种竞争环境称为"超竞争"(Hypercompetition)环境,给企业现有的经营带来了巨大的挑战。

彼得(Peters)和沃特曼(Waterman,1982)在《追求卓越》一书中所认定的模范企业,如国家半导体公司(National Semiconductor)、通用数据公司(Data General)、阿塔利公司(Atari)等在书出版后 5 年内有 2/3 都从产业领袖的高位上跌下。虽然北京同仁堂、南昌亨得利的发展已经超过百年，成为我国的百年老店，也存在联想、均瑶集团等长期发展的公司。但是，我国企业的平均寿命仍很短。据统计，我国民营企业平均寿命只有2.9年，每一天有1.2万家倒闭，每一分钟有近十家企业关门。但企业也面临很多机会，有些原本不出名的小企业因为拥有了部分技术和好的市场机会而立足于激烈的市场竞争中，这种例子也是比比皆是。

与国外企业相比，我国企业不仅面临着全球企业的共同所处的环境，如技术生命周期的缩短、顾客需求的多样化以及技术变革加剧等，而且我国企业所处的环境又有其特殊性，中国处于转型经济发展时期，与市场体制比较成熟的发达国家相比有着较大差异，还受到双轨制的约束，而且产业还处于不断升级中。原来由政府主导的企业已经逐渐削弱政府的作用，成为自由的主体参与市场竞争。同时，由于我国消费者的需求快速增加，随着个性的释放，对产品需求也需体现其个性，所以我国企业面临更多的不确定性和复杂性。

在这种背景下，对于企业而言，核心刚性的存在，使核心能力无法适应环境的变化，企业需要新的理论体系来指导实际行动，基于此，蒂斯（Teece）和皮萨诺（Pisano，1994）提出了"动态能力"（Dynamic Capabilities）概念，诸多学者也都认为其是维持企业发展与提升竞争优势的关键因素，也就是在动荡环境下竞争优势来自组织连续改进、更新并重构资源，从而获得与外部环境相匹配的能力。因此，在动荡环境中，企业如何利用并提升动态能力成为在企业实践和学术研究中备受关注的焦点问题，对这一问题的研究有利于企业利用动态能力提升竞争优势。

从理论上来说，资源基础观和组织能力理论一直是诠释企业竞争优势差异的重要理论。资源基础观强调了企业有价值的资源对竞争优势的作用，认为其是竞争优势的有力保障。该观点利用资源的无弹性供给来解释理查德租金（Richardian Rent）的来源，进一步说明了有价值资源所具备的优势。巴尼（Barney，1991）和彼得罗夫（Peteraf，1993）解释了获取理查德租金所应具备的资源特点，他们强调了战略资源的特性、资源位势以及资源的隔绝机制对获取和维持竞争优势起到的作用。这种观点虽然在一定程度上解释了企业竞争优势的差异原因，但是他们却没有研究企业应该如何利用这些有价值的资源来获取竞争优势，企业如何进行资源的整合，即获取竞争优势的过程。在企业实践中，拥有有价值资源而无法维持竞争优势的企业亦是比比皆是。

能力理论一方面扩展了资源基础观的研究领域，另一方面弥补了资源基础观的不足。萨尔尼科（Selznick，1957）在经济学领域提出了"特殊能力论"，并认为企业的核心能力来源于企业内部的自我积累机制，企业的逐渐积累为竞争优势提供了基础。针对积累机制，彭罗斯（Penrose，1959）提出企业成长理论，认为企业的发展与竞争优势的建立是一个动态的过程，在这个过程中重在知识的积累，因为企业是一个知识集合体，这一对企业的认知观点已经超越了资源集合体的解释，它强调的重点是知识积累与内部化。在1962年，钱德勒提出战略与结构的观点，把组织能力的作用进一步提高，他关注了企业经营的整个过程，从基本的经营活动到战略制定，从个人层面到组织层面，认为组织能力是决定企业竞争优势的关键。普拉哈拉德（Prahalad）和哈默（Hamel，1990）针对波特产业结构理论，提出了核心能力理论，他们认为，波特的产业结构分析理论虽然提供了对企业进行战略分析的完整框架，说明了产业对企业竞争优势的影响，但是现实中有吸引力的产业并不是每个企业都能良好地经营。基于此，普拉哈拉德和哈默（1990）认为，企业可以通过组织学习来构建自身的核心能力，以维持企业在竞争中的优势。但是，核心能力并不是竞争优势的充分条件，具有核心刚性问题（Leonard – Barton，1992），没有考虑到核心能力的更新和发展，因此无法解释企业如何利用核心能力提升竞争优势（Eisenhardt & Martin，2000）。

蒂斯和皮萨诺（1994）针对资源基础观和核心能力理论的弊端提出了动态能力理论，他们认为资源基础观仅从静态角度做了分析，忽略了动态的分析，而核心能力具有刚性，没有解释其更新的途径。而动态能力是演化视角和资源基础观的有益结合，并建立了路径、位势和过程的战略分析框架。动态能力理论强调对资源和能力的整合，对其建立动态管理的方案，整合、重构企业内外部所有资源，以适应不断变化的内外部环境。这就要求企业不断突破原有的竞争态势，创造新的竞争优势。动态能力理论提出后，不断从资源基础观和组织能力理论中获取其中的精华部分，逐渐丰富自身的理论体系，使其成为具有广阔前景的管理理论。

## 第二节　问题的提出

"开放度"这一概念随开放式创新的兴起而被广泛使用，表示企业在开放式创新中对外部开放的程度，开放度过低使企业无法充分利用外部资源；而开放度过高将导致企业管理注意力配置分散、对外部技术的过度依赖以及内部技术知识的泄露等问题。因此，有学者认为，企业开放度存在最佳阈值，即随着开放度的增加创新绩效也增加，但是当开放度增加达到一定程度后创新绩效反而降低。如劳森（Laursen）和索尔特（Salter，2006）将开放度分为广度和深度两个维度，并通过对英国2707家实施开放式创新的制造企业的调查来研究开放度与创新绩效的关系，分析发现企业开放的广度和深度与创新绩效均呈倒"U"形关系。国内学者陈钰芬和陈劲（2008）以中国企业为样本，并将样本的行业属性划分为科技驱动型和经验驱动型，结果显示对于科技驱动型产业的企业，开放度对创新绩效呈倒"U"形的二次型曲线相关关系，而对经验驱动型产业的企业，开放度对创新绩效呈正线性相关关系。然而，也有学者认为，开放度并不存在最佳阈值，它与创新绩效是正向相关关系。如，何郁冰和陈劲（2010）将开放度分为广度、深度和久度，它们越高，企业的创新绩效越高。

无论是最佳阈值观点还是正相关观点，他们均忽略了开放式创新过程中动态能力的作用。动态能力是企业对内部和外部的资源和能力进行整合、构建或者重置以适应动态环境的能力。

它强调开拓性和开放性，将焦点放在创新的开拓动力上，与开放式创新之间具有发展适用性（Evolutionary Fitness），使企业更好地通过创造、拓展和更改它的资源库而生存，进而改善开放式创新绩效。动态能力利用包括特殊的技能、流程、程序、组织结构、决策规则和纪律在内的微观基础促使企业的机会感知、利用和重构能力增强。而且，动态能力强调的是整合和重构企业内外部资源，以应对快速变化的复杂外部环境，这与开放式创新的理念相一致，推动企业保持较强的创新动力，并以开放的形式开展技术创新活动。可见，动态能力能够使企业快速洞察环境变化并迅速地获取、内化所需资源，从而有效地整合内外部资源来开展创新活动，具有较强动态能力的企业通常会有较高的开放式创新绩效。利希滕塔勒 U.（Lichtenthaler，2008a）通过对欧洲 154 个大中型企业集团的问卷调查，将开放式创新的方法总结为依赖企业的动态能力，通过创新过程中的技术获取和技术开发实现主要的技术管理任务。因此，企业需要以知识为基础的动态能力来管理开放式创新过程。它的强弱直接影响开放式创新的效果。但是，动态能力如何影响开放度与创新绩效的关系？企业如何根据开放度发展动态能力？以及企业如何提升动态能力？现有研究仍没有回答。

基于此，本书主要研究以下内容：①根据现有研究检验开放度与创新绩效关系，在此基础上研究动态能力对两者关系的影响。②探讨企业如何根据开放度和动态能力的匹配以达到最佳的创新绩效。从静态视角分析企业应如何根据开放式创新的主要开放对象发展动态能力，从动态视角分析动态能力随企业开放度变化而演变的规律。③分析企业动态能力的提升路径。由于动态能力自身具有知识性和学习性，且组织学习通常被视为提升组织能力的方式，所以基于组织学习理论研究企业如何提升动态能力。通过对以上三个问题的研究，在实践中使企业有效利用外部资源和自身的动态能力提升技术创新水平。

## 第三节　关键概念界定

### 一　开放式创新

开放式创新概念尽管由切萨布鲁夫（2003）最早提出，但这一概念一直没有统一的定义，仍然处于多种视角对其进行的解释的阶段，而从实践中来看，它已经超出了高新技术行业、大型企业等最初的适用范围，扩展到了传统行业和中小企业之中。它的形式也出现了多样化，除了最初的技术并购、合资、联盟、授权等方式，还出现了交叉许可、众包、开放源代码、技术捐赠、开放社群等新形式。本研究根据切萨布鲁夫（2003）、范海沃贝克（Vanhaverbeke，2006）等学者的研究，并结合企业开放式创新的实践,将开放式创新界定为企业在技术创新过程中突破原有组织边界,主动利用外部资源,并主动将内部资源分享出去,达到同时利用内外部创新资源和市场资源的目的。

### 二 开放度

由于开放式创新的概念尚无统一界定,以致开放度(Openness)的定义也处于争论之中。切萨布鲁夫(2003)提出,开放式创新的概念之后,并未进行定量研究,而是更多地对开放式创新成功的企业进行分析。劳森和索尔特(2004)拉开了大样本实证研究的序幕,并将开放度定义为企业在创新过程中利用外部创新源的数量。他们在2006年又进一步对开放度进行研究,将开放度分为广度和深度,其中开放广度是指企业在创新过程中与外部创新主体合作的数量,而深度是指企业在创新过程中与上述这些创新主体合作的程度。劳森和索尔特(2006)在对开放度定义之后,国内外诸多学者,如基普(Keupp)和加斯曼(Gassmann,2009)、陈钰芬和陈劲(2008)均采用了这一定义做了相关研究。然而,也有不少学者对这一观点并不认可,主要是因为他们认为劳森和索尔特(2006)的定义并不能全面反映开放式创新的特征,如开放式创新的多种流程。所以,他们利用开放式创新的具体行为来反映开放式创新的程度,例如,利希滕塔勒 U.(2009)用技术商业化来表示外向型开放式创新,范德弗兰德等(2009)则利用技术开发和技术利用表示开放式创新。

本书的研究目标是构建动态能力对开放度和创新绩效的关系模型,从这一目标的要求考虑,有必要借鉴劳森和索尔特(2004,2006)对开放度的定义,从开放广度和开放深度的分类入手将其界定为企业在开放式创新过程中所有能够用于创新活动的外部资源种类的数量,以及不同创新资源在企业开放式创新活动中的重要程度。

### 三 动态能力

在战略管理领域现有文献中,对动态能力概念的理解还未达成共识。按照蒂斯等(1997)的观点,"动态能力"是企业对内外部资源和能力进行整合、构建以及重新配置的能力,以适应内外部动荡的环境,并建立了分析框架，包括过程（Processes）、位势（Positions）和路径（Paths）。蒂斯（2007）又对动态能力的概念做了进一步分析，将动态能力具体分为机会感知能力、机会把握能力以及资源重构能力三个维度，这一划分与企业的发展过程相吻合。本书拟在蒂斯（2007）的基础上，借鉴希尔斯（Hills）等（1997）、艾森哈特（Eisenhardt）和马丁（Martin，2000）、马瑞托（Barreto，2010）、佐特（Zott，2003）、孔赫拉（Zahra）等（2006）、塞佩达（Cepeda）和维拉（Vera，2007）、贺小刚等（2006）、焦豪等（2008）研究的基础上，将动态能力界定为企业对内部和外部的资源和能力进行整合、构建或者重置以适应动态环境的能力。

### 四 创新绩效

创新绩效有狭义和广义之分。狭义的创新绩效主要考察企业将其发明投放市场的状况，例如新产品、新工艺或新设备推出的速度（Freeman & Soete，1997），主要用新产品推出的速度、市场反应等指标进行度量。广义的创新绩效则包括了从创意产生到研究开发直至推向市场的全过程，既关注技术创新过程，也关注商业化过程（Freeman & Soete，1997），通常用研发效率、新产品发布数量等多种指标度量（Hagedoorn & Cloodt，2003）。本书采用的是广义的创新绩效的概念，主要从新产品的研发和市场化两个方面进行考量。

## 第四节 研究方法

本书基于开放式创新的背景，探讨动态能力对开放度与创新绩效关系的影响，研究企业如何根据开放度和动态能力的匹配以达到最佳的创新绩效，并分析动态能力随企业开放度变化而演变的规律和动态能力提升的路径，采用理论研究与实证研究相结合、定性研究与定量研究相结合的方法，具体思路如下：

### 一 文献研究

主要指收集、鉴别和整理文献，并通过对文献的研究，形成对既定事实的科学认识的方法。本书通过学术文献数据库检索，分别对开放式创新理论、动态能力理论、组织学习理论以及相关研究文献进行了跟踪与收集，阅读了国内外相关研究的文献。根据研究的需要和既定的逻辑关系，对现有的相关研究成果加以归纳、总结和整理，理清该问题的研究脉络和已有的研究成果，并分析其中的缺失以确定本研究的理论框架。

### 二 问卷调查与统计分析

本书基于"开放度、动态能力与创新绩效"的理论框架，构建了三者关系模型并提出了因变量、自变量和调节变量的假设。参考国内外相关研究的成熟方法和量表，设计了对各潜变量进行测量的调查问卷。本书根据全部有效问卷的调查结果建立数据库，验证理论分析所提出的假设模型。统计分析主要运用统计软件 SPSS 19.0 对模型中各要素进行描述性统计、信效度检验、回归分析。

### 三 案例研究法（Case Study）

案例研究法是一种经验主义的探究（Empirical Inquiry），这种研究方法目的在于探求现实中的典型的暂时现象（Contemporary Phenomenon），它不同于纯理论的研究。严格的案例分析方法强调现象所处的现实情境并能够对其进行丰富描述，在描述现实情境的过程中，表面的现实情况与其背后的理论实证的界限比较模糊，所以，在这种情况下选用事例证据（Evidence）是比较适合的。案例研究的意义在于回答"为什么"和"怎么样"的问题，而不是回答"应该是什么"的问题。本书在对开放式创新和动态能力关系分析的基础上，通过有针对性地搜寻有关企业的资料，找出典型性企业。本书案例分析部分不仅包括公司基本情况及其开放式创新历程，而且包括其动态能力变化规律，构建两者之间的演变模型。

## 第六节 可能的创新点

本书在开放式创新的背景下，围绕动态能力在开放式创新中的作用以及如何发展与提升动态能力这一核心问题,充分借鉴和利用前人的研究方法和成果,结合调研企业的实际情况,提出了自己的理论观点,并通过实证和案例研究方法对理论观点进行了检验。本书属于理论构建和实证检验研究,具有一定的探索性,期望能在以下几个方面有所创新和突破:

### 一 厘清了动态能力作用下的开放度与创新绩效的关系

以往对开放度与创新绩效关系的研究,无论是最佳阈值观点还是正相关观点,他们均忽略了开放式创新过程中动态能力的作用。且开放式创新和动态能力均属于学术界比较前沿的研究领域,目前对两者之间关系的研究处于探索阶段,缺乏实证研究。本书在现有研究的基础上,引入动态能力理论,使用实证研究方法研究了动态能力作用下的开放度与创新绩效的关系,弥补了以往研究的不足。

### 二 解释了企业开放度与动态能力的匹配关系,并构建了两者的协同演变过程模型

尽管现有研究理论上探讨了开放式创新和动态能力的联系,但是,它们没有认识到开放式创新是一个动态过程,也没有回答在企业不同的开放度需要何种动态能力,即动态能力根据开放度变化如何演变。因此,本书聚焦于动态能力在开放式创新过程中的演变,重点研究其演变路径,并构建演变的过程模型。研究以沈阳机床为例,从其管理实践活动中归纳与提炼开放式创新与动态能力的理论关系。

### 三 丰富了开放式创新导向与模式的相关研究

基于开放度划分了开放式创新模式,并探索每种模式对创新绩效的实现机制,尤其研究了外向型开放式创新导向和模式的匹配关系,从而得到较为系统的企业绩效影响模型。尽管已有研究探索了与企业特质相匹配的开放式创新模式,本书继而以企业绩效为出发点,探索了与外向型开放式创新导向相匹配的模式,进一步丰富了开放式创新提升企业绩效的相关研究。

**四　揭示了组织学习提升动态能力的作用路径**

已有研究虽然认识到了动态能力与组织学习的关系，且验证了组织学习对动态能力的促进作用，但是缺乏对组织学习提升动态能力路径的研究。本书以组织学习为视角，分析了提升动态能力的路径，进一步丰富了两者的理论关系。

# 第二章 文献综述

## 第一节 开放式创新

**一 开放式创新的产生背景**

在 20 世纪 80 年代以前,虽然政府对基础科研提供一定的资金,但是大多数的研究工作并不是由政府实验室主导,而是在名牌大学的实验室里进行。但这些研究中的多数成果的商业用途并不明朗,无法直接应用于企业。因此,企业向内部的研发实验室投入更多的资源,配置先进的设备,招聘优秀的员工,并关注于那些需要大量投入的长期研发项目。创新思想的产生、开发、制造和营销均由企业自己承担。这促使许多著名实验室建立,如沃森实验室、萨尔诺夫实验室、帕洛阿尔托实验室。这种内部实验室研发的背后逻辑实际是封闭式的、高度集权的模式,即封闭式创新(Chesbrough,2003)。该创新模式在当时使企业从中获利颇丰。例如,施乐公司的帕洛阿尔托实验室发明了静电复印技术,并将其商业化,一举成为世界 500 强企业。之后,出现在日本大型企业的内部研发体系影响了封闭式创新,这种体系要求组织的战略目标与研发活动的协同,使研发促进战略目标的实现,且应强调研发部门与生产制造以及市场营销部门之间的协调,加强企业内部的合作关系(刘建兵、柳卸林,2005),但是整合的重点仍然是企业内部资源。

随着技术复杂度的提高,单个企业很难满足创新中的资金和技术要求,加之企业为争夺主导技术,它们需要与具有技术优势的企业、大学和研究机构进行合作。在美国,1984 年颁布的国家合作研究议案对反托拉斯法的有些条款有所放松,允许竞争者在研发方面进行合作,促进了企业间的合作。在这一阶段,企业与外部合作的主要形式是联盟和成立合资研发公司,利用互补资源来开发新技术(Gulati,1998)。例如,录像机领域中以 JVC 和松下为首的 VHS 制式联盟和以索尼为首的 Beta 制式联盟属于这一类创新模式。该模式相对于内部实验室研发虽然实现了一定范围内的资源共享,但是它更侧重于与同行业的同类企业在研究开发方面进行合作,有较严格的契约明确合作目标、合作规则和合作期限,合作范围较小,边界清晰(葛秋萍,2010)。

在 20 世纪 80 年代末 90 年代初,顾客需求多样化、个性化的趋势越来越明显。以往的创新模式已不能满足多样化的需求,企业需要向用户咨询发现、开发以及完善创新的意见,即用户创新(Von Hippel,1988)。此时,用户不再是被动的消费者,而是产品的共同创造者。至此,企业逐渐形成了自己的创新网络,该网络包括用户、科研机构、其他相关企业、中介等主体,是由企业创新活动引发的,并在创新过程中形成的总体关系结构(Freeman,1991)。创新网络的出现使企业对外部创新要素的关系不再局限于研发联盟,创新合作的边界进一步扩大。

20 世纪末,随着信息技术的发展和广泛应用,软件领域出现了开源软件运动。开源软件运动是一个主要由程序工程师及其他电脑用户参与的声势浩大的运动,旨在促进开放源代码、信息共享和自由使用。开放源代码软件(OSS)是一些反对软件私有化、独占行为而自行出现的现象,最初的开放源代码软件是非营利性的,通常对用户完全免费。企业利用这种模式进行软件开发,如 Linux 将程序的源代码在互联网上公开,使分布于世界各地的研发人员形成一个技术研发网络,只要他们对 Linux 程序感兴趣,都可以对其源代码进行修改,既能满足自己的需求,又可以促进该程序的创新。此外,利用网络技术出现了一些创新平台。如研发网站 InnoCentive 将公布公司内部在研发过程中出现的问题,然后向世界各地的研发人员征集解决方案,以此方式 InnoCentive 便成了连接公司和外部研发人员的纽带和平台。以上新出现的创新模式与以往模式有本质差别,是完全开放式的,没有明确的边界,切萨布鲁夫(2003)称之为"开放式创新",开源软件的开发是该模式的典范。

开放式创新是相对于封闭式创新而言,它的思维逻辑是建立在拥有广泛的知识技术基础之上的,而后者主要关注公司内部,两者的创新来源和商业化路径均有不同的组织原则,如表2-1所示。

表2-1　　　　　　　　封闭式创新和开放式创新比较

| 项目 | 封闭式创新 | 开放式创新 |
| --- | --- | --- |
| 创新来源 | 本行业里最聪明的员工都为我们工作 | 并不是所有的聪明人都为我们工作,企业需要和内部、外部的所有聪明的人通力合作 |
| | 为了从研发中获利,企业必须自己进行发明创造,开发产品并推向市场 | 外部研发工作创造巨大的价值,内部研发工作需要或有权利分享其中的部分价值 |
| 创新的商业化运用 | 如果企业自己进行研究就能首先把新产品推向市场 | 企业并非必须自己进行研究才能获利 |
| | 最先把新技术转化为产品的企业必将胜利 | 建立一个更好的企业模式要比把产品争先推向市场更为重要 |
| | 如果企业的创意是行业内最多的,企业一定能在竞争中获胜 | 如果企业能充分利用内部和外部所有好的创意,那么就一定能成功 |
| | 企业应当牢牢控制自身的知识产权,从而使竞争对手无法从其发明中获利 | 企业应当从别人对其知识产权的使用中获利,同时只要是能提升或改进企业绩效的模式,同样应该购买别人的知识产权 |

资料来源:Chesbrough H. W., *Open Innovation*: *The New Imperative for Creating and Profiting from Technology*, Harvard Business Press, 2003.

## 二　开放式创新的内涵

切萨布鲁夫(2003)在提出开放式创新概念时便从资源整合的视角指出了其两方面内容,即同时使用内部的技术创新资源、商业化渠道和外部的技术创新资源及商业化渠道。企业将内部和外部的创新资源整合到一个结构中进行技术研发,同时将内部所研发的技术或者闲置的技术,通过内外部两条渠道带入市场实现其商业化价值。在此基础上,赫斯塔贝克(2004)为强调内外部资源和内外部市场的重要作用,从技术创新及商业化的过程对开放式创新进行了解释,认为开放式创新是企业把内外部创新资源整合入创新过程,然后经历生产和市场化过程,利用内外部市场渠道获取相关信息,并反馈给内部的研发部门。类似地,韦斯特(West)和加拉格(Gallagher,2006)指出,开放式创新是指企业主动综合地应用内外部所有有价值的创新资源,以及充分利用内外部市场渠道以开发市场机会。皮勒(Piller)等(2003)则将外部创新源特指于消费者,认为开放式创新主要从消费者和用户那里获取创意,以进行相关产品和技术的完善和创新。

为强调开放式创新的动态性,一些学者从企业实施开放式创新的流程视角对其做了解释,并将其视为一系列活动的集合体。如切萨布鲁夫(2006)认为,开放式创新是有目的地利用知识的流入与流出,以促进企业内部技术创新、扩大市场范围;利希滕塔勒U.(2011)则将开放式创新视为企业通过创新过程系统地进行内外部的知识开发(Knowledge Exploration)、知识保持(Knowledge Retention)和知识利用(Knowledge Exploitation)的活动。

此外,由于开放式创新的概念是基于技术创新提出的,因而学者普遍从技术层面对其进行解释。随着开放式创新理论的发展,对开放式创新的认识已超越了技术层面,有学者将其视为一种哲学或认知模式(West et al. 等,2006)。韦斯特等认为,开放式创新不仅是一些受益于创新的实践活动,也是一种创造、转化、研究这些实践的认知模式。在封闭式创新下,企业一直存在对创新绝对控制的心态,这种心态促使企业高度地自力更生,"如果想要把一件事情做好,那必须亲自去做这件事"成为企业的信条(Chesbrough,2003)。而开放式创新需要企业以开放的心态对多样化的开放式创新实践进行梳理,扩大它们的应用范围。

根据以上观点,表2-2总结了开放式创新内涵界定的视角、代表学者的主要观点。

表 2-2　　　　　　　　　　开放式创新内涵总结

| 视角 | 代表学者 | 主要观点 |
| --- | --- | --- |
| 资源 | 切萨布鲁夫（2003） | 同时利用内部和外部的所有有价值的创新；同时使用内部、外部两条市场通道 |
| | 赫斯塔贝克（2004） | 综合利用内部、外部技术和创新思想；同时可能通过向市场进行技术转让和资产分派，再由市场将信息反馈给研发部门 |
| | 韦斯特和加拉格（2006） | 把企业的能力和资源与外部获得的资源整合起来，并通过多种渠道开发市场机会 |
| 流程 | 切萨布鲁夫（2006） | 有目的地利用知识的流入与流出 |
| | 利希滕塔勒（2011） | 进行内外部的知识开发、知识保持和知识利用的活动 |
| 认知 | 韦斯拉等（2006） | 是一种创造、转化、研究这些实践的认知模式 |

资料来源：笔者整理。

尽管学者从多个视角阐释了开放式创新的内涵，强调其与封闭式创新相比具有的新价值，但是，也有学者认为，开放式创新的很多元素在其他理论模型中早已出现，开放式创新理论实际上是"新瓶装旧酒"（Trott & Hartmann，2009），主要表现在以下几个方面：

（1）开放式创新所强调的整合内外部资源早在创新网络、合作创新等理论中已被提出，且明确指出创新过程中与外部连接的重要性（Rothwell & Zegveld，1985）。

创新网络及合作创新的对象由拥有异质性资源的组织或个人形成，对企业来说其中的供应商、顾客、大学、政府、私人实验室、竞争者和其他国家是重要的创新源（Von Hippel，1988），它们为企业创新提供所需的信息、知识和资源，提升创新的效果和效率。诸多学者不仅从理论上探讨了创新网络、合作创新等模型的有效性，而且进行了实证检验。如代尔（Dyer）和辛格（Singh，1998）认为，外部知识的多样性能够加快新产品的开发速度，减少开发过程中的错误率，从而降低新产品开发的风险。鲍威尔（Powell）等（1996）调查了创新公司的网络成本效益，并通过实证研究发现嵌入网络对企业技术创新绩效有显著促进作用。

(2) 很多理论模型已经解释了企业为什么能够利用外部资源。切萨布鲁夫（2006）认为，模仿竞争对手或许是其中最简单的模型。企业通过模仿能够获取竞争对手先前的技术，这种"免费搭车"和市场投资是企业克服抢占市场先机困难采用的一种常见的方式（Lieberman & Montgomery，1998）。高校等科研机构也是企业创新资源的重要来源，它们的知识溢出为企业获取创新成果提供了机会，这种溢出模型也是早期创新管理关注的重点（Colyvas et al.，2002）。而且，作为"创新捐助者"的政府为企业创新提供了大量公共资源，这在50年前就已被认为是企业研发的重要动力（David et al.，2000）。同时，大量的研究已经探索出企业提升获取外部资源的途径，如外部搜寻策略、联盟、发展吸收能力等。

(3) 开放式创新中的许多具体问题在关于企业间合作的研究已被涉及。例如，赫斯特（Hoecht）和特鲁特（Trott，1999）讨论了技术并购的开放和封闭系统中的信息泄露问题。此外，卡茨（Katz）和艾伦（1985）提出的非本地发明（Not-Invented-Here）、约翰森（Johnsen）和福特（Ford，2000）所认为的技术依赖也是开放式创新中的常见问题，但它们并非随开放式创新而产生的新问题，早在企业间合作的相关理论中就已被探讨。

因此，格罗思（Groen）和林顿（Linton，2010）以及冯·费佩尔（Von Hippel，2010）强调了明晰开放式创新内涵的必要性。一些学者试图用开放式创新的类别进一步解释其内涵，以突出其新意所在。例如，加斯曼（Gassmann）和恩克尔（Enkel，2004）认为，开放式创新不仅包括由外向内流程（Outside-In Process），还包括由内向外流程（Inside-Out Process）。在此基础上，切萨布鲁夫和克劳瑟（Crowther，2006）将开放式创新分为内向型和外向型两种。其中，内向型开放式创新（Inbound Open Innovation）强调的是一种从外向内整合资源的过程，指企业充分利用从外部搜寻有价值的创新资源，然后与内部资源相整合，在此基础上进行创新和市场化；外向型开放式创新（Outbound Open Innovation）是一种与外向型开放式创新相对的创新模式，它强调的是一种从内部向外主动溢出技术的过程，指企业主动将内部闲置的或有价值的技术知识传递给其他组织，成为其他组织的创新源，实现这些技术的商业价值。拉扎罗蒂（Lazzarotti）和曼齐尼（Manzini，2009）从合作者的多样性与创新过程的开放程度两个维度将创新模式划分为四类，并明确了"封闭"和"开放"的差异所在：封闭式创新是指企业只与少量合作者在某一个创新阶段进行合作；而完全开放是指企业向多元化的创新参与者开放整个创新过程；此外，专门化协作是指企业的合作者种类多，但是仅仅只在某一个阶段进行合作，专门攻克这一阶段的技术问题；整合性协作是指企业仅仅与少量合作者进行合作，但是合作跨越整个创新过程。根据知识流动方向的不同以及是否涉及经济交易，达兰德（Dahlander）和江恩（Gann，2010）将开放式创新区分为四类：内向—经济型（Pecuniary）、内向—非经济型（Non‐Pecuniary）、外向—经济型以及外向—非经济型。希辛格（Huizingh，2011）根据创新过程和创新结果是否开放将开放式创新分为三类：过程封闭但结果开放的公共创新（Public Innovation）、过程开放而结果封闭的私有开放式创新（Private Open Innovation）以及过程和结果均开放的开源创新（Open Source Innovation）。

可见，开放式创新的提出得益于早期的创新管理理论，具有"旧酒"之嫌，但它又确有"新酒"之意，表2-3从发生阶段、开放对象和交易逻辑三个方面比较了其与用户创新和合作创新的异同。

表2-3　　开放式创新和用户创新、合作创新的比较

| 创新模式 | 发生阶段 | 开放对象 | 交易逻辑 |
|---|---|---|---|
| 用户创新 | 创意产生、研究开发、试验 | 用户 | 非经济 |
| 合作创新 | 创意产生、研究开发、试验 | 其他企业、科研机构、高校等研发主体 | 经济 |
| 开放式创新 | 创意产生、研究开发、试验、生产、市场化 | 参与创新、生产或商业化的所有主体 | 经济非经济 |

资料来源：笔者整理。

创新的阶段包括创意产生、研究开发、试验、生产、市场化（Lazzarotti & Manzini，2009）。考利奥（Kaulio，1998）的研究显示，用户主要参与产品的需求、概念设计和测试，即企业对用户的开放阶段

为创意产生、研究开发和试验三个阶段。合作创新是指企业间或产学研之间的联合创新行为，一般集中在新兴技术和高新技术产业，以合作进行研究开发为主要活动。由于合作创新通常产生于产品或技术的原型开发阶段，所以国外学者较少采用合作创新这一概念，而是使用合作研发（R&D Cooperation）、合作研究（Cooperative Research）、共同研究开发等概念（罗炜、唐元虎，2000）。可见，合作创新也主要发生在创新的前端和中间阶段，即创意产生、研究开发和试验阶段。而开放式创新的核心思想不仅强调研发过程中使用内外部资源，同时强调使用内外部两条市场途径将产品商业化。因此，开放式创新这样一个系统的过程既包括了创新的模糊前端阶段，又包括中期的开发阶段以及后期的商业化阶段。拉扎罗蒂（Lazzarotti）和曼齐尼（Manzini，2009）认为，它是一个创新全过程的开放行为。

从开放对象来看，用户创新突破了传统实验室的边界，创新不再是科学家独享的专利，而是以用户为中心，将用户作为创新的主体，真正拥有创新的最终发言权和参与权。因而，用户创新开放的对象通常是用户。以联盟和创新网络为主要形式的合作创新（Collaboration Innovation）更重视对相同行业基础技术的研发，所以主要与同类企业、科研机构以及高校等研发主体进行合作。由于开放式创新涉及创新的各个阶段，所以它的开放对象种类亦较多。恩克尔和加斯曼（2008）对144家开放式创新企业调查发现，它们的开放对象包括客户、供应商、竞争者、公共以及商业的研究机构，还包括参与产品市场化的分销商和其他服务组织。

从交易逻辑来看，创新模式中的交易包括经济型（Pecuniary）和非经济型（Non – Pecuniary）（Lazzarotti & Manzini，2009）。在用户创新模式中，需求不被满足或为了获取创新的乐趣成为用户参与创新的驱动力（Lett et al.，2006），他们这种由于基于自身需求和兴趣而产生的创新行为通常不为获取经济利益，因而用户创新的交易逻辑是非经济的。但是在合作创新中，合作各方通过正式关系各自投入一定资源以期从中获取各自所需，他们会考虑自己的成本与收益，只有收益大于成本时合作创新才能持续进行。这种经济型的交易逻辑是合作创新与用户创新及开放式创新的重要区别。开放式创新的交易逻辑既有经济型又有非经济型。企业购买或者出售技术是直接的经济行为，而一些组织与个人形成的开放式创新社群通常有相似的愿景、价值观和伦理道德等，它们之间的非经济交易普遍存在，如免费开放、技术捐赠等。在开放式创新的经济和非经济行为中均存在知识或技术的主动流出。以往虽有理论对知识溢出进行了探讨，但是这种溢出不是刻意的、主动的。开放式创新主动将内部暂时不用的或被忽略的技术通过外部的途径带入市场，这个过程即外向型开放式创新。

此外，开放式创新相对于用户创新、合作创新而言，其产生于更加新颖的现象和复杂的环境。随着信息技术的发展，开源软件作为一种新的现象已经出现，其以独特的知识产权哲学和开发过程成为开放式创新的典型例子。而且，在创新市场中中介机构已经出现，它们专门为创新企业提供信息、机会或其他服务，以使企业可以在不同的层面进行交易，而这些交易以前只能在企业内部进行（Chesbrough，2006）。因此，综合开放式创新的"新"与"旧"，我们可将其视为对原有创新理论在新现象和新环境下的演进与发展，比之前的理论包含更多内容，技术联盟、用户创新等成为开放式创新中不同的创新方式。但它仅提供一个描述性的概念框架和类型并提供相关的调查数据，不能构成一个新理论（Bacharach，1989），亦没有达到卡普兰（Kaplan，1964）所说的一个新理论应该具有全新的规则这一标准。因此，正如利希滕塔勒 U.（Lichtenthaler，2011）所言，开放式创新更倾向于被认为是一个包含诸多新的创新管理措施的框架（Framework），而非具有严格标准的新理论。

### 三 企业开放式创新的原因

学者对开放式创新的原因，即为什么实施开放式创新的研究主要从企业内部和外部，即企业实施开放式创新的外部环境和自身动机两个方面进行了探讨。

（一）外部环境

从企业外部来看，市场环境、技术环境和制度环境的变化加速了企业由封闭式创新向开放式创新的转变。在市场环境方面，首先，人力资源市场中的熟练工人的可获得性和流动性越来越强，他们倾向于寻找组合职业（Portfolio Careers）而非一个永久性的终身职业（Dahlander &

Gann，2010）。当他们离开原来的企业之后会把很多研究成果带给其他企业，而这些企业无须为得来的有价值的研究成果支付任何赔偿（Chesbrough，2003），这为企业实施开放式创新提供了人力支持。其次，风险资本市场的兴起能够以研究成果商品化的方式创立新企业，直接利用原来企业的研究成果，然后再把它们转变为高增长、高价值的公司，逐渐成为老牌企业的强劲对手。可见，风险资本的不断扩张给原来在内部研发上投入大量资金的企业带来了真正的风险（Chesbrough，2003）。最后，在知识产权交易市场中出现了一些推动交易的创新中介，其主要功能是协助企业能更快速地运用外部技术，或协助发明者找到愿意合作开发其技术的合作者（Chesbrough，2006）。以上市场环境的变化使被搁置的研究成果所面临的外部选择增多，打破了封闭式创新的良性循环，促使企业实施开放式创新（Chesbrough，2003）。

在技术环境中，随着产品向市场推广的速度越来越快，导致技术的生命周期变得更短，迫使企业以更高的效率研发新技术。而仅依靠企业自身力量的封闭式创新模式无法调动外部有效的资源和能力以供内部研发所用，在快速变化的技术环境中难以取胜，因此它受到了进一步的挑战（Chesbrough，2003）。同时，随着技术的进步，特别是信息技术的发展，为企业与外部跨空间合作提供了技术支持（Dahlander & Gann，2010）。如宝洁（P&G）为使分散在全球各地的研发、设计、市场研究、采购等方面的人员能够直接交流，创建了一个"创新网"，其中有一个名为"你来问我来答"的板块和各种技术专业社区，供处于不同区域的人员讨论交流。

在制度环境中，知识产权、技术标准等制度逐步完善，为企业间公平交易提供了保障（Dahlander & Gann，2010），促进专利交易数量不断增长。比如，美国公司在 1996 年从国内和国外的分支机构那里收取的专利使用费大约为 660 亿美元，平均每年增长 12%（Chesbrough，2003）。

同时，制度的完善还能够激励企业的创新热情，促使技术创新活动活跃起来，保证创新的持续性。

此外，企业所处的行业特征也是影响企业是否进行开放式创新的重要因素。加斯曼（2006）认为，如果行业的全球化、技术强度、技术联合、新商业模式以及知识优势都在增强,企业通常选择开放式创新模式。

(二) 企业动机

从企业自身来看,它们实施开放式创新的动机也是学者关注的重点。从现有研究来看,企业开放式创新动机主要包括技术动机和市场动机。技术动机指为解决技术创新过程的相关问题。基普和加斯曼(2009)认为,开放式创新是企业为克服内部信息、能力和风险等创新障碍的选择结果,并建议企业若要解决好这些问题,必须加大开放的程度。知识是企业技术创新的基础,大企业风险投资便是为了获取新知识(EIRMA,2003),而且开放式创新能通过强调与合作者的交互作用和网络来加速大企业的突破式创新(O'Connor,2006)。

市场动机指企业为保持或扩大市场的动机。从企业规模来说,无论大企业还是中小企业进行开放式创新均有市场相关(Market - Related)的动机,如满足顾客需求、扩大产品市场占有率(EIRMA,2003;Vrande et al.,2009)。皮勒等(2003)基于消费者视角认为,企业吸引消费者参与价值创造的动机主要分成四类:节约新产品进入市场的时间(Time - to - Market)、节约新产品进入市场的成本(Cost - to - Market)、增加新产品的接受度和使消费者愿意购买(Fit - to - Market)以及增强消费者对于新产品创新的主观认识(New - to - Market)。

无论是技术动机还是市场动机,企业实施开放式创新的最终目标仍是获得利益并保持持续发展。切萨布鲁夫(2003)在提出开放式创新概念之初便指出,企业利用内部和外部的创意以创造价值。之后,他与克劳瑟(2006)更为明确地指出,对企业来说获取外部技术一个最普遍的原因就是要保持企业的成长。

由于早期的合作创新理论中包含着开放式创新的部分思想,所以现有对企业开放式创新,尤其是内向型开放式创新的动机分析一般源于对合作创新的研究(Vrande et al.,2009)。诸多文献显示,企业合作创新的动机为获取新知识、互补资源、资金支持、分散风险、扩大社会网络或者降低成本(Hoffman & Schlosser,2001;Mohr & Spekman,1994)。

以上关于开放式创新动机的研究仅反映了企业采用内向型开放式创

新的动机，学者对外向型开放式创新动机的研究则相对较少。但是，从较少的研究中可以发现获利是企业实施外向型开放式创新的普遍动机（Chesbrough，2006；Lichtenthaler，2009）。正如切萨布鲁夫（2003）所言，企业内部的创意可以通过外部渠道实现市场化，摆脱企业目前业务范围的束缚，以此获取超额利润。在多种动机中不仅包括获取利润，而且包括获取知识、参与制定行业标准、从其他企业侵权中获益、实现学习效果以及通过交叉许可协议自由运营（Koruna，2004）。

**四 开放式创新的影响因素**

尽管开放式创新成为一种新的趋势，但并不是每个企业都必须采用这种创新模式。相反，需要考虑创新管理的权变方法，即哪些因素会影响企业是否选择开放式创新模式。学者对开放式创新影响因素的研究仍然从外部因素和内部因素进行分析，外部因素包括行业、知识专属性和技术机会等，内部因素包括企业规模、对互补资产的需求以及吸收能力等。

*（一）外部因素*

开放式创新这一概念源于对信息技术等高新技术行业的研究（Chesbrough，2003），因而学者的研究也主要集中于这些行业，他们普遍认为，行业特征对企业的开放式创新选择起着较大的影响。恩克尔和加斯曼（2008）研究发现，快速或者中等变化行业中的企业会积极地采用外向型开放式创新，而在快速变化的电子、电气、IT以及其他高科技行业中，共同研发项目高达50%，在变化较慢的皮革、木材以及印刷等行业中，开放的数量很少，比例不到20%。加斯曼（2006）认为，如果行业的全球化、技术强度、技术联合、新商业模式以及知识优势都在增强，企业通常选择开放式创新模式。然而，利希滕塔勒U.和恩斯特（2009）却持不同观点，他们经过实证研究发现，创新过程的开放性与行业差异性之间没有显著的关系。

知识专属性是指外部对技术知识保护的程度。劳森和索尔特（2006）研究发现，专属性强的行业的开放式创新意向较强，而专属性弱的行业的开放式创新意向亦较弱。韦斯特等（2006）持有相同观点，指出知识产权能够提升专属性并不意味着会阻碍开放式创新，反而确保了开放式创新企业的创新收益以及外部创新的有效供给。也有研究将知识专属性视为内部因素,主要强调企业使用的专属策略,主要包括专利、版权等正式方式和前置时间、保密等非正式方式。劳森和索尔特(2005)基于注意力基础理论(Attention – Based Theory)认为,虽然严格的专属策略能够保护企业的竞争优势,但是这需要付出相当大的努力,所以专属策略的强度和开放式创新的程度呈倒"U"形关系。

此外,外部的技术机会(Laursen & Salter, 2005)和市场波动(Rigby & Zook, 2002)也是影响开放式创新的重要因素,它们与企业采用开放式创新的程度是正相关关系,即外部的技术机会越多、市场波动越大,企业越倾向于实施开放式创新。

(二) 内部因素

企业规模与开放式创新密切正相关(Lichtenthaler & Ernst, 2009),学者对中小企业的开放意愿持有一致的观点,即中小企业由于缺乏资源,更愿意对外开放,以期从外部获取所需资源(Lee et al., 2010)。关于大型企业的开放式创新却有相反的看法。恩克尔和加斯曼(2008)认为,公司规模越大,越倾向于对外开放,采用外向型开放式创新的可能性越大。而甘巴尔德拉(Gambardella)等(2007)却认为,大企业拥有丰富的技术、资金和人力资源,因此它们的开放意愿较小。

互补资产(Complementary Assets)是相对于企业知识资产而言的,表示支持创新产出的制造、营销和售后支持等资产,特别是专有互补资产通常通过干中学以及不同企业间人员交流而建立,具有一定的路径依赖性,不容易被模仿。克罗森(Knudsen, 2006)认为,企业如果要使创新成果成功地商业化,需要具有互补资产,企业对这类资产的需求程度越高,就会越倾向于对外开放,以获取互补资产。

影响企业开放式创新的另一个重要因素是吸收消化在企业间环境中所产生知识的能力,即吸收能力(Knudsen, 2006)。由于开放式创新要求企业付出很大努力和时间以构建共同的规范、习俗和路径(Laursen & Salter, 2005),因而劳森和索尔特(2005)认为,吸收能力可以有效处理外部的信息和知识,即企业的吸收能力越强,越能促进企业进行开放式创新。

除上述因素外,里格比(Rigby)和祖克(Zook, 2002)指出,企业的创新力度、创新的资金来源、对渐进式创新的需要、创新的通用性等也是决定是否采用开放式创新的关键因素，如果它们的指标越高就越会实施开放式创新。

现有对开放式创新影响因素的研究主要集中于企业的天然性，如规模、行业，而且它们如何影响开放式创新学者们仍持有不同观点。但是对企业的行为特点（如研发投入、管理能力等）研究得较少，且研究分散，缺乏聚焦。因此，未来的研究不仅要继续深入现存的争论，而且应更多关注企业行为特点对开放式创新的影响，建立多因素的整合框架。

**五　企业开放式创新的方式**

开放式创新的方式研究旨在回答企业如何有效实施并管理开放式创新。由于开放式创新的内容既包括"突破封闭边界"的组织间关系，又涉及"创新流动与分享"的流程，因而现有研究主要从关系（Relations）和流程（Processes）两个视角对其进行探讨。关系视角主要关注开放式创新中的组织内部、外部关系以及组织网络管理问题，即与谁、如何与创新要素合作；流程视角则主要关注开放式创新的内外部技术知识的复杂流动。

（一）关系视角

开放式创新的一个重要目标是从外部获取创新要素或者与其共同创造知识，这些创新要素通常包括消费者（Hienerth，2006）、社群（Reichwald & Piller，2009）、领先用户（Franke et al.，2006）、供应商（Chiaromonte，2006）、大学或研究机构（Perkmann & Walsh，2007）、创新中介（Chesbrough，2006）以及来自其他行业的合作伙伴（Enkel & Gassmann，2008）。劳森和索尔特（2006）将这些组织或个人归结为市场、机构、专业部门及其他创新要素。企业在开放式创新中与他们形成了深度或者广度、正式或者非正式的网络关系。其中，深度关系可使企业充分开发利用现有知识和资源，广度关系可使企业从更广层面获取到更多新的技术，正式关系的建立有利于聚集不同组织和个体，从而推动非正式关系的建立，进而有利于正式合作协议的制定。因此，企业应建立多种不同的关系（Simard & West，2006）。迪特里奇（Dittrich）和达士特（Duysters，2007）通过分析诺基亚的案例，也指出了开放式创新建立不同关系的重要性，他们认为建立在知识探索与知识挖掘基础之上的关系可以为企业提供创新的机会、战略弹性以及平稳适应市场条件变化的能力。

面对多样化的关系，企业需要探索出一个有效的治理方式来保证开放式创新的成功实施（Feller et al.，2009）。费勒（Feller）等（2009）通过分析七个开放式创新的典型案例提出四种治理结构：解决方案层级制（Solution Hierarchy），以购买外部知识产权为特点的传统方式，如宝洁；解决者市场（Solver Market），指企业直接通过所熟知的市场寻找并利用外部创新力量来实现创新，如 Threadless；解决方案经纪（Solution Brokerage），指组织进行知识产权买卖的中介机构，如 Yet 2；解决者经纪（Solver Brokerage），表示进行创新能力买卖的中介机构，如 Inno Centive。温森特（Wincent）等（2009）通过对瑞典小公司网络的研究发现，建立网络董事会能够有效地管理联合研发活动，对开放式创新绩效有重要影响。

网络发起者或者领导者在网络中扮演着重要角色，他们对参与者进行长期的激励以形成联盟关系（Brown & Hagel，2006）。弗莱明（Fleming）和瓦格斯帕克（Waguespack，2007）论述了开放式创新社群中的领导问题，他们认为开放式创新的领导者必须能做出巨大的技术贡献，要具有技术敏锐性、较高的声望和较强的管理技能，能够把各参与者连接在一起。这可以从两个相关却又不同的社会职务来做：技术领域中的社会经纪人和边界跨越者。社会经纪人是指在一组参与者之中充当社会连接和桥梁的组织或个人，它能够促使职业流动和提升；边界跨越者指与其他组织或个人建立信任关系，促进组织间知识流动和信息传递，以使它们在技术领域进行合作的组织。

为有效管理开放式创新网络，企业不仅需要从外部着手，还应适当在内部进行变革（Dodgson et al.，2006）。雅各比德斯（Jacobides）和比林格（Billinger，2006）认为，企业应增强组织的渗透性，以更有效地利用资源，使组织能力与市场需求更好地匹配，并尝试建立更宽的界面（Tao & Magnotta，2006）。随着企业开放度的增加，其技术体系不仅需要改变，企业的流程、价值观和文化也需要改变（Witzeman et al.，

2006），甚至需要经过解冻、变革和再结冻过程的组织变革（Chiaroni et al.，2011）。同时，学者对如何解决企业在与外部合作中所面临的问题也给予了关注，如齐格等（2010）通过跨案例研究发现，在化工行业可以通过征募内部的专家、选择合适的问题和制定问题解决方案来解决与创新中介合作面临的挑战。

（二）流程视角

切萨布鲁夫（2003）认为，开放式创新使知识既可以从企业外部流入内部，也可以从内部流至外部。在此基础上，加斯曼和恩克尔（2004）指出，开放式创新包括由外向内流程、由内向外流程和耦合流程（Coupled Process），其中耦合流程是对由外向内和由内向外两种流程的结合。

由外向内流程指通过整合供应商、客户等外部知识来源丰富企业的自身知识库，它反映了企业知识创造的场所并不必然等同于创新的场所（Gassmann & Enkel，2004）。对于企业如何进行由外向内流程，艾姆奎斯特等（Elmquist，2009）认为，合作（Coordinating）或聚合（Aggregating）是其主要方式，宝洁的"联合与发展"（Connect and Develop）便是这种方式的体现（Huston & Sakkab，2006），宝洁公司改变其研发过程，突破组织的边界，搭建信息技术平台，将公司外部众多的用户、科学家联合起来，使分布于世界各地的研发人员聚集于一个统一的平台，根据用户提出的要求实施创新，这一做法使宝洁公司获得了更多的创意和资源，将这种创新称为联发。同样，陶（Tao）和马尼奥塔（Magnotta，2006）提供了一个"识别与促进"（Identify and Accelerate）的例子，用来解释企业通过与外部供应商合作获取特殊资源以扩大市场以满足顾客需求。达兰德和江恩（2010）认为，内向型开放式创新可以通过非获利的获取（Sourcing）和获利的购买（Acquiring），前者涉及企业如何利用外部创新资源，而后者涉及从市场上购买许可和专业知识。

由内向外流程指的是通过向市场提供知识、出售知识产权来获得利润，并通过把创意传递到外部环境来积累技术的过程（Gassmann & Enkel，2004）。这种思想源于开源软件，在信息产业及其相关领域的应用尤为普遍，使企业对创新产品或服务的技术细节进行免费公开成为开放式创新的一项重要特征（Von Hippel & Krogh，2006）。信息产业资源公开主要有两种方式：资源的部分公开和部分公开资源。前者是指公开企业非重点技术的控制权，保留其他更有发展前景、能支撑企业保持竞争优势技术的绝对权利。而部分公开资源是指公开对客户有价值的某一层面，其前提是保证这项技术不能被竞争对手直接应用。换言之，前者是纵向公开某一技术，后者是横向公开技术的某一层面。而在更多行业中，韦斯特和加拉格（2006）指出了四种普遍的开放式创新策略：汇集研发（Pooled R&D）、剥离（Spinouts）、出售互补资源（Selling Complements）和捐赠互补资源（Donated Complements），其中，除了汇集研发外，其他三种策略均是由内向外流程的方式。达兰德和江恩（2010）认为，出售是获利行为，而公开是非获利行为。此外，外向许可（Out-Licensing）、衍生新公司（Spin-Off）（Chesbrough，2006）以及被称为跨行业创新的自我技术在新市场的商品化（Enkel & Gassmann，2010）等均是由内向外流程的方法。

另有学者从整合流程的角度对开放式创新进行阶段划分，并建立了阶段性模型。费特霍夫（Fetterhoff）和沃克（Voelkel，2006）提出的模型包括寻找机会、评估市场潜能和创造性、招募潜在的合作伙伴、通过商业化获得价值和扩大创新供给五个阶段。瓦林（Wallin）和克罗（Krogh，2010）以知识管理为基础，对开放式创新制定了五个不同的阶段：确定创新过程、明确与创新相关的知识、选择合适整合机制、创建有效的治理机制以及平衡激励和控制。而利希滕塔勒 U. 和利希滕塔勒 E. （2009）认为知识开放式创新中经历开发、保持和利用三个阶段。

然而，在开放式创新下，知识的流动并不是一个自动的或容易的过程（Dahlander & Gann，2010），需要企业具有相应的能力。因此，学者针对在不同流程中企业应具备何种能力进行了探讨。在由外向内的流程中，韦斯特和加拉格（2006）强调了技术能力的重要性，认为企业可以通过该能力获取知识产权并在企业内外实施商业化而获益；范海沃贝克等（2008）指出，在知识不断流动的过程中，企业必须提高监视、评估、吸收和使用知识技术的能力，即吸收能力，它是开放式创新成功的前提和关键，对中小企业和传统行业中的企业来说尤其重要（Spithoven et al.，2011）。在由内向外的流程中，与吸收能力相对应，利希滕塔勒 U. 和利希滕塔勒 E. （2010）认为，企业应构建解吸能力（Desorptive Capacity）以使知识有效转移和利用；同样，加斯曼和恩克尔（2004）认为，企业应具有倍增能力（Multiplicative Capability），实现知识的商业化或与外部的共享。利希滕塔勒 U. （2008b）综合上述两个流程，指出关系能力（Relative Capacity）是一种开发、保持、利用存在于组织之间知识的能力，弥补了针对单向流程构建能力的不足。类似地，切萨布鲁夫和施瓦茨（Schwartz，2007）也侧重于强调联合开发伙伴关系方面的研发能力的重要性，其具体表现为核心能力（Core Capabilities）、关键能力（Critical Capabilities）以及情景能力（Contextual Capabilities）三种不同的类型。

由于开放式创新是一个复杂的、系统化的过程，一种特定的普通能力无法解决其全部问题，企业需要的是一种更高层次的能力，这种能力与动态能力的概念相一致（Lichtenthaler V. & Lichtenthaler E.，2009）。利希滕格勒 U. （2008a）通过对欧洲 154 个大中型企业集团的问卷调查，将开放式创新的方法总结为依赖企业的动态能力，通过创新过程中的技术获取和技术开发实现主要的技术管理任务；利希滕塔勒 U. 和利希滕塔勒 E. （2009）以知识为基础研究了两者的关系，他们认为开放式创新过程中作为企业管理内外部知识的重要能力的一系列知识能力，实际上是一种二维的动态能力，其具体包括发明能力（Inventive Capacity）、吸收能力（Absorptive Capacity）、转型能力（Transformative Capacity）、联系能力（Connective Capacity）、创新能力（Innovative Capacity）和解吸能力（Desorptive Capacity）；海尔菲（Helfat）等学者（2007）也强调了动态能力对开放式创新的重要作用，他们认为企业在开放式创新过程中需要具备发展适用性，这种发展适用性指的便是一种动态能力如何使一个企业比较好地通过创造、拓展和更改它的资源库而生存。

### 六 开放式创新对企业绩效的影响

学者对开放式创新与绩效的关系从积极效果和挑战两个方面进行研究。积极效果主要表现在企业自身的创新绩效，挑战则表现在成本和开放度两个方面。

（一）企业创新绩效

现有研究将开放式创新分为内向型开放式创新和外向型开放式创新，分别从理论和经验上探讨了它们对企业创新绩效的积极作用。对内向型开放式创新来说，企业以其低成本、投入小的特点为企业获取外部创新资源提供了机会，增加了企业的创新程度和创新数量（Cheng & Huizingh，2010）。卡夫洛斯（Kafouros）和福尔桑（Forsans，2012）认为，搜寻和获取外部科学知识对财务绩效和研发均有益，而吸收国外的知识不仅能够获得优越的绩效，而且能够激发企业的创新潜力。而且，随着创新过程开放程度的增加，中介机构市场已经出现，企业可以在不同的层面进行交易，为企业提供信息、技术，甚至财务支持，这些对创新均能产生直接促进作用（Chesbrough，2006）。另有学者从内向型开放式创新的不同方式出发，使用经验数据检验了以上理论分析。如蒙泰罗（Monteiro）等（2011）利用英国数据研究发现，正式和非正式的外部资源获取均有助于改进企业的产品创新和流程创新。

对外向型开放式创新来说，它能够彻底清除"假阳性"（False Positive）——有些项目刚开始看上去很有吸引力，但是最后的结果却很令人失望。它增加了创新的成功率，为企业缓解了研发成本的压力（Chesbrough，2006）。利希滕塔勒 U.（2009）认为，企业可以专利许可、出售等方式获得许可费用等额外收入，还可以获得研发支持以及建立行业标准的优势。利希滕塔勒 U. 和恩斯特（2007）利用 154 家欧洲企业的数据进行定量分析，结果表明，通过技术外部商业化，企业可以实现学习效果，缩短学习曲线，还可以提高自己的声誉。利希滕塔勒 U.（2009）证实了外向型开放式创新对绩效的积极作用。

开放式创新对创新绩效的影响还受到其他因素的影响。对内向型开放式创新与创新绩效的关系来说，企业的能力因素是重要的调节变量，如吸收能力、内部研发能力。较强的吸收能力能够有效识别、获取并整合外部有价值的资源，因而能够促使内向型开放式创新提升创新绩效。黄（Huang）和赖斯（Rice，2009）通过实证检验发现，内向型开放式创新中的技术购买对绩效有直接负向影响，但是与吸收能力交互作用后会对绩效有显著的正向影响，这说明吸收能力能有效促使技术购买提升绩效。而企业内部的研发能力的作用恰恰相反，它越强越会阻碍开放式创新绩效的提升。劳森和索尔特（2006）证实了这种观点，企业内部研发能力对开放式创新广度和深度与创新绩效的关系均有负向调节的作用。克莱尔（Clercq）和季莫夫（Dimov，2008）的研究也得出了相同结论，他们认为当企业内部知识缺乏时，与外部合作更有利于改善创新绩效。对外向型开放式创新与创新绩效的关系来说，企业外部环境中的技术动荡程度、技术市场交易频率以及技术市场的竞争强度的增加都会提高外向型开放式创新对企业绩效的积极作用，而专利保护则起到相反的作用（Lichtenthaler U.，2009）。企业内部的技术许可战略流程越正式、企业开放的积极性越强，则企业从外向授权中获得的收益越大（Lichtenthaler U. & Ernst，2009）。

（二）成本

开放式创新作为一种新现象，它的倡导者更趋向于研究它所带来的收益，这也意味着对其成本的理解是有限的（Dahlander & Gann，2010）。巴希米亚（Bahemia）和斯夸尔（Squire，2010）指出，学者已经开始关注开放式创新的局限性，并认为与局限性最直接相关的便是成本问题，它威胁着创新活动的顺利进行。

首先，开放式创新需要搜寻成本。在对外开放时，由于信息不对称，企业为获取最有利的资源，在搜寻中会有一个不断试错的过程，直至开放度与自身特性和需求相匹配。这个试错过程需要一定的成本，通常开放度越大，所需成本越大（Laursen & Salter，2006）。其次，开放式创新需要协调成本。开放式创新是一个包含诸多创新要素、以创新利益相关者为基准的多主体创新模式。各主体不仅有资源种类的差异，还有空间、文化和价值观的区别，为了减少或避免差异带来的冲突，企业需要在协调创新主体间关系进行投入，便增加了协调成本（Bahemia & Squire，2010）。最后，企业需要承担风险成本。企业在开放式创新过程中，有泄露核心技术的风险，这将导致企业的收益减少（Laursen & Salter，2006）。此外，对于开源软件，用户不用购买就可以免费获取，致使软件不再是销售品（Henkel，2006），无形中也给企业增加了成本。费穆思（Faems，2010）等基于305家比利时制造企业的调查数据研究发现，外部创新主体的多样性对创新绩效有积极影响，但同时也会因成本增加而对企业财务绩效有消极作用，而且在短期内，消极作用会超过积极影响。

（三）开放度

"开放度"这一概念随开放式创新的兴起而被广泛使用，表示企业在开放式创新中对外部开放的程度，主要用于外部创新源的情况进行衡量（Knudsen，2006）。在 Chesbrough 等倡导对外开放的同时，一些学者关注了过度开放的问题。劳森和索尔特（2005）认为，过度开放会使内部创新资源投入分散，无法实现开放的目标。萨皮恩扎（Sapienza，2004）等也强调，过度开放会导致企业注意力分散，无法更好地吸收外部知识，甚至对外部形成技术依赖。Henkel（2006）则担心企业的开放会使竞争者从中获益，从而削弱自身的竞争优势。而且，企业选择合适的开放度受到诸多因素的影响，增加了适度开放的难度。劳森和索尔特（2006）认为，对外部开放的广度和深度均受到过去经验和管理者对未来期望的影响，尤其在动荡环境中开放度更难选择。同时，企业对大量创意进行识别、甄选和管理，选择创新的时机和地点以及对外部创新资源认真对待或配置应有的注意力，即吸收能力问题、时机问题和注意力配置问题都是影响开放度的重要因素（Koput，1997）。

可见，选择开放度对企业来说是一个不小的挑战，它直接影响着企业的创新绩效。劳森和索尔特（2006）通过对英国 2707 家实施开放式创新的制造企业的调查来实证研究开放度与创新绩效的关系，分析发现企业开放式创新的广度和深度与创新绩效均呈倒"U"形关系，并发现企业研发强度与广度和深度在影响创新绩效上具有互补效用。而在中国，企业在技术创新活动中开放程度比较低，企业开放式创新有利于其提升创新绩效，但是由于行业的差异性，开放度所表现的效果不尽相同，研究发现，对于科技驱动型产业的企业，开放广度和深度对创新绩效均呈倒"U"形曲线相关关系，而对经验驱动型产业的企业，开放度对创新绩效呈正线性相关关系（Chen et al.，2011）。

现有关于开放式创新结果的研究虽然从效果和挑战两个方面进行了探讨，而且分析了不同的开放式创新方式所产生的结果差异以及一些情景因素的影响，但是研究结论缺乏一致性。造成这种现象的原因可能是研究的样本对象不同，企业开放的方式和程度均有差异，比如在内向型开放式创新中，有些企业是技术购买，有些则是无偿获取，这都会造成研究结果存在差异。另外，实证研究中对开放式创新的测量量表不一致也是导致研究结果不同的重要原因。现有研究主要是分别探讨内向型和外向型开放式创新的结果，而缺少对两者同时作用下的结果分析，这将是未来研究的重要方向。

开放式创新突破组织原有边界，增强与科研机构、顾客、供应商等组织的合作，从而获取创新资源能够弥补中国企业创新投入不足的缺陷。而且，借助风险投资、创新中介和外部商业渠道的作用，企业可以将未实行价值的技术推向市场，增加商业化程度，减小企业研发成本压力。因此，开放式创新为中国企业走出创新困境提供了契机，也是学者们研究的重要课题。

开放式创新突破组织原有边界，增强与科研机构、顾客、供应商等组织的合作，从而获取创新资源能够弥补中国企业创新投入不足的缺陷。而且，借助风险投资、创新中介和外部商业渠道的作用，企业可以将未实行价值的技术推向市场，增加商业化程度，减小企业研发成本压力。因此，开放式创新为中国企业走出创新困境提供了契机，也是学者们研究的重要课题。目前，开放式创新研究已经受到国内学者的认可和重视，对其研究热度逐渐增加，文献数量亦与日俱增。如《管理世界》《科研管理》《科学学研究》等诸多优秀的期刊都刊登过该领域的文章。

从研究现状来看，国内开放式创新研究处于起步阶段，从国外已进行的大量而丰富的研究中获取了启发：首先，多视角的研究增强了国内学者对开放式创新的认识。从内涵、方式到对绩效的影响均超越了切萨布鲁夫（Chesbrough，2003）最初建立的开放式创新模型，出现了多视角的探索。例如，在对开放式创新概念的理解上，从资源整合、流程和认知三个视角的界定从不同角度反映了其内涵。在企业如何实施开放式创新方面从关系和流程两个视角出发，探讨具体的行为方式。其次，研究主题对国内学者的研究内容和焦点起到了引导作用。国外研究集中探讨了开放式创新的内涵、原因、方式与结果等多个主题，尤其是方式及其与绩效的关系成为关注的焦点，不仅有助于系统地理解开放式创新的运行机制，而且为国内学者提供了研究思路和线索。

具体来看，在内涵方面，国内学者仍以"内外部资源和内外部市场渠道"为主要内容定义开放式创新。如陈钰芬（2009）认为，开放式创新是指企业在技术创新过程中，主动搜寻和使用内外部资源，它强调资源的整合与协同，以实现内外部的互补效应。

在企业开放式创新原因方面，主要从资源基础观出发，认为单一企业很难完全拥有进行复杂创新所需的全部技术知识和资源，技术创新的不确定性和高成本性也增加了技术创新的风险和难度，企业为解决这些问题而选择开放式创新（陈劲、吴波，2012）。杨武和申长江（2005）在切萨布鲁夫（2003）提到的侵蚀因素基础上补充了科研机构的作用，他们认为学术机构研究能力和研究质量的迅速提高，以及学术机构对企业问题的关注度增加也在为开放式创新推波助澜。

在开放式创新的方式上，如何获取资源是国内学者关注的重点。陈钰芬（2009）将资源分为市场信息资源和技术资源，认为无论公司与外部组织的横向合作还是纵向合作都利用获取上述两种资源，与风险投资企业、政府合作就是一个典型的例子，还有利于增强制造能力。但是与专门技术机构的合作却仅仅有利于获取外部技术资源。于开乐、王铁民（2008）按照"外部创意转化为创新的程度"和"外部创意转化为持续创新能力的可能性"两个维度组成框架，提出开放式创新的四种典型机制：完全复制、逆向工程、合资—战略联盟以及并购。陈劲等（2012）根据基亚罗尼（Chiaroni，2011）等的研究，同样采用组织变革的视角探讨如何实施开放式创新，研究发现开放式创新实施首先开始于组织结构调整和一定的组织制度保障。尤其值得注意的是，在中国情境下，政府在开放式创新实施过程中发挥了重要作用，对企业科研体系调整和外部网络建设至关重要，因此，企业应充分协调市场和政府两种力量，从而顺利实施开放式创新战略。此外，国内学者也研究了开放式创新过程中能力构建的问题。陈劲等（2011）认为在开放式创新过程中，知识是不断流动的，企业必须提高监视、评估、吸收和使用知识技术的能力，即吸收能力，它是开放式创新成功的关键。对于外向型技术转移而言，企业拥有闲置的但是有潜在价值的技术，若不向外部转移则无法实现其商业价值，所以企业要有效地将它们通过授权、出售等方式转移给外部组织，在这个转移过程中，则需要解吸能力（陈劲等，2012）。而高良谋等学者（2010）通过分析开放式创新的困境，包括开放度、过程冲突、知识分布和共同创造的困境，认为基于战略、过程、内容和关系四维的网络能力是使企业走出开放式创新困境的重要途径。

国内学者根据国外关于开放式创新绩效的理论探讨，并结合中国企业的相关数据检验了开放式创新与创新绩效的关系。陈钰芬和陈劲（2008）根据劳森和索尔特（2006）的研究方法，从开放的广度和深度两个方面测度目前中国企业技术创新的开放度，验证了"最佳开放点"的存在，并发现目前我国企业在技术创新活动中开放程度比较低，企业在技术创新活动中向外部创新要素开放有利于提高创新绩效。同样，李玲（2011）也认为，广度与能够提升企业技术创新能力，而深度与技术创新能力的提升呈倒"U"形关系。而且，在技术创新的不同阶段（产品创新阶段、工艺创新和平台创新阶段），由于产业不同（科技驱动型产业和经验驱动型产业），企业所需的创新资源也不相同，所以所选择的开放度也存在差异：科技驱动型企业在产品创新阶段向少数创新要素增加开放深度有利于创新绩效的提升，经验驱动型企业的开放广度通常更大；对工业创新来说，企业内部的资源更为重要；在平台创新阶段，需要同时利用内部和外部资源以及内外部的创新能力（陈钰芬，2009）。企业与外部创新要素的合作模式不同，开放度与外部关键资源获取的关系也会存在差异。合作化开放度对新技术获取和专用性互补资产获取都呈现不同形状的倒"U"形关系，市场化开放度对新技术获取也呈现倒"U"形关系，但是对专用性互补资产呈现直线下降关系（陈劲、吴波，2012）。开放式创新不仅对创新绩效有显著影响，对企业的其他行为也存在影响。

例如，袁健红和李慧华（2009）认为，开放式创新能够增加创新的新颖程度，企业的创新行为往往是突破性的。在市场方面，对开放式创新文化支持可以增强企业的市场导向，进而影响渐进性创新市场绩效和突变性创新市场绩效（陈衍泰等，2007）。此外，开放式创新还能促进企业文化建设、提升道德水平，并促进企业社会责任向高层次发展（王海花、彭正龙，2010）。

尽管国外研究给国内学者提供了丰富的视角和思路，但是我们认为，由于开放式创新的实践是在一系列特定的政治、经济组成的框架下进行的，包括规章制度、有关知识产权的法律、资本市场和产业结构（West et al.，2006），我国学者在借鉴国外研究成果的同时应该特别注意我国企业与欧美企业创新的不同,以及这些差异对研究内容的影响。由于与欧美大企业不同,我国企业随着参与国际化竞争程度的加深,但是创新能力相对而言较弱,较多的关键技术一直靠从国外引进,企业发展经常受制于人,因此"自主创新"成为国家和企业倡导的创新方式。从外部环境来看,企业缺少一个良好的法律环境,特别是知识产权法律不完善导致它们在开放式创新过程中经常出现产权纠纷、侵权等现象。这致使国内学者更多关注于开放式创新下的自主创新能力和知识产权管理。

1. 自主创新能力

自主创新虽然强调创新的自主性,但是在开放式创新下,自主创新并不是独立创新和完全从外部引进,而是在利用自主创新的指导思想,使用多种开放模式,充分利用内外部资源,实现合作主体的多样性和创新过程的多流程性,以此研发拥有自主知识产权和自主品牌的技术和产品(陈劲、陈钰芬,2007)。可见,开放式创新对自主创新具有促进作用。沈伟国、陈艺春(2007)立足于全球化的视角,通过建立开放式自主创新体系框架模型,并以汽车产业发展为例,证实了两者之间的促进作用。但是,这种作用并不是自动发生的,而是需要一定的条件。于开乐、王铁民(2008)通过研究南汽集团对罗孚公司并购案例认为,开放式创新对自主创新有积极的影响,但是这种积极作用需要在一定条件下产生:并购方与被并购方的知识具有互补性,而且,并购方具有较强的吸收、整合能力,以使被并购方的知识形成并购方的创新资源。

2. 知识产权管理

在开放式创新模式下,知识产权管理问题需要引起广泛关注(Chesbrough,2006)。如果企业一味强调技术知识的保护,就容易患上"保护近视征"(Myopia of Protectiveness),使企业拘泥于知识产权之中,强调知识的蓄积而死守自己的孤堡,以期用知识产权制度保护自己的技术,并从中受益。但是,这种严格的保护行为会对外部的资源整合产生局限性。保护近视征限制了企业与外部创新主体之间的知识产权交易,失去了外部技术利用和内部技术商业化的机会,阻碍了组织间的知识分享与共同创造(王雎,2010)。这种严格的知识产权保护行为与开放式创新所倡导的知识流动严重相悖(Laursen & Salter,2006)。正如

Chesbrough（2006）所言，通过确定所有权，知识产权能够帮助很多企业交换创意和技术，被视为给现有商业模式带来附加收益的新资产，并且还能指明新的商业和商业模式的方向，然而太强或者太广泛的所有权可能会阻止创意和技术的流动，而它们的流动正是开放式创新所必要的。但是，对知识产权的保护一旦削弱，企业就有可能面临知识泄露、创新机会主义的威胁，从而影响开放式创新的效率和效果（Lichtenthaler，2009）。因此，开放式创新较封闭创新要求不同的知识产权管理系统，需要不断涌现出知识产权评估、监控和管理的新形式（Fauchart & von Hippel，2008）。杨武（2006）认为，应该把融入了知识产权管理的企业的生产研发管理、组织与制度管理、知识管理、战略管理与开放式创新模式紧密结合。这就要求企业开发新的知识产权保护方式，政府和企业共同培育知识产权交易市场，寻求实现知识管理和盈利双重目标的商业模式（唐方成、全允桓，2007）。袁晓东和孟奇勋（2010）认为，开放式创新促进了专利交易，也加速了创新专业化分工，越来越多的企业开始选择以获取并许可专利作为盈利模式，企业有必要采用"专利集中战略"，即选择一个特定的并具有竞争优势的细分技术领域，尽可能地将该技术领域的专利集中以获得收益的一种市场行为。王雎（2010）则提出了"关系性知识产权"的概念，由于传统知识产权保护通常具有明显的组织边界和排他性，而关系性知识产权强调利用知识产权增强研发合作者之间的和谐和依赖关系，它的目的不仅是要实现技术的潜在价值，而且要保持合作者之间的良好关系，从而利于开放式创新的稳定性和持久性。

## 第二节　动态能力

### 一　动态能力的内涵

企业如何才能具备取得并保持竞争优势的能力是当前管理界关注一个热点，因为企业能够在激烈的竞争中存活下来并有所发展其关键就在于企业要拥有竞争优势。在国内外学者以往的关于这一问题的研究文献中存在三种观点：动态能力观、核心能力观和资源基础观，而动态能力观的提出则是以资源基础观和核心能力观为基础的。

相同的市场环境下，是否具备竞争优势决定了企业是否能够取得市场领先地位，拥有竞争优势的企业往往能够占据市场领先地位。能力学派和资源学派最早研究并解释了这一现象。20世纪80年代，研究者通过对企业内部的研究，探讨了企业获取并维持竞争优势的方法，这就是企业的资源基础观。在沃纳菲尔特（Wernerfelt）于1984年发表的名为《企业资源基础观》的文章中，他提出企业的内部条件如组织资源、知识、企业能力等是企业保持竞争优势的关键所在，企业的这些内部资源条件相对稀缺且富有价值因此难以替代，而且竞争对手难以模仿。该资源基础观并没有关注如何整合现有资源以获得新资源，而仅仅考虑的是企业对已具备资源的运用。

继资源基础观之后，更加关注企业创新和学习问题的核心能力观于20世纪90年代被提出。普拉哈拉德和哈默于1990年发表了《公司的核心能力》，他认为企业的核心能力是不断积累的组织知识，特别是组织掌握的各种生产技能协调方法的那部分知识。然而，时代环境急速变迁，市场竞争环境极其恶劣，企业必须不断发展拥有的技术，顾客的产品偏好一变再变，各个企业所拥有的知识逐步趋同，企业间知识阻隔越来越小，核心能力已经不能保障企业拥有长期竞争优势，反而会给企业带来"刚性"问题。

自核心能力观和资源基础观产生之后的近二三十年来，企业所处的社会环境不断改变，资源学派和能力学派越来越无法解释许多管理现象。不同企业之间拥有的资源越来越趋于相同，资源观也很难应用于企业管理的实践操作。企业的核心能力反而成了制约企业发展的另一种刚性——企业的核心能力没有弹性，难以改变。研究者试图用其他理论观点来解决这一问题，于是动态能力这一概念诞生了。

新的市场环境使企业所处的各种外部环境的变更频率更快，资源基础观和核心能力观对企业获取竞争优势问题的解释无力催生了动态能力观的产生。1990年以来，社会竞争环境整体层面上的剧烈变动使传统竞争优势被替换的速度不断加快，企业再也难以通过传统的方式获得持续的竞争优势。动态能力与传统能力理论的不同在于它研究的是使企业在纵向时间轴上不断延续竞争优势而不仅仅是以往理论关注于某一时间截面的研究。

英国经济学家马歇尔所著的《经济学原理》可以看作动态能力理论最初的来源,动态能力理论诞生的萌芽就是其有关企业经济问题"内部"和"外部"的划分,他的有关重组和协调企业能力的论点是后续的动态能力理论的雏形。

然而,在进一步的研究中,学者没有统一界定动态能力的内涵。很多研究都是从许多不同的视角来研究动态能力,其中主要有:组织视角、战略管理视角、层级视角和过程视角。

组织理论以组织学习和知识管理为出发点对企业的动态能力理论进行了研究。组织理论认为,组织在学习过程中能产生知识,这些知识以及组织的学习过程能促进组织产生动态能力,这种能力首先产生于组织个体,然后经过层层传递最终形成企业整体的动态能力。苏巴那拉希姆(Subba Narasimha,2001)认为,组织可以被看作知识汇聚成的一个整体,此观点他将动态能力定义为组织知识的一个特性,这一特性体现的是能够为组织带来变革的特殊能力,这种能力能够使企业应对环境的不断变化。佐洛(Zollo)和温特(Winter,2002)的观点与苏巴那拉希姆类似,他们认为,动态能力与组织学习之间有着紧密联系,它是一种集体行为模式,这种模式是通过组织学习建立起来的,具有稳定性,其目的在于生成并调整企业内部业务流程以提高生产效率。他们将组织学习分为两类,即认知性学习和经验性学习,其中认知性学习与企业动态能力相关而经验性学习与企业的直线职能有关(如生产等)。

战略理论视角的研究认为,传统的战略范式如资源基础观、战略冲突和五力模型等在当前的超竞争环境下都已不再能够指引企业在全球性竞争中取得竞争优势,动态能力论点便在此基础上被提出了。动态是指当环境变化时企业也要相应地发生变化,能力则是指企业适应变化的环境和自我更新的能力。劳斯等(1997)构建了关于动态能力的战略理论模型,同时他根据不同战略模型所关注重点的不同将动态能力模型、资源基础观模型、竞争力模型和战略对抗模型这四种模型划分为两类。他们认为动态能力模型和资源基础模型偏重于研究效率,战略对抗模型和竞争力模型的研究重点则在市场。但是,动态能力模型对企业进行的初步分析与资源基础模型对企业的基础分析是全然不同的。他们认为,当今社会环境的特点对那些能够持续学习、整合和吸收资源的企业取得长期成功非常有利，而那些规模巨大且拥有稀缺资源的企业倒不见得能够实现持续的成功。他们以流程、位势、路径为基础构建了动态能力的3P模型。模型中的流程就是企业进行的组织流程和管理过程，企业拥有的资产状况代表了位势，企业的历史发展则是所谓的路径。他们认为，路径能够影响流程和位势对企业获取长期竞争优势的决定作用。该观点是动态能力理论中的一个典型代表。

组织中不同能力可以被划分为不同的等级层次，层级视角的动态能力研究认为动态能力的层级要高于一般能力。科利斯（Collis，1994）对动态能力和一般能力的不同做了详细阐述，构建了"二阶能力""三阶能力"甚至更高阶能力等一系列概念。温特（Winter，2000）对企业的动态能力和运营能力做了区分阐述，他认为运营能力作用的结果是生产出产品，动态能力能够创造企业能力。普通的企业能力是最低阶的能力，只能保证企业的一般性存在，而动态能力层级较高，属于第一层阶的适应能力和第二层阶的创新能力都属于动态能力的一方面。

过程视角是将动态能力看成过程来进行研究的。艾森哈特和马丁（2000）将动态能力看作一个实际操作过程，在该过程中企业重组、捕获、释放资源以应对变化的市场或创造新的市场机遇，而动态能力过程则对应于实现整合、重建、获得、释放等特定管理实践中的某个过程。有的学者从流程或惯例的视角来解释动态能力内涵，认为，动态能力是战略性惯例或者惯例性的组织流程（Eisenhardt & Martin，2000；Zott，2003）。

此外，海尔菲等（2007）认为，扩展认为动态能力是企业通过开发新产品和流程来帮助企业应对市场环境变化的一些特定能力的集合。扎赫拉等（2006）认为，动态能力是企业决策者以预期的、适当的方式对企业资源和惯例进行重构的能力。动态能力能够使企业以新的、潜在有效的范式获取机遇但并不能保证企业的成功或是生存。王（Wang）和阿麦德（Ahmed，2007）认为，动态能力是企业升级和重构核心能力的行为导向，能够使企业持续对资源和能力进行整合、革新、重整和再造以应对环境变化。

## 二 动态能力的维度与演变

在对动态能力的维度测量方面,国内外学者也做了系列的研究(见表2-4),但多数学者也都拥有一个共识,就是组织能力应该基于蒂斯等(1997)所建构的动态能力战略框架来加以衡量,即从"组织与管理流程""位势"以及"路径"三个维度来衡量。

表2-4　　　　　　　　动态能力维度划分理论

| 学者 | 年份 | 维度 |
| --- | --- | --- |
| 蒂斯和皮萨诺 | 1994 | 适应能力、整合能力和重组能力 |
| 蒂斯 | 1997 | 构建能力、整合能力和重组能力 |
| 艾森哈特和马丁 | 2000 | 整合能力、重构能力、获取能力和释放能力 |
| 维罗纳（Verona）和维斯（Ravasi） | 2003 | 知识的创造和吸收能力、知识的整合能力以及知识重新配置的能力 |
| 马什和斯托克 | 2003 | 跨越式整合能力、知识保留能力和知识解释能力 |
| 贺小刚等 | 2006 | 市场潜力、组织柔性、战略隔绝、组织学习和组织变革 |
| 蒂斯 | 2007 | 感知和总结机会与威胁的能力、抓住机会的能力、通过促进企业无形与有形资产的组合、保护以及重构来维持竞争优势的能力 |
| 王和阿麦德 | 2007 | 共性包括适应能力、吸收能力以及创新能力,个性(异质性)包括整合、重新配置、更新和再造能力 |
| 焦豪等 | 2008 | 环境洞察力、技术柔性、组织柔性和变革更新能力 |
| 安布罗西尼（Ambrosini）和鲍曼（Bowman） | 2009 | 增量动态能力、更新动态能力、再生动态能力 |
| 罗珉、刘永俊 | 2009 | 市场导向的感知能力、组织学习的吸收能力、社会网络的关系能力和沟通协调的整合能力 |
| 曹红军等 | 2009 | 信息利用能力、资源获取能力、内部整合能力、外部协调与资源释放能力 |
| 郑素丽等 | 2010 | 知识获取、知识创造、知识整合 |

资料来源:笔者整理。

艾森哈特和马丁(2000)提出,拥有动态能力的企业能够更加快速、灵敏、更具弹性地应对外部环境的不断变化。马什（Marsh）和斯托克（Stock，2003）认为，动态能力由跨越式整合能力、知识保留能力和知识解释能力构成。王和阿麦德（2007）认为，动态能力包括了吸收能力、适应能力、创新能力三个构面。我国学者贺小刚等（2006）从资源位势、组织与管理流程和路径三个维度构建了动态能力，他将动态能力进行了理论层面上的划分，分成了技术及其支持系统、顾客价值导向、制度支持机制、战略隔绝机制、组织机构支持体系、组织学习能力与组织变革六个维度，并开展了中国情境下的实证研究，最终把动态能力划分为战略隔绝、组织柔性、市场潜力、组织变革和组织学习五个维度。根据蒂斯等（1997）所建构的动态能力战略框架，台湾学者余雅文（2003）建立了测量模型从三个维度对动态能力进行测度，并提出动态能力三个维度：位势、组织与管理流程以及路径之间的因果关系可以用结构方程进行验证。吴（Wu，2007）研究了组织动态能力在企业创业资源对创业绩效影响关系之中起到的中介关系，他研究所用样本为中国台湾的高科技创业企业，他建构了四个能力指标来测量动态能力，分别是资源重构能力、资源整合能力、变革响应能力和学习能力。黄俊等（2008）认为，企业的重构能力、组织学习能力和整合能力构成了企业的动态能力。焦豪、魏江（2008）提出了动态能力的四个构面：组织柔性能力、环境洞察能力、技术柔性能力和变革更新能力。此外，国内学者罗珉、刘永俊（2009）等学者也做了相关研究。

通过以上对现有组织动态能力研究中动态能力维度分类的梳理可以看出，动态能力的构成维度并没有统一的标准，因此也没有统一的量表来测量组织动态能力的维度。

动态能力是组织的常规惯例，会随着外部环境的变化出现、分解、进化，学者将这个过程视为动态能力的演变过程。艾森哈特和马丁（2000）认为，动态能力的演变是由组织的学习机制产生的，通过不断的实践、编码、犯错、调整塑造其演变路径。佐洛和温特（2002）、佐特（2003）及国内学者董俊武等（2004）则认为，动态能力基于组织生态学的"变异—选择—保留"范式演变。江积海（2005）指出了后发企业动态能力从吸收能力、转移能力、整合能力到创新能力的演变路径，通过韩国三星电子的案例研究佐证能力演变的机制和路径。他在

2008年从能力的广度、能力的深度和能力生命周期三个层面探讨能力演变的时间和空间动态性，更加全面地反映企业能力演变的轨迹。

### 三 动态能力对组织绩效的影响

国外的学者对组织动态能力的研究已初见成果，蒂斯和皮萨诺（1994）以及格兰特（Grant，2002）提出，组织的动态能力是组织和战略管理的前因变量，企业运用动态能力能够改变企业拥有的资源，改变企业的基础实力，这样就能使企业朝着新的价值增长方向发展进而占据竞争优势。吴（2007）研究了中国台湾的高新科技企业样本，研究发现这些高新科技企业拥有的动态能力的强弱程度与企业取得组织绩效的高低相关联，动态能力与组织绩效之间成正比，能力越强，绩效越好。蒂斯（2007）认为，企业绩效的微观基础和本质实际上是企业的动态能力。不过，其他有学者研究认为组织动态能力对组织绩效的影响作用并不是那么明显，艾森哈特和马丁（2000）提出，强的动态能力其本身并不能为企业带来高的组织绩效，动态能力对组织绩效的作用并不具有必然性；扎赫拉等（2006）认为，企业的实体能力与动态能力并不相同，仅仅拥有动态能力并不能为企业带来持续的竞争优势，企业的实体能力必须与动态能力相符，这样企业才有可能获得持续的竞争优势。王和阿麦德（2007）提出，组织短期绩效与动态能力关系的研究结果不能证实两者之间呈现明显的相关关系，应该从长期绩效的视角出发研究组织动态能力与组织绩效之间的关系。越来越多的研究证明，应通过考察长期绩效衡量组织动态能力和组织绩效间的关系。

国内也有一系列关于动态能力的研究，张志坚（2001）运用了问卷调查定量分析的方法进行了研究，研究结果表明，企业采取的竞争策略不同导致了动态能力对组织绩效的影响结果不同，影响企业更新自身能力的要素不同也会影响动态能力对绩效的作用。古利平和张宗益（2005）提出，企业的动态能力体现为企业的创新能力、吸收能力与常规能力之间的相互作用，并帮助企业应对变化的市场环境以获取持续的竞争优势。贺小刚等（2006）对相关的理论进行了理论分析并开展了社会调查，他认为，动态能力能够促进企业绩效的提高，不过不同的因子变量作用程度不同，企业的市场潜力作用最大，员工的变化能力和进行创新的意识其次,最后是组织柔性,就组织学习而言它对组织绩效的影响并不明显。黄俊等(2008)对国内的汽车制造企业做了研究分析,研究结果证明这些企业所拥有的动态能力能够促进其自主创新能力的提升。

有许多学者探索研究了动态能力对企业创新的影响。亨德森(Herderson)和科伯恩(Cockburn,1994)提出,企业的"建构能力"对研发生产率具有正向影响。扎赫拉(Zahra)和乔治(George,2002)、马什和斯托克(Stock,2003)、帕夫洛(Pavlou)和萨维(Sawy,2006)以及史密斯(Smith)和普列托(Prieto,2008)都强调了动态能力对新产品开发的影响。阿加瓦尔(Agarwal)和赛伦(Selen,2009)对电信公司开展了实证研究,他们认为,企业拥有的动态能力水平越高对其服务创新的开展越有利,越能促进创新,企业可以运用、管理和推进动态能力来进一步促进创新。寥(Liao,2009)对120家网络技术公司研究发现,动态能力对企业创新存在影响,企业对动态能力的需求程度因激烈的竞争和快速变化的网络技术环境变得更加强烈。研究也发现动态能力能促进企业开展新的创新项目,学习新的技能,能加速企业新技术走向产业化并推进企业进入国际化市场进行学习(Repenning & Sterman,2002; Zollo & Winter,2002; Bowman & Ambrosini,2003; Marsh & Stock,2003)。

## 第三节　开放式创新与动态能力

开放式创新概念的提出使研究学者们将研究焦点对准了企业能力,研究企业需要具备什么样的能力以开展开放式创新。最初的研究重点关注的是吸收能力、知识能力以及技术能力等。随着有关企业能力问题研究的加深以及相关企业实践的深入,研究人员发现企业在进行开放式创新过程中遇到的问题多种多样,而没有某种特定的普通企业能力能够全面解决这些问题,因此需要研究更高等级的企业能力来应对这一问题,而动态能力的概念则正好符合这种高层次的能力(Christensen,2006; Helfat et al.,2007; Lichtenthaler & Lichtenthaler,2009)。通过对动态能力进行相关研究,研究者认为,企业进行持续的创新对企业动态能力的形成具有支撑作用（Adams & Lamont，2003；Nielsen，2006）。因此，不断有学者开始关注开放式创新和动态能力的关系。

有些学者强调了关于开放式创新对动态能力的推动作用，尼尔森（Nielsen，2006）认为，企业知识的变化会引起组织动态能力的变化，企业进行知识创新对企业构建动态能力具有促进作用，并能够推动动态能力的发展。如果企业具备高水平的动态能力的必要前提是企业拥有进行持续创新的动力，比如组织革新的动力（贺小刚等，2006），而开放式创新恰恰能够满足企业的这一创新动力需求。蒂斯（2007）通过对技术创新的研究认为，动态能力框架主要分析的是供应商、顾客和政府机构等商业生态系统而并不是某个行业，这一观点与切萨布鲁夫（2003）提出的开放式创新的广度相符。动态能力具有情景依赖性（Teece，2007），而环境的情境正是开放式创新所强调的（Chesbrough，2006）。产品更新、建立联盟和企业并购都是企业更新、重组企业资源的方式（Eisenhardt & Martin，2000），是企业动态能力的具体体现，也是企业开展开放式创新所采取的措施，因此开放式创新对动态能力具有促进作用。

部分学者研究了开放式创新对动态能力的依赖性。利希滕塔勒U.（2008a）对欧洲154个大中型企业集团进行了问卷调查，他提出，企业开放式创新的开展要以企业拥有的动态能力为依托，在创新的过程中开发出新技术，进而实现技术层面的管理；利希滕塔勒U.在2009年的研究是以知识论点为基础展开的，企业在开放式创新过程中进行内外部知识管理的知识能力实际上是一种二维的动态能力。海尔菲等（2007）认为，企业应具备一种发展适应性，即企业在开放式创新的过程中要利用动态能力更好地创造、扩展、更新其资源库以达到持续生存的目的。

动态能力和开放式创新都属于前沿研究领域，国外的相关研究主要集中在动态能力和开放式创新的相互作用，国内对相关问题的研究则更少，两者之间关系的研究尚处于早期的探索性阶段。

因此，在现有的研究阶段应更多地集中注意力于开放式创新和动态能力之间关系的分析研究上，并尽量采用不同的研究方法以深化作用机理和路径方面的研究分析，而且两者的实证测量相对复杂，所以不必要采用实证分析方法进行具体研究。

## 第四节　组织学习

赛伯特（Cybert）和马奇（March）于1963年提出了组织学习的概念，1978年阿吉里斯（Argyris）和舍恩（Chon，1978）对组织学习进行了较为全面的论述。1980年以后的十年里，全球化大趋势和日益激烈的市场竞争背景使组织学习在组织中的重要作用受到了研究学者的高度重视并成为了新的研究热点，1990年圣吉（Senge）出版了《第五项修炼——学习型组织的艺术与实务》一书，至此组织学习理论的研究应用达到了新的高峰。

许多不同的学科以及理论都对组织学习的概念做了不同的定义，诸如心理学、管理学以及管理学中的组织理论、战略管理和权变管理等理论，因此组织学习并没有一个统一的被理论界广泛接受的定义。阿吉里斯和舍恩（1978）认为，组织学习是一个发现并改正错误的过程，改变的方法是重新构建组织的使用理论；穗井（Hoi）和莱尔斯（Lyles，1985）认为，组织学习是通过学习获取更好的知识、提升理解能力并由此提高组织活动能力的过程；西蒙（Simon）提出组织学习实际上是组织成员更深刻地认识、理解组织的结构要素和组织结果本身并成功重新组合组织问题；斯莱特（Slater）和奈沃（Narver，1995）认为，组织学习就是发展新知识和新见解，这些新的知识能够对组织行为产生影响；杰拉德（Gerard）和尼科林（Nlcolin，2000）认为，特定社会文化环境下人际之间的关系互动和学习产生了组织学习。组织学习理论在中国的研究是从20世纪90年代开始的，陈国权（2000）认为，组织学习是组织持续重塑自身以应对不断变化的环境的一个过程，是一种组织创新过程；陈斌和袁泽沛（2008）认为，组织学习包括个体、团队、组织整体和组织间等各个层次的学习活动，组织通过这些层次的组织学习建立、补充和管理组织知识，进而指导组织行为以改善组织结果。

1997年之前，关于组织学习的测度并没有形成系统的研究（Lukas et al.，1996；Sinkula，1994），但是存在一些零星的测量指标，它们是根据部分学者的实际研究需要建立，例如，巴克纳（Barkena）等

(1996)用国外经验来测度组织学习。值得注意的是,这些对组织学习的测量指标都是单个构建的难以全面表达出组织学习的实质内容。1997年,森库拉(Sinkula)、巴克(Baker)和诺德维尔(Noordewier)以及霍特(Hult)和费雷尔(Ferrell)等学者分别建立了组织学习的测量量表并进行了效度和信度的检验,由于这些量表是基于组织学习的基本内涵建立的,因此能够相对全面地度量组织学习。Sinkula、Baker 和 Noordewier(1997)以市场信息为研究角度,他们对组织学习的测量从"共同愿景""学习承诺"和"开放的心智"三个维度展开。其中,建立了三个指标来测度"共同愿景",测量"学习承诺"的指标有四个,测度"开放的心智"的指标也是三个。缺陷在于这些测量指标都没有涉及具体的市场活动。后来,巴克(Baker)和森库拉(Sinkula,1999)修正了这一量表,每个构面要素的测量指标扩展为六个,总共 18 个,检验证明该量表的效度与信度较高适合测度组织学习的程度,但同时也存在缺陷,比如量表中没有考量组织记忆和信息分享这两个因素,而且研究所用样本都来自大公司。霍特和费雷尔(1997)则以某跨国公司的 179 个战略事业单位为样本,该公司为《财富》500 强之一,根据组织学习的特性建立学习导向、团队导向、系统导向和记忆导向四个构面来衡量组织学习的能力,其中关于"团队导向"的问题有五个,"学习导向""系统导向"和"记忆导向"的问题各四个。该量表的主要特点是:①以市场信息为切入角度来研究组织学习,由此建立的组织学习量表主要是针对公司的市场活动而设计的;②度量指标不仅反映了经营哲学更反映了经营活动。该量表的应用会因为涉及公司的具体市场活动而受到影响和限制。

## 第五节　组织学习与动态能力

由于动态能力难以测度,因此关于组织学习与动态能力之间关系的研究仍停留在非常基础的层面。研究认为,动态能力并不是单独形成的,学者从知识的视角出发研究了组织学习积极影响动态能力的作用。那些实时的、能跟随表现环境变化的新知识对动态能力的形成能产生主要影响,组织现有知识的作用则相对较小(Eisenhardt & Martin,

2000），而新生知识和技术的一个主要来源正是组织的内部学习（Kelly & Amburgey，1991），所以组织学习对动态能力的形成来说是一个非常重要的作用要素（Zahra et al.，1999）。佐洛和温特（2002）通过对组织知识的演变过程进行研究给出了动态能力的定义，动态能力是组织集体的学习，这样的整体性学习能形成或是革新组织的经营常规，提升组织的运行效率。塞佩达和维拉（Vera，2007）以知识管理为基础探索了知识、学习和动态能力之间的作用关系，他们认为，组织经过系统地学习、创造新知识以及传递新知识到整个组织层面并制度化的过程能够有效地提升自身的动态能力。尼乐森（Nelson）和温特（1982）认为，知识学习能不断带动建立、完善组织的经营惯例，这一进程对动态能力的形成和进化有显著促进作用。蒂斯等（1997）在论述企业动态能力分析框架时也强调了组织学习对动态能力形成所起的重要作用。国内学者的相关研究提出，组织学习开展的基础是知识，组织通过学习能够催生、创造出新知识，实现知识创新，知识创新恰恰是组织动态能力得以进化、提高的核心作用元素，同时也是动态能力提升的实际体现（董俊武等，2004；魏江、焦豪，2008；曾萍、蓝海林，2009）。

另外，部分研究以过程角度为基础研究了动态能力与组织学习之间的直接关系。艾森哈特和马丁（2000）对组织学习的过程对动态能力的作用进行了进一步的研究分析，他们认为知识编码、尝试错误（小失败）、反复实践、事件发生的频率和企业所处市场机制的异同都会对动态能力的形成与提升产生促进或妨碍作用。佐洛和温特（2002）提出动态能力的形成源于经验性学习过程和认知性学习过程的共同作用，其中经验性学习的过程相对被动，认知性学习过程则涉及知识编码与知识澄清的相对深度。

如上所述，研究学者大多以知识基础为切入角度研究了组织学习和动态能力之间的关系，并达成了组织学习能对动态能力产生积极影响的共识。然而，这些已有研究都只是简单的关系推理，而并没有揭开组织学习与动态能力之间的内在关系，这一方面是因为难以测度动态能力、缺乏必要的实证分析；另一方面是因为缺少两者之间内在作用路径的分析。

## 第六节　现有研究评述总结

以上所述各个研究领域的研究为组织学习、动态能力和开放式创新之间作用关系的研究打下了基础。但是，已有关于开放式创新、动态能力两者同组织学习之间作用关系的研究并没有形成系统的、全面的、完整的理论框架和研究体系，相关问题的研究还需要进一步深入，仍有部分问题尚待更深层次的分析：

首先，现有研究没有打开开放式创新内部的"黑箱"，从而无法系统地剖析其产生的效果与影响。开放式创新属于相对前沿的研究问题，虽然关于开放式创新研究已经有很多理论切入角度，但是都忽略了其过程和关系的联系，开放式创新下的知识基础变化。

其次，现有研究缺乏对开放式创新与动态能力关系的系统性分析。已有的研究主要关注的是动态能力与开放式创新之间较为表层的作用关系，缺少更加深入的作用机理和路径分析，也没有两者协同性的检验。基于此，本书将分析开放式创新与动态能力的内在关系，并做两者的匹配性检验。

最后，已有研究尚未对开放式创新、动态能力与组织学习这三者之间的关系进行实证分析检验。组织学习为动态能力与开放式创新之间关系的研究开创了新的视角，但是缺乏关于组织学习对开放式创新和动态能力的具体影响机理和路径的研究。因此，本书将从中国实际出发，选取典型案例，探究开放式创新、动态能力与组织学习三者之间的关系，希望此理论研究能指导我国企业的管理实践。

# 第三章 开放度对创新绩效的影响

## 第一节 企业开放式创新的开放对象

企业内部人员通常能为企业带来好的创意，但实际上，企业边界外部的经济和社会关系网络中的利益相关者群体（如顾客、供应商甚至竞争对手）甚至无关群体都能为企业提供创新思想（余芳珍、唐奇良，2007）。因此，企业创新过程中的参与者、合作者除了包括科研机构和高校等研究机构外，还包括引领时尚的领先用户、普通消费大众以及供应链上游的供应商、同行和非同行企业、竞争对手或合作伙伴等。现有对企业开放式创新的开放对象的相关研究基本将其划分为上述几类。

劳森和索尔特在 2006 年的研究中，对 2001 年英国创新调查（Community Innovation Survey，CIS 2001）的问卷数据进行了分析，该问卷将创新源细分为 16 种，这一数字在 2007 年变成了 11，只剩下了 11 个创新源分类。同时，划分出的类别也进行了改变，在 2001 年的创新调查问卷中，他们将 16 种外部创新源分成了市场（Market）、研究机构（Institutional）、专门（Special）以及其他（Others）组织在内的四大类。其中，市场类创新源包括五个对象：商业实验室/研发企业、供应商、竞争对手、企业顾问和顾客；研究机构包括政府研究组织、大学或其他高等教育机构、其他公共领域如政府办公室以及私人研究机构四个对象；专门类别的创新源有三个：技术标准、环境标准和规定、健康和安全标准；除此之外，还包括：技术/交易出版社和数据库、贸易协会、专业会议以及交易会/展览会。CIS 2007 的 11 种创新源同样被归入四类，不过分类不尽相同，与 2001 年相比，市场类没有变化，研究机构中仅包含了各类研究组织，如政府或公共研究机构、大学或其他高等院校研究机构，另外划分了一个内部类替代了原有的专门类别，内部创新源即为集团内企业，其他类包括：专业和行业协会、科学期刊和贸易/技术出版物、技术及行业或服务标准、会议/交易会/展览会四种。而在 CIS 2009 的调查问卷中，创新源的分类较为简单，被分为了 7 个类别，分别为：集团内企业、顾客（包括重要用户和普通用户）、供应商（包括物资、设备、服务和软件供应商）、竞争对手或行业内其他企业、私有机构（商业实验室、企业顾问、私人研发机构等）、公共机构（大学或其他高等教育机构，政府或公共研究机构），而 2007 年其他类别中的四个对象则出现在了按重要程度区分创新源的划分中。

在国内的研究中，陈钰芬和陈劲（2008）根据在开放式创新过程中合作对象来源与企业边界的关系将 10 种创新源分为了内部和外部两大类。其中，企业内部的创新源包括自身的研发部门、营销部门和生产部门，而企业外部的创新源包括用户、大学、研究机构、政府、竞争者、供应商、技术中介、风险投资以及其他非相关企业。而在具体的分析研究过程中又进一步将内外部创新源划分为了 4 大类：①横向合作对象（竞争者、非相关企业）；②纵向合作对象（供应商、主流用户、领先用户）；③专门技术机构（技术中介机构、研究机构、大学、知识产权机构）；④其他合作对象（政府和风险投资）。陈钰芬在 2009 年在研究开放式创新的动态模式时对参与开放式创新的要素划分出现了一些改变：内部的研发部门以及生产、营销等其他部门员工构成了内部创新要素，而在外部创新要素中，她将用户进行了细化，将其分为领先用户和主流用户，此外，外部的创新要素还包括大学/研究机构、供应商、竞争者、知识产权机构、技术中介组织、风险投资企业、政府和非相关企业。朱朝晖和陈劲（2008）采用的创新源划分准则与陈钰芬和陈劲（2008）大致相同，他们论证了企业技术学习的重要性，并以此为切入视角将开放式创新源划分为 13 种，其中对内部创新源没有细化，将外部创新源分为大学、供应商、用户、科研机构、竞争对手、行业协会、技术中介组织、研讨会、媒体、期刊、政府和其他企业等。在陈钰芬和陈劲（2008）研究的基础上，刘振和陈劲（2010）根据知识的产生及流动视角利用相同的八种划分方法，将开放式创新的开放对象分为用户、供应商、竞争者、咨询公司、大学、研究机构、政府、非相关企业。何郁冰和陈劲（2009）尽管没有从开放式创新的角度分析，但是他们构建了全面创新理论框架，该理论框架包含了10类创新合作对象：研究机构、大学、公共的技术创新源、用户、供应商、竞争对手、科技中介机构、风险资本、行业外企业和政府。

大多数关于开放式创新的研究中采取的都是类似的分类方法，齐艳（2007）、彭正龙和王海花（2010）都是从企业内部能力、外部创新源、企业与外部创新源之间的关系、环境维度和保障维度5个维度出发探讨了它们与开放式创新绩效的关系。袁健红和李慧华（2009）在对开放式创新的信息源进行研究的时候指出，企业内部的信息源包括企业自身内部信息和企业集团的内部信息，外部的信息源包括顾客、设备和原材料供应商、行业协会、行业内其他企业、研究机构、技术市场、高校、商品交易会和展览会、媒体、互联网以及政府部门，此外他们还将科技文献纳入了外部信息源的一种。曹勇和贺晓羽（2010）通过研究知识密集型服务业（KIBS），发现这一类行业的创新的信息来源与其他行业并无太大差异，只是列出了公共政策机构的作用，其他还包括七类：用户、竞争者、科研机构、大学、中介机构、政府以及其他企业。谢学军和姚伟（2010）以开放式创新为背景，研究了信息资源重组策略，他们将企业开放式的对象分为六类：公司成员、供应商、顾客、竞争者、风险投资机构和其他资源提供者。在李俊江和范思琦（2010）对日本企业的研究中，三菱UFJ研究与咨询公司2008年12月发布的调查显示，不同的合作对象参与日本中小企业研发活动的程度也不尽相同，消费者和用户是与日本中小企业合作最多的实体，大学和其他高等教育机构是重要的外部资源，其次是政府、公共研究和支持组织的参与程度也较高，供应商、研发公司、私营部门非营利性研究组织、营利性科研机构、贸易公司和金融机构等也都不同程度地参与到了日本中小企业的研发和创新系统中。

王炳富和张书慧（2010）以企业知识转移为研究切入点建立了开放式创新网络的知识转移拓扑模型，该开放式创新网络模型以中心企业为核心，企业与供应商和用户构成纵向总线形网络，企业与其他企业构成横向环形网络，企业与科研机构和公共机构构成斜向网状网络，这三种网络结构构成了模型整体的星形拓扑结构。此外，陈劲和王鹏飞（2011）为未来如何有选择性地开放式创新，对中控集团 EPA 创新项目进行了案例研究，他们发现企业在开放式创新过程中会产生不同的需求，企业应该根据这些特定的需求适时地、有针对性地调整、选择合适的开放创新合作对象。他们认为，在研发初级阶段，由于企业需要获取基础的知识，因此需要和大学和相关的科研院所为主要的合作对象；在应用开发和改进阶段，企业主要以实践为主，重视客户对产品的使用，所以这阶段应以用户以及同行业的相关企业为主要合作对象；在参与国际竞争的阶段，企业难以用自己的力量在国际市场上获得话语权，需要依靠政府的力量，因此在此阶段应该加强与政府的合作。

综合以上研究，本书将企业开放式创新的合作对象分为用户、供应商、竞争者、科研机构和院校、技术中介组织、咨询服务机构、金融机构以及政府部门。

### 一 用户

一般来讲，用户的需求和特殊需要直接催生了某些行业的绝大多数创新；很多新的产品创意和概念也是由顾客提出的，在众多的企业客户中那些领先用户对企业创新的作用更为突出。企业与领先用户之间共同享有彼此的知识对企业的创新研发具有非常积极的作用，来自企业外部各种不同源头的关联知识通过企业的整合作用能够对领先用户在企业创新过程中所起的作用进行调整（Jeppesen & Laursen, 2009）。在早期的研究中研究者就已发现企业的客户包括那些领先用户对企业创新过程的重要作用，企业采纳用户提供的技能和知识从而降低创新研发的市场风险，同时企业可以与价值链上游和下游的供应商和用户签订纵向的合作协议，以此降低企业创新的成本。卢斯耶（Luthje）和赫施塔特（Herstatt, 2004）认为，领先用户模式的实施分为多个阶段，通过领先用户模式的实施能够挖掘出新的产品概念，提升那些由不同职能部门成员组成的创新团队的创新效果，最后获得企业进行开放式创新所需的关键的概念设计信息。莫里森（Morrison, 2004）认为，领先用户能够引领市场，他们通常都非常渴望探索新兴事物，进行创新的动机和能力都非常强。莫里森（2004）定义了领先边缘状态（Leading Edge Status，LES）的概念，并用这一概念来衡量领先用户的领先水平，通过研究验证了LES与领先用户所具备的创新精神之间存在显著的相关关系。已有研究对顾客用户在企业创新中所起的作用进行了详细分析，有关研究以企业的质量管理和战略管理为基础探索了企业客户在企业价值活动中企业的作用，用户既是企业产品的购买者和使用者，又是企业生产过程中所需的企业资源以及价值的共同创造者，甚至可以看作企业的产品，用户在企业开发新产品的过程中不仅仅是新产品的使用者，同时还是企业可以运用的资源以及合作伙伴，杨依依、陈荣秋（2008）的研究也印证了顾客用户的这种角色作用，认为他们同企业一同创造了价值。

大量的实践案例也佐证了用户对企业技术创新贡献的研究。网络用户利用互联网工具创建了维基百科（Wikipedia）。领先用户模式（Lead User Method）使 Hilti AG 公司大大提升了对有前景的新产品和概念的识别速度，这一速度相比传统模式提升了近2倍，并降低了成本。澳大利亚图书馆信息公开检索系统（OPAC）的开发商认为检索系统的用户对系统改进所提的建议非常有益，其中70%的建议能起到非常重要的作用（Morrison et al.，2000）；体育器材用户对所用的体育器材的改良建议中有23.1%的建议已经实现了生产和商品化；在外科医疗器械行业，外科医生占有该行业所有专利中的22%，其中大半专利已经或将要投入生产。卢斯耶（Luthje）和赫斯塔特（Herstatt，2004）统计了更多行业领域中用户的建议和想法所引发的产品创新占据所有创新的比例，统计数据表明在各个领域中领先用户都会对企业的产品创新产生高水平的重要贡献。美的集团建立了与设计机构、门户网站、学校、用户等主体之间的联结，通过这些网络联结获得了许多关于风扇用户健康问题以及新能源产品的建议和想法，这些创新的想法使美的集团开发生产出了20多款风扇新品，这些新产品都带有特殊保健功能并受到了消费者及市场的广泛青睐。这些新产品占据了美的当年1000万台产品销售量中的30%（王圆圆等，2008）。来自80个国家近2800名设计爱好者通过网络参加了由标致（Peugeot）汽车发起的主题为"Retro futurism"的产品设计大赛展示了自己设计的作品。

企业领先用户附加的信息相比一般用户信息能为企业创新带来更具

战略性的价值。领先用户对产品的需求以及关于新产品的设计构想能提升制造商开发新产品的速度，降低产品投入市场所面临的风险，节省产品开发耗费的成本，提高创新的效率。领先用户所关注的不仅仅是开发新产品的新技术，同时还看重这些新技术是否能够对自我能力的发展产生重要作用，他们常常以自身所处实际环境的特征为依据分析新技术的应用环境，并在实际环境中检测这些新技术。制造商与其领先用户之间的合作能够扩展制造商的技术网络范围，提升自身开发新技术的能力，及时掌握相关技术的开发进展状况，并与那些处于技术领先地位的研究机构建立技术联系。

领先用户的说法是由冯希佩尔（Von Hippel，1988）提出的，与之相对应的是主流用户。主流用户是指对市场上已经大量出现的产品有购买需求，能产生对该企业产品的巨大的需求市场的那些一般产品用户。企业创新能否成功的一个重要作用因素是企业是否拥有稳定的用户信息流。密切的用户关系和稳固的信息流动能使企业更准确地把握产品市场上对产品的需求，同时有利于企业产生一些关键的创新构想，推动企业开发出更受市场欢迎的新兴产品。用户创意而非企业内部的头脑风暴或研发活动是众多新产品的想法、概念产生的源泉。然而，凡事有利就有弊，当企业过度将注意力集中于主流用户的创意上时对新兴技术研发的关注程度就会大为降低（Christensen，2006），因此，用户参与和技术研发必须达到一个均衡状态，创新过程中用户的参与程度应该与现实环境的不确定性以及创新项目中存在的可能性程度相符合。

### 二　供应商

处于产品价值链中制造商的上游位置的供应商是制造商开展产品创新的一个重要动机来源（Von Hippel，1988）。供应商所拥有的知识技术和能力与制造商之间是一种互补关系，两者的相互结合能够对企业创新初期阶段的众多创新想法进行有效评估，缩短产品的开发和交付周期，节约创新的时间成本，提高创新绩效，同时企业的知识创造和创新能力都会受到供应商参与的正影响，而且该影响效果非常显著（李随成、姜银浩，2009）。企业与供应商之间开展合作一方面是为了推动创新，另一方面也是为了获取供应商所拥有的企业不具备的资源和更多的市场信息（Miotti & Sachwald，2003），与供应商的这种差异化合作会给企业创造巨大的收益（Dyer et al.，1998）。企业选择供应商进行创新合作的一个重要决定因素是供应商的创新能力（McCutcheon et al.，1997；Wasti & Liker，1997；Handfield et al.，1999；Wynstra et al.，2001）。在创新过程中企业要面对来自企业内部、企业上游供应商、下游用户以及竞争企业等各个方面的挑战（Adner & Kapoor，2010），企业自有创新与供应商创新之间互补（Adner，2006），两者所拥有的知识会在两者之间发生转移并产生回馈，这两个作用过程正好形成一个知识活动的回路，而企业联盟也可以看作隐性知识跨企业边界进行转移的一种途径，因此，供应商对企业开放式创新的作用是多层面、多角度较为立体的，比如杜邦公司成立了专门的项目部门来负责收集、整合客户和供应商提供的有关产品开发的独特想法（Gassmann & Enkel，2004）。

如上所述，供应商所拥有的知识技术和能力与制造商之间是一种互补的关系，两者在企业创新初期阶段的结合能够对众多创新想法进行相对准确的评估，缩短产品的开发和交付周期，节约创新的时间成本，提高创新绩效，同时与供应商的技术信息交流能使企业更了解市场，降低市场风险。

所以，供应商参与企业的创新过程能够帮助企业维持竞争优势。

### 三　竞争者

企业与竞争对手拥有的资源也具有互补性，同时考虑到降低重大项目的成本和风险等问题，竞争对手无疑是对企业有高度吸引力的合作伙伴（Miotti & Sachwald，2003），因此即便存在"技术泄露"等风险，企业与竞争对手的合作也非常普遍。企业与竞争对手合作的意图主要是集中研发资源、降低创新的风险与成本、形成"1+1>2"的协同效应（Huang & Rice，2009），也可能迫于新行业标准或规定的限制（Nakamura，2003）。环境不同造就了不同的组织间关系，原有的封闭式创新环境下企业之间的竞争关系已经转变为开放式创新环境下互利合作的关系（王雎，2010），企业与竞争对手之间出现了新的竞合关系（Co-Opetition）——竞争对手之间开展创新合作。研究表明，企业拥有的关键能力和资源、互补性产品的开发以及进行创新和组织学习的动机很大程度上是源于竞合参与者（Zaheer et al.，2000；Afuah，2000；Ritala & Hurmelinna - Laukkanen，2009）。尼森（Nijssen，2001）指出，处于互补性行业中的与企业无竞争性关系的小企业是很好的企业进行创新学习的对象；米诺蒂（Miotti）和萨赫瓦尔德（Sachwald，2003）的研究也证实：企业所处行业所需的行业技术强度越大，与竞争对手的合作意愿就越强。

单个企业想要在现今这个技术迅猛发展的时代同时在各个前沿技术领域内开展积极研究并持续处于技术领先地位几乎是不可能的。同一项技术对不同的企业重要性也不同，对一个企业来说也许是外围技术但对另一个企业可能就是核心技术，因此，两个企业的技术组合就可能形成某项复合技术，所以即便是同行业中的竞争企业之间也会开展广泛的技术合作。企业在专注自己核心能力的同时，通过技术合作将自身能力与合作伙伴的能力相结合，建立起技术组合优势，充分发挥创新合作的协同效应实现技术突破。此外，技术合作的企业共同进行技术研发并设立技术标准，这样的合力作用有利于新技术尽早被市场接受认可，可以降低研发新技术的市场风险。

### 四 大学和科研机构

大学和公共科研机构是企业开放创新系统中的重要组成部分（Laursen & Salter，2005）。现有的研究结果中，大学和科研机构提供的企业开放式创新所需的科学技术知识对企业整体的开放式创新的作用并不是很重要，所占整体的比重并不高（Nijssen et al.，2001；Miotti & Sachwaw，2003；Laursen & Salter，2006；Spithoven et al.，2011），而且这些机构与制造业和服务业之间也不存在非常广泛的合作关系（Tether，2002），但这并不能说明大学或公共研究机构对企业开放式创新不重要。大量研究已经证实企业与学术机构的合作能够提升企业的创新绩效（Frishammar & Horte，2005；Faems et al.，2005），新兴技术的一个重要来源就是大学及其衍生公司（Rohrbeck，2010）。

开放式创新研究中的一个核心议题是大学和公共研究机构与企业技术创新之间的联系，由于大学和公共研究机构是主要的研发机构，因此企业进行技术创新所需的上游创新和知识（Upstream Innovation and

Knowledge）大多来自于它们（Murray & O'Mahony，2007）。考夫曼（Kaufmann）和涛特林（Todling，2001）与贝克（Becker）和迪茨（Dietz，2004）的研究证实了企业通过与大学开展合作能够提高开发新产品的概率。蒙乔（Monjon）和韦尔布鲁克（Waelbroeck，2003）选取欧洲企业作为研究样本进行了研究，研究发现欧洲企业与欧洲大学之间的合作能够提高创新产品的成功率（但当合作对象换为美国大学时，研究结果则恰恰相反）。莫奈（Mohnen）和霍劳（Hoareau，2003）对9000家欧洲企业采集了数据并展开了研究，他们认为市场创新者希望的合作方式是不同大学和政府资助研究机构建立直接合作联系而仅仅获取所需知识。因此，大学和科研机构更多情况下扮演的是重要知识来源和合作对象的角色，而并不是对企业最重要的创新源泉，企业会因为与合作伙伴——大学在地理位置上的接近而产生退出顾虑，降低中断与大学合作的概率（Christian & Rogers，2010）。

领先技术大多发源于大学和研究机构，因此，企业获取外部技术能力的一条有效途径就是建立与大学和研究机构的合作。大学和科研机构能让企业更加接近共性技术和新兴技术，提供科技平台供企业进行技术创新，促进企业取得突破性的新产品开发成果，同时由于两者不是竞争关系，因此关于新技术产品利益的归属问题几乎不存在，两者在知识产权分享方面的冲突很小。企业和大学、研究机构之间的技术合作能取得"双赢"的效果，一方面大学和研究机构可以获得企业提供的试验设备和研发资金，另一方面企业能够提升自己的技术能力并从创新成果的市场化中获得商业利益。

### 五 技术中介

在有关开放式创新的研究中，关于技术中介的研究相对深入，技术中介（Technology Intermediaries）对企业开放式创新所起的作用要比商业研究机构和咨询机构更大。企业进行开放式创新过程中要与外部主体建立合作伙伴关系，这一过程需要耗费很大成本，因此企业要考虑的是直接与外部主体建立联系还是通过中介进行联络。很多研究表明，专业的技术中介机构能引领企业的创新方向，促进企业从边界外部获得创新资源能力的提升。索内（Sawhney，2002）认为，企业的创新活动最终是要与产品用户的需求实现对接的,而除了企业和顾客以外的第三方力量的作用能更好地实现这样的对接,而这种连接点就是创新中介,它在这一连接过程中所起到的重要作用同知识经纪人(Knowledge Brokers)类似,索内等把创新中介划分为三类:网络操作者、顾客社区操作者、创新市场操作者。这三种类型的创新中介对应不同的操作层次,其作用层次由前向后依次升高,网络操作者和顾客社区操作者是一对多的关系,而创新市场操作者是一种多对多的关系,这种情况下企业就像是单纯的知识产权提供者,而创新市场操作者为企业提供的知识产权寻找最合适的潜在购买方。切萨布鲁夫(2003)提出的开放式创新模式中的第三种即创新商业化模式中涵盖了创新市场的推广者和一站式中心两种创新中介,创新中介对企业所处创新环境的影响作用已经不可忽视。蒂策(Tietze,2012)认为,技术交易过程中处处存在障碍,而技术市场中介(Technology Market Intermediaries,TMI)对知识产权交易有促进作用,TMI开发了许多新的交易模式以降低技术交易成本,当然这些模式很难满足企业对降低技术交易成本的要求,因此亟待发掘出更多的模式来解决这一问题。斯皮芬(Spithoven,2011)认为,合作研究中心对增强用户企业的吸收能力具有推动作用并能借此推动企业的输入式开放式创新进程,在此研究基础上他们指出技术中介对企业利用外部技术上具有推动作用,并且认为大企业同SEMs一样,创新中介对其开展开放式创新都能产生有益作用,特别是创新活动路径由内向外的外向型开放式创新。李等(Lee et al.,2010)构建了SMEs创新网络模型,技术中介作为该模型的核心起到了构建技术网络并促进网络成员之间相互信任的作用,直接和间接地推动了企业的创新。

部分案例研究验证了技术中介在提升企业开放式创新绩效方面的促进作用。Igartua等(2010)对西班牙的一家升降机企业奥安达进行了案例研究,该企业在西班牙处于该行业中的领先地位,研究证明,奥安达通过与技术中介Vertical Transport Innovation Network(VTIN)建立连接,有助于其搜寻所需的新技术,其在识别战略机会方面的表现也更加优异,识别能力有所提升。Orona与VTIN共同参与研究的项目数量呈现增多趋势而开发项目的变化趋势正好相反,有所下降,这一状况对提升公司的研究能力有利,有助于公司的长期发展。中介机构在日本中小企业的开放式创新中起到了重要的作用。在日本全国，被分派到各个地方政府部门和技术授权组织（TLOs）之中的专利授权顾问共有 115 名。自 1997 年起，由专利授权顾问推动产生的专利授权案例的数量有了明显的增加（李俊江、范思琦，2010）。目前，有很多技术中介公司享誉国际，它们涉及的研发领域范围很广，从日常消费品到生物制药都被涵盖其中，如 NineSigma①、InnoCentive② 等。

### 六 政府相关部门

技术创新制度结构中的一个重要组成就是政府对技术研发的支持。政府能为进行自主研发的企业提供有助于其进行创新的政策环境支持，主要是通过制定有关创新的法令、法规和相配套的技术政策来实现。政府确定的具备前瞻性、战略性的技术领域，制定的技术发展战略以及对关键产业的重点扶持是企业技术创新方向的导向。政府搭建科技交流平台，组织企业同科研机构或其他企业进行技术和其他信息交流，促进信息的交流和转移。政府可以通过设立创业与创新基金为企业创新项目提供"种子资金"，从而帮助高技术领域的小企业进行创业，也可以通过担保企业创新项目贷款或引入风险投资等多种融资渠道的方式为企业技术创新提供资金支持。此外，政府还可以通过政策制定给予本土开发产品优先采购权，增加市场对技术创新产品的需求，推动技术创新市场的发展，以促进技术创新得到应用和发展。企业创新过程所需的各种技术资源、资金支持和市场信息都可以通过与政府之间的密切联系获得。

政府研究主管机构也能为企业创新提供导向指引。政府资助（Public Funding）一方面能增加企业获得外部知识的机会，也能推动企业和外部主体开展创新合作，另一方面也会间接地影响企业合作研发的倾向（Veugelers，1997）。国家科学基金（NSF）是切萨布鲁夫（2003）提出的第一种开放式创新模式（创新资助）中的关键组成，NFS 的首要功能就是鼓励企业进行早期的创新研究活动。米诺蒂（Miotti）和萨赫瓦尔德（Sachwald，2003）的研究证实，关注技术前沿领域开发的企业

---

① Nine Sigma, http://www.ninesigma.com.
② Innocentive, http://www.innocentive.com.

更注重与公共研究机构开展合作研究（企业得到了政府的研发补贴或资助），这种合作能有效地增加企业专利申请的数量。在贝鲁斯等（Beluss，2010）划分的创新合作来源分类中，政府部门同大学、非营利组织和私人研究机构等被划为了同一类创新源。大量研究证明，公共研究机构等政府机构对中小型企业（SMEs）的创新推动作用。李（Lee，2010）指出，SMEs更倾向于同高校或研究中心之间建立合作伙伴关系、形成战略联盟，而且更乐意从联盟边界外面购买所需要的技术。此外，研究表明在SMEs的技术创新过程中，政府机构也可以胜任中介作用（Davenport et al.，1998；Bougrain & Haudeville，2002）。

企业开放式创新的另外一种重要的创新源泉是主管企业知识产权的相关部门。专利对企业开展创新活动具有非常重要的促进作用（Katila & Ahuja，2002；Katila，2002），很多实证研究建立的测度企业开放式创新绩效的量表指标都用的是企业拥有的专利数量（朱朝晖、陈劲，2008；Lichtenthaler，2009；Wagner & Cockbum，2010），而且大量的案例研究证明企业拥有的专利能为企业创造巨大的显性和隐性创新收益，如朗讯和德州仪器公司（Chesbrough，2003）、宝洁公司（Huston & Sakkab，2006）和IBM（Chesbrough，2003；Kline，2003；Gassmann & Enkel，2004）等。但并非所有的企业研发活动都能申请专利，企业必须大量检索政府的专利数据库来评估当前研发活动申请专利的潜力，同时确定已有的专利资料能否对企业研发活动提供技术参考。基普（Keupp）和加斯曼（Gassmann，2009）关于企业开放式创新的研究中，"专利文件"就属于外部创新源中的内容；在贝鲁斯（Beluss et al.，2010）对创新源的分类中，专利被划入公共信息类，且其研究的样本企业里有56%利用了专利数据进行技术创新，所有16种创新源泉中专利数据对企业创新的重要性程度排在中等位置。劳森（Laursen）和索尔特（Salter，2006）对创新合作类型的划分中有一类是"专业化"创新合作对象，其中包含了环境标准和法规、健康和安全标准与法规以及技术标准等新的创新搜索指标，而且这三类创新源泉对样本企业创新的重要程度仅仅排在供应商和顾客之后分列第三到第五的位置，属于"高"等级的创新源泉。

### 七　金融机构

科学技术的持续发展导致了创新活动的日趋复杂化，造成研发活动所需成本不断增大，因此企业要想进行有效的研发活动就必须拥有较强的融资能力。技术创新具有高度不确定性的特点，因此具有厌恶风险特性的管理层会依据利润最大化原则对资源进行配置，这就导致了那些回报稳定性差的研发项目不太容易获得资金，造成技术创新资金不足。

企业进行技术创新所面临的资金短缺问题的一种有效解决办法是引入风险投资。风险资本（Venture Capital）是指风险资本家向技术创新型企业提供的一种权益资本，这些企业一般处于快速增长阶段并呈现出巨大的成长潜力，其实质是一种集合资本、技术、管理与创业精神等为一体的特殊投资方式。引入风险投资的优点在于一方面这种权益性融资是解决企业技术创新的融资问题的一种有效方式，另一方面进行风险投资的风险资本家如果具有一定的专业才能，那么其参与下的创新管理和控制能为企业带来有价值的技术信息和市场信息，促进企业创新。

### 八　咨询服务机构

本书中划分的最后一个企业开放式创新的外部来源是商业顾问（咨询人员）。尼森等（Nijssen et al., 2001）将"专门顾问"（special advisor）作为企业创新来源的一类；关于欧盟27个成员国（EU-27）实践研究证明"咨询公司"是其创新来源之一（Backer & Cervantes, 2008）；波特（Poot, 2009）、基普（Keupp）和加斯曼（Gassmann, 2009）以及克努森（Knudsen）和莫特森（Mortensen, 2011）进行的企业开放式创新来源划分中同样包括了咨询公司（或咨询人员）。在劳森（Laursen）和索尔特（Salter, 2006）的研究中，"顾问"（consultants）在企业创新过程中被用到的比例高达38%。

## 第二节　开放度对创新绩效影响研究假设

切萨布鲁夫（Chesbroug, 2003）认为，开放式创新需要组织同时利用内部和外部的资源进行创新。这种创新不仅要集中在技术的研发和产品创意的产生上，还要积极探索战略联盟、技术特许、风险投资等适合组织发展的商业模式，以使产品的创新快速转化为市场占有率。这要求组织突破原有的界限，不仅寻求与高校、科研院所等研究机构的合作，还要与技术中介、咨询机构等服务组织合作，目的在于把更多有价值的创新元素引进组织之中，与此同时组织可以使内部的闲置未利用创新以技术转移、授权或者创新技术内包等方式流出组织，通过这样的流入和流出过程促进创新技术在组织与其他主体之间流动，帮助组织进入或创新新市场，借以扩大市场范围。

企业通过开放式创新模式引进、利用外部的创新要素，减少企业自身在研发活动中的时间投入，提高研发效率，加快新技术和新产品创新的速度。而且，企业获得外部互补资源有助于改善企业内部的资源结构、使资源配置更加优化，提高创新的成功率。另外，企业在引进外部技术或者将内部技术传递给外部均实现了技术的交流，这能对技术创新无形中形成推动力，增强创新的程度。此外，诸如出售专利等外向型开放式创新方式能够使原来束之高阁的技术得到实现价值的机会，也能使企业从这些出售的技术资产中收获利益，从而提高创新绩效。总之，不同的企业组织通过开放式创新模式整合组织内外的资源，使技术创新面对的技术和市场不确定性减小，提高开发速度和成功率，进而促进技术创新的成功。

开放式创新在给企业带来诸多优势的同时也存在以下几方面的成本压力。首先，开放式创新需要搜寻成本。信息不对称的现象使企业在对外开放时必须不断进行尝试性搜寻，直到开放度与自身需求特性相符，以便获取对自身最有利的资源。这个尝试性的试错过程通常需要一定的成本，往往是开放度越大其所需的成本越高。其次，开放式创新需要协调成本。开放式创新是一个包含诸多创新要素、以创新利益相关者为基准的多主体创新模式。各主体不仅有资源种类的差异，还有空间、文化和价值观的区别，为了减少或避免差异带来的冲突，企业需要在协调创新主体间关系进行投入，便增加了协调成本。最后，企业需要承担风险成本。企业在开放式创新过程中，有泄露核心技术的风险，这将导致企业的收益减少。费穆思等（2010）基于305家比利时制造企业的调查数据研究发现，外部创新主体的多样性一方面对企业创新绩效有积极的作用，而另一方面也会增加企业成本，对企业财务绩效产生消极作用，而且在短期内，消极作用会超过积极影响。

综上可知，开放度与创新绩效之间并非简单的正相关关系，而是呈倒"U"形关系。

据此，提出本书的研究假设 3-1。

H3-1：开放度与创新绩效呈倒"U"形关系。

H3-1a：开放广度与创新绩效呈倒"U"形关系；

H3-1b：开放深度与创新绩效呈倒"U"形关系。

## 第三节 变量选择与测量

### 一 开放度

劳森和索尔特（2006）提出的测量企业开放式创新开放度的方法是目前运用最为广泛的方法。在劳森和索尔特（2006）建立的量表中，开放式创新广度用企业外部创新源的数量表示，而开放深度利用企业对每种创新源泉的利用程度表示，采用四点量表法根据企业的回答进行赋值计算，划分为 0—1—2—3 四个等级，其中，0 表示对该种创新源无利用，1 和 2 分别表示低度和中度利用，而 3 表示高程度利用，只有当企业选择 3 的时候，即对该创新高度利用时才赋值 1。所以，开放广度和深度的最小值均为 0，最大值为 16。

根据劳森和索尔特（2006）的研究，基普和加斯曼（2009）也采用类似的方法来测量开放式创新的深度。由于他们将开放式创新的对象分为 13 类，而且使用的是 0—1 二分法来给开放广度赋值，所以，在基普和加斯曼（2009）的研究中开放广度和深度的最小值为 0，最大值为 13。同样是根据劳森和索尔特（2006）的研究，波特等（2009）对开放度的测量方式、问题的设置等均参考了前者的研究。同时，为减小被调查企业在不同时间上造成的外部创新源数量差异所引起的误差，对所收集数据进行了标准化处理，并说明了用此方法表示开放度的合理性。在他们分析开放度与创新绩效关系的时候与劳森和索尔特（2006）的研究有所差异，他们是将开放广度和深度综合成一个指标进行分析，而非像劳森和索尔特（2006）那样分开计算它们对创新绩效的影响。李等（2010）采用的创新开放度指标计算方法也基本类似。他们将 SMEs 所有的 4 类 17 种外部创新源都赋值 0 或 1，然后加总计算就是创新开放广度的数值。开放式创新深度的计算同劳森和索尔特（2006）相似，只不过他们将企业对创新源的利用程度划分成了高、中、低三种，采用 3 等分法，答案"高"的赋值 1，"中"和"低"则被赋值 0。企业利用的创新源越多，利用程度越高表明企业的创新开放度越大。芒雄（Mention，2011）对创新源划分为四类，并对合作类型进行了详细的区分，与外部创新源有合作关系的赋值为 1，若没有合作关系则赋值 0，总值相加则为开放广度；对于开放深度的测量采用"高、中、低、不相关"四级打分法，但与劳森和索尔特（2006）研究不同的是企业认为来自创新源的信息对企业重要程度为"高"或"中"的，该信息来源都被赋值为 1，否则为 0，而非只有高的时候进行赋值。

此外，还有一些学者采用开放式创新的行为来表示企业开放式创新的程度。如利希滕塔勒 U.（2009）使用一般技术、不被使用的技术、成熟技术和非核心技术商业化程度作为测量外向型开放式创新的指标，这四项指标得分越高，企业外向型开放式创新的程度也越高。范德弗兰德等（2009）利用技术开发和技术利用两个维度来测量，芒雄（2011）利用合作和竞合来表示，帕里达（Parida，2012）则利用技术搜寻、技术获取、水平技术合作、垂直技术合作的程度表示企业内向型开放式创新的程度。

国内的研究也基本遵循国外学者的研究方法。陈钰芬和陈劲（2008）在国内引领了这一领域研究的发展。在他们的研究中，开放广度与劳森和索尔特（2006）等学者的方法相似，即企业如果与领先用户、供应商等 10 类中的一个合作则赋值 1，最后相加之和则为广度；在开放深度上，用与以上开放对象合作关系的重要性表示，使用李克特 7 级量表，而非原有的 4 点量表，7 个选项从"很不重要"到"极端重要"程度依次加深。在陈钰芬（2009）的研究中，与之前的研究有所差别，开放广度不是用有合作关系的简单赋值之和，而是用企业在技术创新过程中与各个开放对象交往的频率来表示，使用李克特 7 级量表，七个答案分别是"从未有过""每年""每半年""每季度""每个月"

"每周""每天",只要答案不是"从未有过"就认为企业与该对象之间存在创新合作。而且该方法在开放对象的划分范围上也进一步扩展,包括内部研发部门、领先用户等12种。在开放深度上,用与以上开放对象合作关系的重要性表示,7个选项从"很不重要"到"极端重要"程度依次加深。就计算方法而言,创新开放广度的计算方法与国外学者劳森和索尔特(2006)、基普和加斯曼(2009)、李等(2010)的研究基本一致,因此,选取这些对象对应的创新开放广度最大值为10或者12;可是对创新开放深度计算,陈钰芬和陈劲(2008)则是将劳森和索尔特(2006)和李等(2010)的方法进行了综合,为了反映指标之间的内部结构关系,避免主观因素的影响,他们采用主成分分析法(PCA)综合企业在技术创新活动中向各创新要素开放的程度,然后得到创新开放深度,具体计算过程为:第一步是根据收集到的问卷数据用PCA计算相关系数矩阵R的最大特征根;第二步计算最大特征根对应的单位特征向量,写出第一主成分表达式,计算不同类型创新开放对象的权重(得分系数);最后根据标准化的得分系数得到创新开放深度的数值。

本书参考劳森和索尔特(2006)及陈钰芬和陈劲(2008)关于开放广度的测量方法,企业开放式创新的对象分为用户、供应商、竞争者、科研机构和院校、技术中介组织、政府部门、金融机构、咨询服务机构八大类,企业在技术创新活动过程中与上述组织如果有合作关系,记为1,无合作关系则记为0,然后加总得到开放广度,如表3-1所示。

表3-1　　　　　　　开放广度的测量题项和依据

| 变量 | 题项内容 | 依据或来源 |
| --- | --- | --- |
| 开放广度 | 1. 用户 | 劳森和索尔特(2006);<br>陈钰芬和陈劲(2008);<br>基普和加斯曼(2009);<br>李等(2010) |
| | 2. 供应商 | |
| | 3. 竞争者 | |
| | 4. 科研机构和院校 | |
| | 5. 技术中介组织 | |
| | 6. 政府部门 | |
| | 7. 金融机构 | |
| | 8. 咨询服务机构 | |

关于开放深度的测量，本书根据劳森和索尔特（2006）及陈钰芬和陈劲（2008）的测量方法，用企业在开放式创新过程中与八类外部组织合作的重要性来反映，采用李克特7级量表进行测量，1表示非常不重要，7表示非常重要，如表3-2所示。

表3-2　　　　　　　　开放深度的测量题项和依据

| 变量 | 题项内容 | 依据或来源 |
| --- | --- | --- |
| 开放深度 | 在贵公司的技术创新活动中以下创新源的重要性<br>1. 用户<br>2. 供应商<br>3. 竞争者<br>4. 科研机构和院校<br>5. 技术中介组织<br>6. 政府部门<br>7. 金融机构<br>8. 咨询服务机构 | 劳森和索尔特（2006）；<br>陈钰芬和陈劲（2008）；<br>基普和加斯曼（2009）；<br>李等（2010） |

## 二　创新绩效

创新绩效指的是由技术创新活动产生的企业价值的增加，通常表现为经济价值，其包括创新产生的直接经济价值（如新产品销售率、新产品利润率等）以及间接经济价值产出（如技术诀窍、专利等）在内的能被客观测度的成果绩效。本书对创新绩效的测量综合借鉴了里特（Ritter）和杰莫登（Gemünden，2004）、杰莫登（Gemünden，1996）等对创新成功（Innovation Success）的测量量表以及国内学者陈学光（2008）对创新绩效的测量量表，用四个指标来测度创新绩效，分别是研发成功率、研发速度、新产品数以及新产品的市场反应，如表3-3所示。

表3-3　　　　　　　　创新绩效的测量题项和依据

| 变量 | 题项内容 | 依据或来源 |
| --- | --- | --- |
| 创新绩效 | 1. 与同行相比，企业拥有更多的新产品数<br>2. 企业的新产品有很好的市场反应<br>3. 与同行相比，企业的产品研发速度快<br>4. 与同行相比，企业的产品研发成功率高 | 里特和杰莫登（2004）；<br>杰莫登等（1996）；<br>陈学光（2008） |

### 三 控制变量

影响企业创新绩效的因素很多,除了本书聚焦的动态能力、开放度会对其产生影响外,企业的一些自然特征如所属行业、企业年龄和企业规模等因素也会对创新绩效产生影响。因此,为了使本书所选变量对企业创新绩效的影响尽量凸显,减少这些因素对动态能力和开放度与创新绩效关系研究结果的干扰,本书将这些可能影响的变量设定为控制变量(见表3-4)。

**表3-4    控制变量的测量题项和依据**

| 变量 | 题项内容 | 依据或来源 |
| --- | --- | --- |
| 所属行业 | 1. 企业所属行业_____ | 纳德勒(Nadler)和图什曼(Tushman, 1998); 彭新敏(2009) |
| 企业规模 | 2. 企业职工人数_____人 | |
| 成立年龄 | 3. 企业成立年份_____年 | |

#### (一) 所属行业

企业所在行业不同其创新表现也不尽相同,因此,从实践中发现,企业的行业属性会影响企业的创新绩效。通常来说,高技术行业包括信息技术行业、生物工程行业以及新材料等领域,具有知识密集、科研人员多、附加值高、研发投入大、创新活动频繁等特点。该行业的企业拥有的技术通常拥有较大的增长潜力,市场前景较好,由于其附加值高所以当投入一定创新资源后会产生更大的创新绩效。与高新技术行业相比,传统行业通常是劳动密集型的,所处相对成熟的市场,市场空间的增长速度呈持续变慢趋势,缺乏创新活力(彭新敏,2009)。所以,本书认为,在同等条件下,高新技术行业会比传统行业有更高的创新绩效。本书设立虚拟变量来表征企业所属的行业,1表示企业所属行业为高技术行业,0表示企业所属行业为传统行业。

#### (二) 企业规模

诸多研究均显示,企业规模对企业行为和决策均会产生重大的影响,它的大小决定了企业规模效应和声誉优势的水平,往往是企业规模越大越能带来显著的规模效应和声誉优势,越能创造更高的企业绩效

(Lee et al., 2001)。而且,企业规模大的企业通常研发投入和研发强度都较大,所以通常会有较高的创新绩效。因此,本书通过测量企业员工人数,并对员工数取自然对数转换测度企业规模,即企业规模 = Ln(企业员工数量),以此作为一个控制变量控制企业规模对研究结果的影响。

(三) 企业年龄

企业年龄对企业的学习能力、创新能力以及创新绩效均会产生影响(Lane & Lubatkin, 1998),企业成立时间越长经验就越丰富,各项企业能力也会相对越强,对市场的反应速度也较快,具有稳定的资源获取路径,其创新绩效也会较好,基于这一考虑,有必要引入企业年龄作为控制变量。本书以企业从成立之年到2013年的时间跨度为指标来测度企业年龄。

## 第四节 问卷设计与回收

### 一 问卷设计

本书的研究层面在个体企业层,难以从公开资料获得研究所需的有关企业开放度、动态能力和创新绩效等方面的数据,因此本书采用问卷调查法来收集数据。问卷调查法是一种设计严格的测量问题或项目以向研究对象征求答案、收集数据和资料的书面式调查方法(王重鸣,2001)。它主要是通过设计量表、然后进行问卷调查的方式为研究服务,因此量表的设计和编制必须严格根据动态能力、开放式创新等理论的理论框架以及有关量表、问卷的设计原则。如果变量的测量题项具有一致性特点,那么某一变量的题项设置为多项比单一题项更能提高研究信度,因此,本书采用多题项测量相应变量的问卷设计方式。本书的问卷设计主要有以下几个科学的步骤:

(一) 查阅、分析大量相关文献

通过国内外数据库查阅与开放度、动态能力和创新绩效等理论相关的已有研究,将本书的研究需要同已有研究中的科学、权威的理论构思、论述以及实证研究中的有效题项和量表相结合,初步设计出变量的测量题项，形成调查问卷。

（二）征求相关意见和建议

笔者与多位同研究领域的学者、教授以及企业高层管理人员进行了交流，针对所构建的研究模型和变量测量题项等问题征求了他们的修改意见，根据这些意见建议对问卷进行了部分调整，审查变量的完整性和表述方式，从而形成了问卷的第二稿。

（三）通过样本的预测试，最终确定调查问卷

通过对50家企业进行预调查并分析预调查数据的效度和信度，收集他们反馈的问题和建议，并据此对调查问卷进行再一次的修改，最终确定变量测量题项、表述方式等问卷内容。

## 二　问卷发放与回收

该部分研究调查问卷的调查对象是我国制造业企业，发放方式为电子邮件或网页和现场收集两种：笔者选择就近的企业发放问卷进行调查，发放的问卷数量为62份，回收62份，回收率100%，而通过电子邮件或网页发放调查问卷主要是为了克服因客观因素和时间因素无法进行完全实地调研的困难，通过笔者的同学、亲友等关系网络将这些电子问卷投放给一些企业的技术主管或高层管理者，并利用滚雪球的方式，借助他们的力量进一步扩大问卷发放的企业数量，发送给更多的企业，这部分电子问卷发放了438份，回收了352份。

该部分研究总共发放问卷500份，实际回收414份，回收率为82.8%。随后作者对回收的问卷进行了进一步筛选处理，以删除无效问卷，筛选的标准有三个：一是答卷者没有认真填答问卷，例如所有条目都选择同一分值；二是答卷者在答卷时选择分值有矛盾现象，如同一内容题项，前后选择分值相差太大；三是问卷中有缺漏项，影响数据分析的有效性。根据以上三个标准，本书从414份问卷中筛选出246份有效问卷，有效问卷率达到了59.4%。根据侯杰泰等（2004）提出的样本原则，样本数量至少应达到100—200个以便保证样本的代表性和对模型估计的稳定性。表3-5为问卷发放和回收的情况。

表 3-5　　　　　　　　　问卷发放和回收汇总

| 发放方式 | 发放问卷数（份） | 回收问卷数（份） | 有效问卷数（份） | 问卷回收率（%） | 有效问卷率（%） |
|---|---|---|---|---|---|
| 现场收集 | 62 | 62 | 56 | 100 | 90 |
| 电子邮件或者网 | 438 | 352 | 190 | 80.1 | 54 |
| 总计 | 500 | 414 | 246 | 82.8 | 59.4 |

注：问卷回收率＝回收问卷数量/发放问卷数量；有效问卷率＝有效问卷数量/回收问卷数量。

## 第五节　数据分析

### 一　数据分析方法介绍

（一）描述性统计分析

从总体中抽取部分样本，对所抽取的样本进行研究以分析样本总体的特征，通过计算样本的统计量能够较为准确可靠地估计、推算出总体特征参数。

（二）信度分析

本书采用克朗巴哈系数和 CITC 值来检验问卷的信度，目的在于检验各变量的稳定性程度和一致性。

（三）效度分析

本章使用主成分分析法（PCF）进行因子分析以检验一问卷构思的有效程度。

（四）回归分析

自然科学和社会科学领域中进行统计分析应用非常广泛的一种方法就是回归分析。两个或两个以上变量之间的关系有确定性和非确定性关系两类，其中可以使用函数表达的是变量间的确定性关系，而回归分析就是通过构造变量间的经验公式来研究变量与变量之间的非确定性关系。相关分析只能反映变量之间一定程度上的关联却无法精确地呈现变量之间的具体关系，而回归分析则可以进一步地展现变量之间关系联结的方向性和相互依赖的定量关系，也就是呈现变量间的因果关系。由于本书所要研究动态能力、开放度与创新绩效之间的关系，属于非确定性，所以需要利用回归分析方法明确它们之间关系的方向性和依赖性，以构建它们之间的关系模型。

## 二 样本描述性统计分析

描述性统计能帮助我们对样本的基本情况进行实证分析，这是检验研究假设的必要前提。本书主要从所属行业、企业年龄、企业员工人数等几个方面来描述样本的基本特征，表3-6给出了样本的基本结构特征，表3-7显示了开放度和创新绩效的描述性统计。

从企业所属行业来看，高新技术行业与传统行业企业的数量大致相同；从企业年龄特征来看，所选企业的企业年龄在10年以下的占据了总样本的76.02%，相对而言企业年龄在11年以上的企业数量则较少，仅占总样本的23.98%；从企业的员工人数来看，100人以下的企业相对较多，占到总样本的37.40%。因此可见，样本的总体结构特征符合本书的对象要求。

表3-6　　　　　　　　　　样本基本结构特征

| 企业统计变量 | 统计变项 | 数量 | 百分比（%） |
| --- | --- | --- | --- |
| 企业年龄 | 5年以下 | 95 | 38.62 |
|  | 6—10年 | 92 | 37.40 |
|  | 11年以上 | 59 | 23.98 |
| 员工人数 | 100人以下 | 92 | 37.40 |
|  | 101—500人 | 63 | 25.61 |
|  | 501—1000人 | 48 | 19.51 |
|  | 1001人以上 | 43 | 17.48 |
| 所属行业 | 高新技术行业 | 117 | 47.56 |
|  | 传统行业 | 129 | 52.44 |

表 3-7　　　　　　　　调查内容的描述性统计

| | | N | 极小值 | 极大值 | 均值 | 标准差 |
|---|---|---|---|---|---|---|
| 开放广度 | W | 246 | 1 | 8 | 4.18 | 1.426 |
| 开放深度 | D1 | 246 | 2 | 7 | 4.82 | 1.489 |
| | D2 | 246 | 1 | 7 | 4.66 | 1.452 |
| | D3 | 246 | 2 | 7 | 4.84 | 1.216 |
| | D4 | 246 | 1 | 7 | 5.35 | 1.712 |
| | D5 | 246 | 1 | 7 | 4.54 | 1.436 |
| | D6 | 246 | 2 | 7 | 5.12 | 1.334 |
| | D7 | 246 | 1 | 7 | 4.58 | 1.424 |
| | D8 | 246 | 1 | 7 | 4.62 | 1.538 |
| 创新绩效 | P1 | 246 | 1 | 7 | 4.74 | 1.620 |
| | P2 | 246 | 1 | 7 | 4.82 | 1.594 |
| | P3 | 246 | 1 | 7 | 4.76 | 1.626 |
| | P4 | 246 | 1 | 7 | 4.66 | 1.453 |
| 有效的 N（列表状态） | | 246 | | | | |

## 三　信度分析

信度是指测量结果一致性、稳定性和可靠性的程度。一致性表现的是问卷变量各个题项之间的关系，检验各个设定的题项测量的内容是否一致、相同；而稳定性是指把同一份问卷对同一群受试者进行重复调查，若问卷设计合理，则重复测量的结果高度相关、稳定可靠。对信度的检验一般多以内部一致性来加以表示该测验信度的高低。本书针对企业的调查问卷无法进行多次测试，因此采用内部一致性来测量调查收集到的数据。

克朗巴哈系数是检测内部一致性的常用指标，克朗巴哈系数越大，表示信度越高。探索性研究的可接受信度界限为 0.7，0.7—0.98 都可以算是高信度值，而低于 0.35 时则必须予以拒绝。在实际操作中，克朗巴哈系数只要达到 0.6 即为可接受信度值。

本书同时采用总相关系数（Corrected Item - Total Correlation，CITC）来净化测量题项。CITC 为检测题项与总题项的相关系数，相关系数越高代表检测题项与总题项的相关度越高。一般的经验判断认为，CITC 系数应大于 0.35，若小于 0.35 则应考虑删除检测题项。

## （一）开放深度的信度分析

表 3-8 显示了开放深度的信度分析结果，从中可见，总相关系数均大于 0.35，而其克朗巴哈系数为 0.946，大于 0.7，因此，开放深度的量表信度良好。

表 3-8　　　　　　　　开放深度信度分析结果

| 题项 | CITC 系数 | Cronbach's α 系数 |
| --- | --- | --- |
| D1 | 0.879 | 0.946 |
| D2 | 0.842 | |
| D3 | 0.861 | |
| D4 | 0.866 | |
| D5 | 0.732 | |
| D6 | 0.779 | |
| D7 | 0.725 | |
| D8 | 0.770 | |

## （二）创新绩效的信度分析

从创新绩效的信度分析结果可以看出（见表 3-9），各题项的总相关均大于 0.35，克朗巴哈系数为 0.928，大于 0.7，信度良好。

表 3-9　　　　　　　　创新绩效的信度分析结果

| 题项 | CITC 系数 | Cronbach's α 系数 |
| --- | --- | --- |
| P1 | 0.798 | 0.928 |
| P2 | 0.849 | |
| P3 | 0.850 | |
| P4 | 0.786 | |

## 四　效度分析

效度表征的是调查量表能够准确测量其目标问题的程度，代表的是量表的正确测量能力,只有能实现测量目的的测量量表才是有效的量表。效度具有不同的分类,常用的两种为:内容效度(Content Validity)和结构效度(Construct Validity)。

所谓内容效度是指待测量问题领域的专家之间对某一量表测量某个问题的能力的认可程度,判断依据为:测量工具是否涵盖了所要测量的变量;测量工具是否能够真正测量到研究者所要测量的变量。基于此,本书认真研究了已有文献,在已有量表的基础上结合实地访谈研究建立并调整量表的内容,并请有关专家学者和实践管理者检验了量表,最后在正式调查之前进行了预调查检测并进行了修正,这一系列措施保障了本研究量表具有很高的内容效度。

结构效度,亦可称为构思效度,是指构念、理论结构或特质与实际测得结果的一致程度。检验结构效度的常用方法是因子分析,通过将相同本质的变量归入一个因子,它能够识别同一变量的不同测量题项能否相对精确地反映被测量变量的特质,从而将相同本质的题项归入一个因子,以此与理论结构进行对比。本书采用因子分析的方法对各个变量的结构效度进行检验。按照经验判断方法,当 KMO 值大于或等于 0.7,各题项的载荷系数均大于 0.5 时,可以通过因子分析将同一变量的各测量题项合并为一个因子进行后续的回归分析(马庆国,2002)。

本书使用主成分分析法(PCF)进行因子分析,以变异最大法(Varimax)进行旋转,并设定特征值大于 1 的因素才提取。具体检验结果如下。

(一)开放深度的效度分析

如表 3-10 所示,开放深度的 KMO 值为 0.939,大于 0.7;Bartlett 球体检验的 P 值显著,说明适合做因子分析。

表 3-10　　　　开放深度的 KMO 与 Bartlett 检验结果

| \multicolumn{2}{c}{KMO 值} | 0.939 |
|---|---|---|
| Bartlett 检验 | 近似卡方值 | 3777.886 |
| | 自由度 df | 78 |
| | 显著性检验 Sig. | 0 |

通过因子分析，共提出 3 个因子（见表 3-11）。所选的 3 个因子的特征根解释的方差累计比例（Cumulative% of variance）为 86.424%（见表 3-12），大于 70%。每个测量题项的因子负载（Loading）均大于 0.7，因此开放深度测量题项的效度符合要求。

表 3-11　　　　　　　　开放深度因子旋转后矩阵

| 题项 | 因子 | | |
| --- | --- | --- | --- |
|  | 1 | 2 | 3 |
| D1 | 0.834 | | |
| D2 | 0.840 | | |
| D3 | 0.851 | | |
| D4 | | 0.830 | |
| D5 | | 0.835 | |
| D6 | | | 0.813 |
| D7 | | | 0.855 |
| D8 | | | 0.807 |

表 3-12　　　　　　　　开放深度公因子方差分析

| 因子 | 初始特征 | | | 提取因子后的特征 | | | 旋转后的特征 | | |
| --- | --- | --- | --- | --- | --- | --- | --- | --- | --- |
|  | 特征值 | 每个因子解释变异量 | 累计解释变异量 | 特征值 | 每个因子解释变异量 | 累计解释变异量 | 特征值 | 每个因子解释变异量 | 累计解释变异量 |
| 1 | 8.879 | 68.297 | 68.297 | 8.879 | 68.297 | 68.297 | 4.209 | 32.376 | 32.376 |
| 2 | 1.311 | 10.801 | 78.378 | 1.311 | 10.081 | 78.378 | 3.582 | 27.550 | 59.927 |
| 3 | 1.046 | 8.046 | 86.424 | 1.046 | 8.046 | 86.424 | 3.445 | 26.497 | 86.424 |

提取出的 3 个因子分别被命名为"技术类组织""市场类组织""服务类组织"。其中，技术类组织包括科研机构和院校、技术中介，市场类组织包括用户、供应商和竞争者，服务类组织包括政府部门、金融和咨询机构。

### (二) 创新绩效的效度分析

如表3-13所示,创新绩效的KMO值为0.823,大于0.7;Bartlett检验的P值显著,说明适合做因子分析。

表3-13　　创新绩效的KMO与Bartlett球体检验结果

| KMO值 | | 0.823 |
|---|---|---|
| Bartlett检验 | 近似卡方值 | 762.502 |
| | 自由度df | 6 |
| | 显著性检验Sig. | 0 |

因子分析只提取出一个特征值为3.251(大于1)的共同因子(见表3-14),累计解释变异量为81.269%(大于70%),各因子载荷都大于0.8,可见创新绩效的效度很好。

表3-14　　创新绩效的因子矩阵

| | 因子 |
|---|---|
| P1 | 0.890 |
| P2 | 0.913 |
| P3 | 0.921 |
| P4 | 0.882 |

### 五　回归分析

本部分笔者拟采用多元线性回归分析来检验开放广度和开放深度与创新绩效之间的关系。为了保证多元回归分析模型的结果科学可靠,在进行多元回归分析之前需要对样本数据进行序列相关、多重共线性和异方差这三种问题的检验(马庆国,2002)。因此,本书对各回归模型应用了相应的检验方法检验所获取的样本数据是否存在上述三大问题,尽量保证多元回归分析结果的科学合理、稳定可靠。

### (一) 序列相关

序列相关也称为自相关,指回归模型中各个不同残差项之间存在相关关系，一般指随着不同期的样本值（不同编号的样本值）之间，存在相关关系（马庆国，2002），即随机干扰之间不再是完全相互独立的，而是存在某种相关性。序列相关问题可以通过计算模型的 Durbin – Watson 值（DW 值）来检验。如果 DW 值介于 1.5—2.5（通常接近于 2），则表示残差之间不存在自相关。本书通过调查问卷所获得的数据均为截面数据，应该不存在序列相关问题，为确保回归的科学和严谨，本书依然对各模型进行了 DW 检验，计算所得各回归模型的 DW 值均接近 2，所以本书的各个回归模型不存在序列相关问题。

（二）多重共线性

多重共线性是指线性回归模型中的变量之间由于存在近似相关关系或高度相关关系而使模型估计失真。也就是说，如果某个变量能被其他变量组成的线性函数表示出来那么就会严重影响回归分析结果（张文彤，2002）。方差膨胀因子（Variance Inflation Factor，VIF）指数可以用来衡量变量间的多重共线性问题。一般认为，当方差膨胀因子大于 5 时，就可以判断回归模型存在较严重的多重共线性问题（朱平芳，2004）。本书进行了相关检验，得到的各回归分析模型的方差膨胀因子值均小于 5，因此可以判定本书回归模型中解释变量之间不存在多重共线性问题。

（三）异方差问题

异方差问题是模型的随机扰动项的方差会跟随解释变量的变化而呈现出一定的变化趋势，而不是常数（马庆国，2002）。一般可以画出样本残差项的散点图来判定回归模型是否存在异方差现象。本书通过对各回归模型分别进行了残差项的散点图分析，发现散点图均呈无序状态，没有明显的共变趋势，因此，各回归模型不存在异方差问题。

通过上述分析说明本书所使用的样本数据之间不存在序列相关、多重共线性和异方差这三大问题，因此可以对数据作进一步的多元回归分析来验证本书提出的研究假设。

本书建立了 4 个模型：模型 1 是控制变量对创新绩效的回归模型；模型 2 在模型 1 的基础上加入了开放深度和开放广度；模型 3 在模型 1 的基础上添加了开放广度的平方项和开放深度的平方项。回归分析结果如表 3 – 15 所示。

表 3-15　　　　　　　开放度与创新绩效关系的回归模型

| 变量 | 创新绩效 | | |
|---|---|---|---|
| | 模型 1 | 模型 2 | 模型 3 |
| 企业年龄 | 0.370 *** | 0.211 *** | 0.144 * |
| 企业规模 | 0.418 *** | 0.145 ** | 0.213 *** |
| 所属行业 | 0.067 | 0.009 | 0.007 |
| 开放广度 | | 0.435 *** | |
| 开放深度 | | 0.209 *** | |
| (开放广度)$^2$ | | | 0.468 *** |
| (开放深度)$^2$ | | | -0.206 *** |
| $R^2$ | 0.502 | 0.695 | 0.699 |
| 调整后 $R^2$ | 0.494 | 0.687 | 0.691 |
| F | 67.815 *** | 91.170 *** | 92.809 *** |

注：其中，* 表示 $P<0.1$；** 表示 $P<0.05$；*** 表示 $P<0.01$。

表 3-15 中的模型 1 检验了控制变量与创新绩效的关系。模型 1 的回归检验结果显示企业年龄、企业规模对创新绩效有显著的正向影响（$\beta=0.370$，$P<0.01$；$\beta=0.418$，$P<0.01$），但是企业所属行业对创新绩效的影响却不显著（$\beta=0.067$，$P>0.1$），造成这一结果的原因可能在于所选样本企业以制造类企业为主，这类企业无论是高新技术行业还是传统行业都会把创新作为企业发展的一个重要战略，因此缩小了创新绩效之间的差距。

模型 2 的回归结果显示，开放广度和开放深度对创新绩效均有显著的正向影响（$\beta$ 系数分别为 0.435、0.209，均在 0.01 的显著性水平上显著），而且模型拟合程度较好（$R^2=0.695$，F 统计量在 0.01 的显著性水平上显著），增加了 38.4%，由显著情况可知，开放广度和开放深度均对创新绩效有显著的正向影响，即开放度对创新绩效有促进作用。

模型 3 在加入开放广度和深度的平方项后比模型 2 的解释力有所增加（$R^2=0.699$，$P<0.01$），结果显示开放广度的平方项对创新绩效有显著的正向影响（$\beta=0.468$，$P<0.01$），结合模型 2 可知，开放广度与创新绩效为正相关关系，不存在倒"U"形关系，即 H3-1a 不成立。很有可能是所选样本企业的开放广度普遍较低导致了这一结果。而开放

深度的平方项与创新绩效呈负相关关系（β = -0.206，P < 0.01），说明开放深度与创新绩效存在倒"U"形关系，即创新绩效会随着开放深度的增加而增加，然而到达一定程度以后，创新绩效又会随着开放深度的增加而下降，H3-1b 成立。开放广度、开放深度与创新绩效的关系如图 3-1 所示。

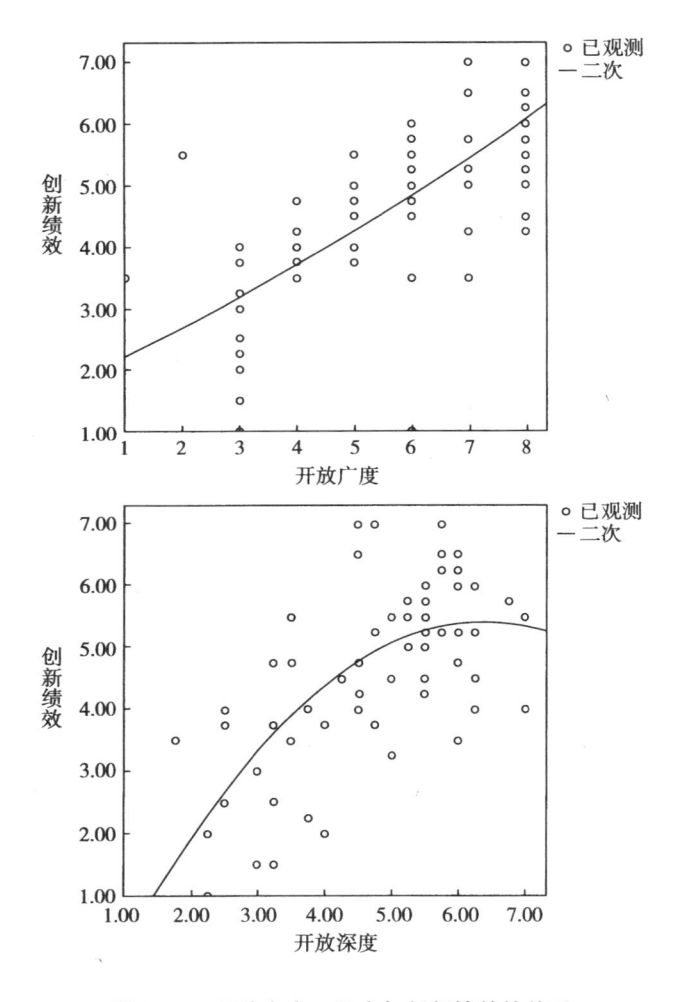

图 3-1　开放广度、深度与创新绩效的关系

由图 3-1 可见，开放广度与创新绩效为正相关关系，而开放深度与创新绩效之间呈倒"U"形关系。

# 第四章 基于不同动机的开放式创新模式及演化

动机是影响企业选择开放式创新模式的直接因素，不同的动机往往导致不同的模式，进而影响创新效果。关于企业开放式创新的动机，学者们普遍认为是获取技术资源和市场资源，即技术动机和市场动机（Knudsen，2006；陈钰芬、陈劲，2009）。鉴于此，本章从企业开放式创新的技术动机和市场动机出发，并以沈阳机床的开放式创新过程为研究对象，以国内外研究文献为基础，剖析开放式创新模式的基本类型及其随动机动态变化的过程。本章所探讨的沈阳机床的开放式创新动机和模式对中国企业提高创新水平并获得竞争优势具有重要的参考价值。

## 第一节 研究设计与方法

本书旨在探讨企业开放式创新的动机和模式的关系。而案例研究正是解释"怎么样"和"为什么"这两类问题的首选研究策略（Eisenhardt，1989；Yin，1994）。同时，现有关于开放式创新的理论体系仍不完备，诸多问题仍需进一步探索。因此，有必要通过典型案例，详细描述现实现象是什么、分析其为什么会发生，并从中发现或探求现象的一般规律和特殊性，指出研究结论或新的研究命题（欧阳桃花，2004）。作为探索性案例研究，本书采用了有助于提炼规律的对单案例进行深度分析的研究方法（Eisenhardt，1989）。个案研究的方法有助于捕捉和追踪管理实践中涌现出来的新现象和新问题，同时通过对案例的深入剖析，能够更好地检视研究框架中提出的问题（Pettigrew，1990）。

本书案例研究对象沈阳机床（集团）有限责任公司（以下简称沈阳机床）于1995年通过对沈阳第一机床厂、中捷友谊厂、沈阳第三机床厂三大机床厂资产重组而组建。机床作为万机之母，代表着一个国家装备制造业的水平，属于技术密集型行业。沈阳机床作为该行业的代表者，经历技术和市场战略重心的转移以及从技术引进到全面开放的过程，符合佩迪格鲁（Pettigrew，1990）提出的案例选取具有典型性的要求。

本书重点介绍沈阳机床1995年以来的开放式创新情况。在案例研究过程中，本研究小组通过面对面访谈、电话访谈、现场观察等方式获取一手数据。同时通过网站信息、新闻报道、专业杂志、内部资料等二手数据的收集与整理，并通过反复验证与比较获得了尽可能翔实的信息。所搜集信息符合三角测量法的要求，提高了案例研究本身的信度和效度。

## 第二节　案例对象背景及基本情况

沈阳机床目前拥有沈阳、昆明和德国阿瑟斯雷本三大业务群。沈阳业务群所属全部企业于2007年1月完成异地搬迁，重组到数控机床产业园、重大型数控机床产业园、铸锻件产业园和功能部件产业园四个专业化、现代化、数字化产业园。其中，数控机床产业园是全球规模最大的单体数控机床制造基地。昆明业务群企业主要有云南CY集团有限公司（原云南机床厂）和沈机集团昆明机床股份有限公司（原昆明机床厂）等。德国业务群主体企业为沈机希斯（Schiess）有限公司。

公司是国内最大的金属切削机床制造企业，主导产品为金属切削机床，重点发展数控机床、大型装备、成套生产线、核心功能部件四大类产品，共300多个品种、千余种规格，市场覆盖全国，并出口到80多个国家和地区。机床产量、销量、市场占有率均居国内同行业之首。2011年销售收入突破180亿元，排名世界第一。

经过多年的发展，公司形成了以国有企业为主体，以国内外市场需求为导向，大型企业集团、高等院校和国内外科研院所相结合，研发、应用、产业化"三位一体"的开放式、国际化的技术创新体系。在创新方面,沈阳机床在国内一直处于领先地位:公司拥有高档数控机床国家重点实验室、数控机床技术创新联盟、高速/复合数控机床及关键技术创新平台、国家机床行业重大科技专项、数控系统产业化和智能化装备培训基地,这些机构和组织均为增强沈阳机床的创新能力奠定了基础。

## 第三节 案例分析

### 一 基于不同动机的开放式创新模式类型

对于开放式创新的动机,本书采用内容分析法对所收集资料进行编码分析,即把资料进行分解和概念化,在对事件与概念进行不断比较的基础上,再以一种崭新的方式把概念重新组合。在分析开放式创新的动机中,采用了开放性译码、主轴译码(见表4-1)。

表4-1　　　　　　　编码示例

| 典型引例 | 初始范畴 | 主范畴 |
| --- | --- | --- |
| 在开放式创新初期,我们与发达国家一些企业合作主要是为了引进合适的技术和人才 | 技术引进 | 技术动机 |
| 为了开发龙门式五轴联动加工中心,我们与德国著名的"R+P"机床设计院和西门子公司进行合作 | 共同研发新技术 | |
| 并购德国希斯公司的战略着眼点是获取重大型数控机床设计和制造的核心技术 | 技术获取 | |
| …… | …… | |
| 4S店对机床行业来说是一种新的营销渠道模式。建立4S店不仅能够让更多客户感知沈阳机床产品及专业化服务,还能使公司迅速捕捉市场变动信息,以达到快速响应市场的目的 | 营销模式变革 | 市场动机 |
| 云南机床有"金牌出口基地"的称号,对它的整合与开拓国外市场非常有利 | 创新和塑造市场 | |
| 中国市场上的数控机床有数百万台的存量,做好这个市场存量极为重要 | 维持市场 | |

续表

| 典型引例 | 初始范畴 | 主范畴 |
|---|---|---|
| 以生产中小型机床为主，制造重大型机床是发展战略之一。并购德国希斯后进入大型数控机床市场是完成战略的重要一步 | 开发新的产品市场 | 市场动机 |
| …… | …… | |

通过数据编码结果发现，技术动机和市场动机是开放式创新的主要动机。其中，技术动机是企业为解决技术创新过程中的相关问题，不仅要获取新知识和技术诀窍（EIRMA，2003），还需要克服内部信息、能力和风险等创新障碍（Keupp & Gassmann，2009）；市场动机指企业为保持或扩大市场的动机，如扩大产品市场占有率（EIRMA，2003；Vrande et al.，2009）、减少产品进入市场的时间和成本。本书将它们作为开放式创新模式类型划分的指标，根据各动机程度的高低将开放式创新分为保守型、技术创新型、市场扩张型和双元型四种模式，见图4-1。

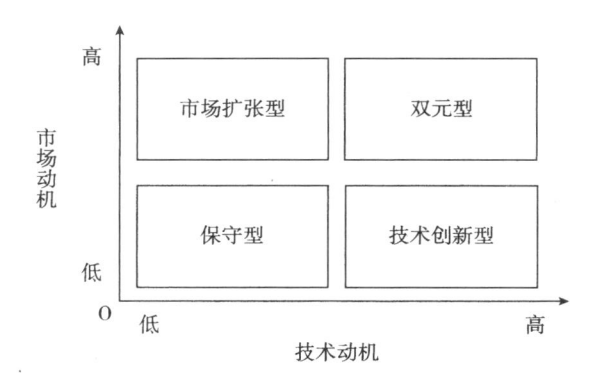

图4-1 基于不同动机的开放式创新模式类型

保守型开放式创新是指企业开放式创新的市场动机和技术动机均比较低，仅通过供应链建立了简单的组织间关系，在市场开发和技术研发方面的合作较少，更多地关注企业内部运行效率。

技术创新型开放式创新是指企业开放式创新的技术动机较高，而市场动机较低。企业以技术创新为首要目标，坚信竞争优势来源于领先的技术，非常强调与相关技术领域的科研机构和企业的合作，以实现技术领先。该模式的开放过程主要发生在创意产生、研究开发、试验以及生产阶段，与外部共同解决上述过程中的难题，提高创新的效率。由于该模式的合作者主要为研发组织和同行企业，目标为共同研发，企业的管理重点是激励知识共享和关系协调。当然，此模式的创新也以激进式创新为主。

市场扩张型开放式创新是指企业开放式创新的市场动机较高，而技术动机较低。市场是产品创新和绩效提升的一个重要前提。企业以产品快速进入市场或者扩大产品市场占有率为目标，注重在产品市场化阶段与中介、下游企业、同行企业以及跨行业者的合作，通过与它们的合作使技术进入新市场或者扩大现有产品的市场份额，对企业市场化能力的要求较高。市场扩张型开放式创新强调对现有需求进行满足，但是由于其市场作为主要目标，而降低了对技术创新的关注度，以致很少有激进式创新出现，而渐进式创新较多。

表 4-2　　　　　　　　四类开放式创新模式对比

| 开放式创新模式 | 开放阶段 | 管理重点 | 创新程度 |
| --- | --- | --- | --- |
| 保守型开放式创新 | 创意产生、研究开发、试验、生产、市场化中的少许阶段 | 内部运行效率 | 渐进式创新 |
| 技术创新型开放式创新 | 创意产生、研究开发、试验、生产 | 激励知识共享关系协调 | 激进式创新 |
| 市场扩张型开放式创新 | 市场化 | 市场化能力的提升 | 渐进式创新 |
| 双元型开放式创新 | 创意产生、研究开发、试验、生产、市场化 | 企业网络的全面管理 | 激进式创新 渐进式创新 |

双元型开放式创新是指企业开放式创新的技术动机和市场动机均较高，强调同时建立市场技术领先和市场优势。此模式的开放过程和开放对象都较大，在创意产生、研究开发、试验、生产和市场化阶段均会有不同程度的合作。企业和外部形成了创新网络，关系的多样性和复杂性

会对企业的管理形成挑战，因此企业的管理重点在网络的全面管理。由于对技术和市场同时关注，不仅要满足现有顾客的需求，还需要开发潜在的领域，因此既会出现激进式创新，也会出现激进式创新。

### 二　沈阳机床开放式创新模式分析

**（一）保守型开放式创新（1995—2000年）**

由于机床行业的发展水平是衡量一个国家制造业水平和工业现代化程度的重要指标，也是衡量国家综合竞争力的重要指标，作为工业母机的机床，其发展情况对于整个工业来说都是举足轻重的。在20世纪90年代，国外对中国仍然有一定的技术封锁，中国机床行业处于模仿、引进和技术"嫁接"阶段，只有很少的联合设计。沈阳机床亦是如此，使公司在技术创新方面与外部合作的程度较低。

1997—1998年是沈阳机床的一个艰难时期，但是公司做出了一个非同寻常的决策：出资130万美元，抽调30名技术人员到生产制造数控机床最先进的德国进行学习。学习技术所要面临的首要问题就是引进什么样的技术，学习的技术是否合适直接关系到技术会产生多大的效益。因此，这批技术人员出国前对国内机床市场进行了一次调研，目的就是了解国内市场行情，以便有针对性地设计出市场急需的产品。国外先进的设计思路和设计方法打开了他们的眼界，半年的"充电"使国内设计人员打破了传统的设计思维定式。他们自行设计的7种数控机床产品参加了1999年北京第六届国际机床展，引起国内外机床制造商和用户的关注。

在"走出去"的同时，沈阳机床也采取了"引进来"的方式。除了引进先进技术外，公司还引进了多个领域的专家。在数控机床通用技术、关键研究领域，聘请德国机床领域著名专家、德国鲁尔大学原校长迈斯伯格教授作为技术顾问；在产品设计领域，聘请日本著名机床设计专家池田先生，并组建"池田工作室"；在工艺制造技术领域，聘请德国沙尔曼公司原负责工艺制造技术的主任工程师托尼作为专家，以提升沈阳机床现有产品的工艺制造水平。这些措施取得了一定的成效，如公司研制开发的TAM-16立式车铣中心，是在引进日本本间公司先进技术基础上，并在特聘日本专家指导下制造成功的。但是，公司却停滞在技术突破这一步，仍与国际领先技术有很大差距。

从公司发展的整个历程来看，技术引进这个历史进程的积极意义在于，只有经历了技术购入，才能促成内部技术水平的转变。相对于该阶段的技术动机，市场方面的开放更为保守，公司依然更多地依靠自身力量使用自产自销的方式将产品投入市场。

（二）技术创新型开放式创新（2001—2004年）

企业要想实现"做强做大"的目标必须以"强"的技术为基础，方能做到市场的"大"。加之，沈阳机床意识到原来的创新模式无法实现技术突破，于是，公司在此阶段的战略目标把技术创新放在了重要位置，加大了对外开放的程度。

一方面，沈阳机床在企业内部中央研究院的基础上，加强与科研机构和同行企业的联合研发。从2001年开始，以重大项目为目标，吸引国内大专院校和科研机构的人才参与开发，形成设计思想，在全球搞产品配套，从而把沈阳机床的制造车间延伸到世界范围内，大大提高了新产品开发的速度和档次，新产品的设计周期从9个月缩短到3个月。例如，公司与德国柏林工业大学IPK研究所签署协议，在机床通用技术和关键领域开展合作。沈阳机床上海技术研发中心还与意大利菲迪亚公司、日本安川电机和沈阳计算机研究所组成了"三国四方"的科研攻坚团队，终于形成了"飞阳"运动控制系统这个具有自主知识产权的核心技术，彻底打破了国外公司在这一技术领域的垄断。

另一方面，沈阳机床为全面获取其他企业的技术加强了并购重组行为。2004年，沈阳机床全资收购了德国希斯公司。德国希斯是一家有140多年历史的公司，它所生产的大型机床在全球享有美誉。沈阳机床对其并购后获得了与世界先进水平同步的重大型数控铣镗床、车铣复合加工中心、数控立式车床等设计和制造的核心技术。

（三）市场扩张型开放式创新（2005—2006年）

以技术创新支撑公司战略目标在一定程度上实现后，扩大市场规模成为更为重要的任务，真正做大做强。此时，沈阳机床开始注重营销体系的变革，在市场方面加大与外部的合作。

沈阳机床开设第一家4S店标志着公司开始实施市场扩张型开放式创新，使公司与经销商的关系进一步加强。4S店在汽车行业并不陌生，但在机床行业则是首次出现，行业内质疑声音不断。这一营销创新举措，正是关锡友在奥迪4S店修车时突发的灵感。当这一灵感与沈阳机床管理层对于市场的分析相耦合时，机床4S店的想法就在这家中国最大的机床公司中开始试验推行了。沈阳机床这次率先在业内探索营销模式的变革，致力于以贴近客户的方式，与经销商更加默契、紧密、有效、快捷地为客户提供本地化服务。4S店模式不但在销售方面具有优势，还能使公司迅速捕捉市场变动信息，以达到快速响应市场的目的。

同时，沈阳机床还进行了同行资源的整合，将重组后的云南机床的市场优势充分发挥出来。云南机床被称为我国机床行业的"十八罗汉"之一，在国内机床行业曾有"北有沈一，南有云机"的美称，被业界称为"金牌出口基地"。2004年年底，沈阳机床、云南机床进行了重组，重组后，公司利用移置文化、调整机制、启动经营等一系列方式，恢复了云南机床的生产和经营水平。重组后一年的主要经营指标均比以往年份增长1倍，其中，销售收入和海外市场销售额更有跨越式增长。

（四）双元型开放式创新（2007年至今）

随着市场多样化的趋势加强，机床行业的企业需要不断满足顾客的个性化需求，加之技术变革的速度越来越快，从而导致了高度的市场和技术不确定性。因此，企业必须同时以市场和技术为目标。沈阳机床亦是如此，在此阶段以市场和技术为动机，加大在这两个领域的开放程度。

在技术创新方面，公司与科研机构以及其他企业共同研发。2006年，沈阳机床挑选了50名工程师派往德国，他们和西门子以及"R+P"机床设计院共同研发高速卧式加工中心、龙门式五轴联动加工中心等13个用于高档数控机床的技术和产品，这些技术和产品均实现了世界领先水平，给公司生产高档数控机床提供了技术基础。2006年10月，公司又与同济大学共同建立了"数控装备研发中心"，共同在数字化设计、可靠性验证、多轴联动工艺、标准技术规范等共性关键技术方面长期合作，使之成为高档数控机床共性基础技术的研发和应用基地。2008年12月，为提升高速精密数控机床关键功能部件研发水平，促进我国机床行业的整体发展，沈阳机床与外部的合作又进一步，同20多家企业和6家研究院所组建"数控机床产业技术创新联盟"。同年，国内机床行业的国家级重点实验室——高档数控机床实验室落户于沈阳机床，这也是机床行业唯一建立在企业的国家级重点实验室。不仅如此，沈阳机床还与世界机床的另外两大巨头——德国德马吉和日本森精机宣布在沈阳合资建厂，共同研制高端数控机床，生产面向行业新需求的机床新产品。

在与供应商的合作中，沈阳机床与世界五百强企业舍弗勒集团建立全面的战略合作关系。舍弗勒集团是全球著名的滚动轴承和直线运动产品生产商，沈阳机床与之战略合作关系的建立促使双方相互支持对方产品，即沈阳机床优先选择舍弗勒集团提供的产品，而舍弗勒集团优先选择沈阳机床的产品，以此方式实现互惠互利和相互之间的信任。不仅如此，双方还给对方提供优质的售后服务，在提供产品的同时也提供对产品的技术指导、维护以及修理等服务。双方还密切合作，在产品创新和工艺创新过程中相互支持，开发对方生产中所需要的产品和服务。

客户在企业的技术创新过程中占有重要地位。与客户的合作有利于准确把握市场需求和创新思想等信息，促使企业开发出更易于被客户接受的新技术和新产品。沈阳机床将承担的"863"计划先进制造技术领域"轿车发动机缸体、缸盖高效加工生产线"课题置于顾客奇瑞公司之中，与其共同研发汽车领域的技术，并取得专家组的认可。

在市场扩张方面，沈阳机床在全球建立自己的销售网络，在德、美等国组建了销售服务中心，以自己的品牌参与竞争。2012年，我国首个企业金融管理中心沈阳机床股份有限公司金融管理中心正式揭牌成立。沈阳机床与华夏银行联手打造金融平台，面向以沈阳机床为核心的上下游"全产业链"提供各种金融服务，解企业之难，救发展之急。沈阳机床正在积极申请金融租赁牌照，计划投入2亿元成立金融租赁，向终端客户提供金融租赁业务，与金融管理中心同时对公司进行"双轮驱动"。

同时，沈阳机床首先在机床行业使用"全生命周期"这一概念，给予机床存量市场更多重视，为该市场提供更多服务。此外，公司还建立了汽车营销中普遍存在的"4S店"模式，这种"4S店"具有销售、售后服务、展示和零部件储备等功能。目前，店面在国内已成立了18家，大大提升了对顾客的服务效率和水平。公司计划到2015年使国内的"4S店"发展到50—70家,加之在国外建立的营销和服务机构的作用,极大地拓展了占据世界机床半壁江山的中国市场,还对扩展海外市场起到了积极作用。

## 第四节 案例讨论

### 一 开放式创新模式的演化:一个动态模型

企业在不同的发展阶段需要权衡技术和市场地位而采取相应的开放式创新模式。克里思坦森(Christensen,2005)从技术发展动态的角度,分析了电子消费品产业开放式创新的动态特征,指出不同企业开放式创新模式与企业在创新系统中的地位以及技术发展阶段有关。本书从沈阳机床开放式创新的技术和市场动机出发,建立开放式创新模式的动态演化模型,如图4-2所示。

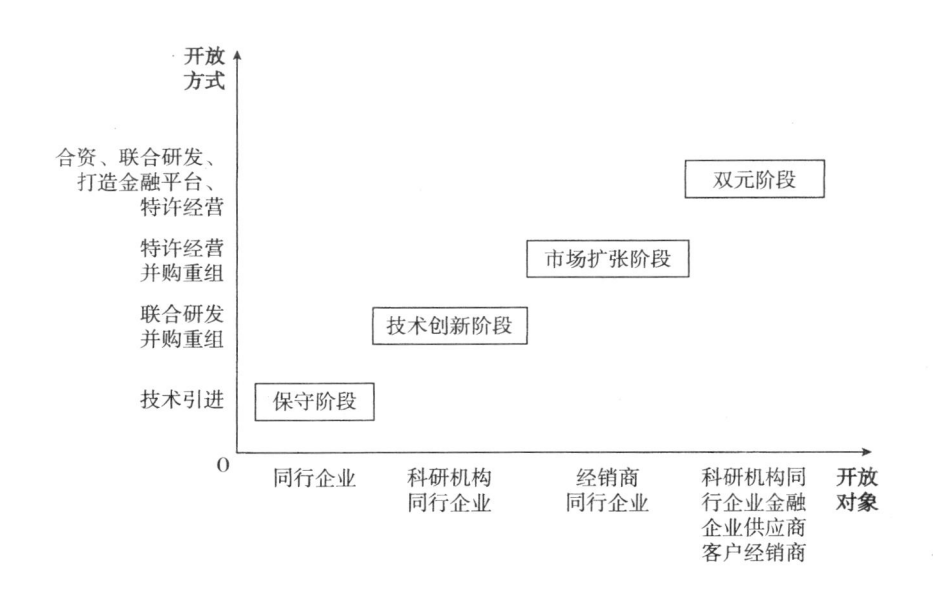

图4-2 开放式创新模式的动态演化模型

在保守开放式创新阶段,开放的对象主要是同行企业,以引进的方式为主。同行企业的外围技术可能正是其他企业的核心技术，他们的技术组合可能构成某项复合技术。因此，同行业的企业之间就有可能进行合作。对于20世纪90年代的中国企业来说，它们的资本相对稀缺，并且，因为它们的技术与同行业世界先进水平相去甚远，故而，企业选择通过从先进技术国家引进的方式来更新自己企业的产品和生产技术。此外，模仿先进技术和获益于其他企业技术溢出也是改善本企业技术水平的方式。从这种意义上说，沈阳机床从技术先进国家学习、购买技术相对于完全采用封闭式创新方式来说，无疑是一种提升技术水平和创新水平的低成本和低风险的模式（林毅夫、张鹏飞，2005）。

在技术创新阶段，开放度增加，开放对象以科研机构和同行企业为主。科研机构是领先技术的源头和生长点，能够为企业的技术创新提供一种科学技术平台。当企业有一定技术积累时，科研机构以及同行企业会有与其共同研发的意愿。通过共同研发，企业可以获得新兴技术的窗口，促使企业新产品开发取得突破性创新成果。在此阶段技术转移的更彻底的形式表现为并购。企业通过并购获取目标方的控制权，可以根据企业发展战略对目标方的技术资源重新整合，将外部的技术资源转化为企业内部的技术资源。沈阳机床在并购希斯后，消化吸收希斯公司产品技术工作便有序进行。如回转直径3.5米以下规格的数控立车和车铣加工中心技术很快向沈阳第一机床厂转移，首台已在2006年2月的上海数控机床展参展。

在市场扩张阶段，开放对象较技术创新阶段有所变化，此时以经销商为主，采用特许经营的方式。特许经营是一种销售商品和服务的方法，是扩大市场、提升品牌知名度的有效途径。沈阳机床采用的4S店模式正是该方法的一种，和汽车4S店一样具有销售、零配件、售后服务和信息反馈等功能，是企业从产品经营向品牌经营转变。在此阶段，基于市场动机的并购整合是沈阳机床扩大市场优势的又一举措。经过对云南机床的重组，沈阳机床与其南北遥相呼应，具有地域组合优势。更重要的是，可以借助云南的出口优势迅速拓展海外市场，以进一步推进其国际化进程。

进入双元阶段，企业开放度进一步加大，在技术创新方面以科研机构、同行企业、金融企业、供应商和客户为开放对象，在市场方面开放对象以顾客和经销商为主。开放式创新的方式也呈现多样化,除之前采用的联合研发、特许经营外,合资、打造金融平台也是技术创新或扩大市场的方式。其中一些方式融合了技术和市场动机。

### 二 开放式创新动机的发展趋势:技术与市场动机的融合

技术创新是企业发展的动力,而且是一个持续不断的过程。但是在技术薄弱时期,企业为了发展技术往往在开放中更注重技术创新合作,而将市场置于次要位置。因此,制造业企业在对外开放中采用"市场换技术"战略。市场换技术主要目标是通过开放国内市场,引进外商直接投资,引导外资企业的技术转移,获取国外先进技术,并通过消化吸收,最终形成我国企业自主的研发能力,提高技术创新水平。该战略促使国外技术转移水平不断提高,为企业增加了技术积累,提高了技术创新能力。但是在该战略中,外国企业严格控制核心技术,仅转移部分非关键技术。而且有些产业不仅没有引进先进技术,反而被国外企业的技术"锁定",产生技术依赖(曾繁华、李坚,2000)。随着企业自身创新能力的增强,逐步掌握了开发技术、开发流程以及核心技术。加之在快速变化的市场中,企业对市场变化的警觉、详细市场信息的获取变得尤为重要。因此,企业开放式创新的技术动机和市场动机逐渐成融合之势。从市场中获取新知识,为满足市场需求进行技术创新,同时利用技术创新引导市场需求,开拓新市场,以此形成良性循环。随着沈阳机床的数控系统进入产业化进程的大面积应用,其核心部件不再依赖国外厂商的控制和垄断,拥有了数控机床核心技术的话语权。同时,沈阳机床已经成为国内知名品牌,此时需要实现从区域性品牌到国际名牌的跨越,由制造商向提供整体方案的工业服务商转变。所以,沈阳机床开放式创新既有技术动机又包括市场动机,以此打造自己的微笑曲线。为此,公司提出了三个主要任务:一是调整产品结构,一方面要实现数控机床的大批量生产,另一方面提升普通机床代工生产的规模;二是建设并完善营销服务体系,增加国内4S店的数量,也要建立海外影响和服务平台;三是利用金融租赁业务支撑技术创新和市场存量的再造。最终实现由过去单纯产品经营向产品、品牌、技术、服务等经营一体化转变。

### 三 驱动开放式创新模式演化的关键因素

沈阳机床的开放式创新模式能够实现演化,不仅受动机的直接驱动,企业家的创新精神、核心技术的掌握和公司激励政策也是推动演化的关键因素。

**(一) 企业家的创新精神**

熊彼特(Schumpeter)在界定创新概念之始就将其与企业家联系在一起,认为企业家的远见和创新精神是企业创新的无形资源。沈阳机床现任董事长关锡友在公司创新进程中所起的作用印证了这一观点。如关锡友获得2012年CCTV中国经济年度人物的理由:"他大胆起用一批年轻人,每年投入一亿元打造自己的研发团队。"在公关数控系统核心技术的过程中,每年投入的资金都超过1亿元,但是始终没有研发成果。很多人开始丧失信心并开始怀疑,真能够研发出世界先进的技术吗?关锡友面对质疑,对研发团队只做两件事:第一,一旦失败所有的风险由他自己承担;第二,等待。最终等到了"飞阳"数控系统的诞生。此外,关锡友个人的创新灵感也影响着公司的创新举措。建立4S店这一营销创新举措,正是关锡友在奥迪4S店修车时获取的灵感。而且,当沈阳机床的机床产量在2011年达到10万多台时,关锡友被这个数字震惊了,开始思量公司未来的方向。通过走访客户发现,用户购买机床的最终目的是在产品加工中降低成本、提高效率,只有为它们提供服务才能满足用户的需求,做好存量市场。因此,关锡友决定为这些存量做服务,便开启了沈阳机床从制造转向服务的开端。

**(二) 对核心技术的掌握**

技术核心是在确定技术路线情况下支撑产品实现的技术选择中的关键部分。掌握核心技术能够突破企业发展的外部制约,而且可以更好地创新新产品,满足新的市场需求。核心技术所产生的技术优势会给企业带来巨额利润,使其竞争力增强。在沈阳机床的开放式创新中,主要出现了两次核心技术的突破。一次是公司并购希斯,得到了重大型机床设计和制造的核心技术,不仅使沈阳机床步入了重大型机床的行列,还促使其扩大了海外市场。这次核心技术的获取直接促使公司向市场扩张型开放式创新转变。按照沈阳机床制订出的整合方案,以中国、俄罗斯、美国、印度为主要市场目标。在并购后的第二年就实现销售收入 2 亿元，2006 年就达到了 3.3 亿元。另一次核心技术的突破数控系统等核心技术。机床是制造业的"母机"，"母机"转型看心脏，心脏即数控系统。一直以来，我国对高档数控系统的需求是靠进口来满足。因而，沈阳技术利用数控机床产业技术创新联盟、多支研发团队，从 2007 年春到 2011 年秋，累计投入近 20 亿元，终于掌握了数控系统。有了核心技术之后，沈阳机床新成立了工业服务事业部，向服务商转型，使金融功能、核心技术、营销网络三者共同构成沈阳机床的核心竞争力，支持其为机床使用者提供全生命周期的服务。

（三）激励机制的保障

沈阳机床不仅建立了适应薪酬市场化的机制，更通过制定相关创新政策，鼓励员工开展技术革新、技术攻关、技术发明等创新活动，调动员工创新积极性。如公司为单独对各单位科技计划完成情况及各单位的项目团队、管理团队对技术进步支撑进行奖励制定了科技奖励办法，设立了产品创新奖、技术创新奖、技术进步奖和优秀科技工作者奖。在科技奖励办法的激励下，2011 年公司共收到合理化建议 3463 条，采纳实施 2454 条，直接参与员工数 4940 人，创造经济效益 9884 万元。公司的创新激励为员工提供了学习、吸收新知识的动力，激活内外部创新资源，而且以项目团队为奖励单位促使员工之间资源互补、信息共享，逐步扩大开放式创新的程度。

## 第五节　案例研究结论

该部分通过案例研究，探究了企业开放式创新的动机以及基于不同动机的开放式创新模式，并重点分析了不同阶段下的开放式动机和模式的动态变化。研究发现，企业开放式创新是一个动态演变过程，这与克里思坦森等（2005）、陈钰芬（2009）等学者所强调的开放式创新具有动态性的观点相一致。与之相比，本书分析了导致动态变化的前因，即企业开放式创新的动机。企业需要适时调整自身的动机，选择对外开放的重点是技术还是市场。沈阳机床的"保守型—技术创新型—市场扩张型—双元型"开放路径揭示了企业在不同发展阶段开放动机的选择和对开放模式转变的要求，为我国同类企业开放式创新实践提供了参考依据。

尽管本书科学规范地使用案例研究的方法，研究结论丰富了开放式创新理论，并具有一定的实践意义，但是由于本书采用纵向案例分析方法，数据时间跨度大，影响因素多，增加了数据搜集和分析的难度，因此研究仍存在局限性。首先，缺乏对相关影响因素的分析，特别是由于一些事件间接对企业的技术和市场产生影响，所以对区分其是基于技术动机还是市场动机时会产生一定影响。其次，本书尽管对沈阳机床每个阶段的动机及其开放式创新模式进行了分析，并建立了开放式创新模式的动态演化模型，但由于本书采用案例研究的方法，结论的普遍适用性仍需进一步检验，可能会因为企业的战略导向和能力强弱而存在差异。因此，未来可考虑企业所处的情境因素，并用多案例和大样本调查的研究方法弥补以上缺憾。

# 第五章 基于开放度的开放式创新模式及绩效实现机制

以开放式创新的广度和深度为标准,本书将开放式创新划分为四种类型:专业型、搜寻型、专注型和自主型。事实上,这四种类型均表示企业在开放式创新过程中与开放主体的关系选择,只是广度和深度有所不同。

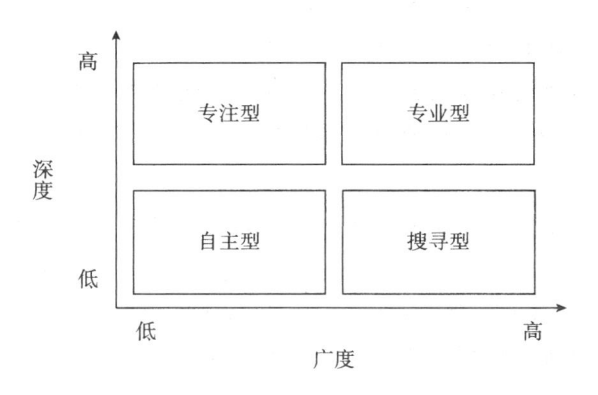

图 5-1 基于开放度的开放式创新模式

## 第一节 专业型开放式创新模式及绩效实现机制

### 一 专业型开放式创新的特征

专业型开放式创新是企业开放广度和深度均较大的一种开放式创新

形式。在这种创新形式下，企业与多个创新主体进行频繁的合作，创新过程复杂化程度最高、开放性与动态性最强。专业型创新企业与外部创新主体之间是长期的合作伙伴关系，企业有与外部创新主体频繁合作的需求，彼此有着坚固的利益关系，利益共享、风险共担。该创新形式能够帮助企业实现最大效用的整合与利用内外资源，以最快速度、最新视角捕捉市场机会，并据此保持自己的市场领先地位或赶超市场领先企业。然而，这种形式也可能给企业带来一定的风险。首先，由于企业开放的广度和深度较大，可能产生对外部创新主体的依赖性，进而缺乏创新自主性；其次，外部创新主体的动荡、合作伙伴的失信可能造成的创意外流及利益损失；最后，由于创新过程中涉及要素较多，某一创新要素的失败而导致的企业运行机制的迟缓。因此，企业采用专业型开放式创新形式需清晰地辨识创新可能带来的收益与风险，并对自身的资源配置能力有清晰的认知。一般情况下，企业若要进行专业型开放式创新，需具备完善的能力体系（包括学习能力、吸收能力、转化能力等）、完善的运营条件（优良的组织结构、雄厚的资源基础、良好的工作氛围等）、大量时间与资金等维持与不断改进自己的关系网络以便搜索更新开放对象，同时需具备较强的风险承受能力、拥有良好的风险规避体系。

**二　专业型开放式创新的实现机制——以小米公司为例**

（一）案例介绍

小米公司正式成立于 2010 年 4 月，是一家专注于高端智能手机、互联网电视以及智能家居生态链建设的创新型科技企业。"让每个人都能享受科技的乐趣"是小米公司的愿景。小米公司应用了互联网开发模式开发产品的模式，用极客精神做产品，用互联网模式去掉中间环节，致力于让全球每个人，都能享用来自中国的优质科技产品。

小米公司自创办以来，保持了令世界惊讶的增长速度，小米公司在 2012 年全年售出手机 719 万部，2013 年售出手机 1870 万部，2014 年售出手机 6112 万部。小米公司在互联网电视机顶盒、互联网智能电视，以及家用智能路由器和智能家居产品等领域也颠覆了传统市场。截至 2016 年年底，小米公司旗下生态链企业已达 77 家，其中紫米科技的小米移动电源、华米科技的小米手环、智米科技的小米空气净化器、万魔声学的小米活塞耳机等产品均在短时间内迅速成为影响整个中国消费电子市场的明星产品。2016年3月29日，小米公司对小米生态链进行战略升级，推出全新品牌——MIJIA，中文名为"米家"。小米生态链建设将秉承开放、不排他、非独家的合作策略，和业界合作伙伴一起推动智能生态链建设。

（二）案例分析与发现

小米公司在创新过程中与多个创新主体进行频繁的合作，包括用户、上下游企业、同行企业，而且创新过程复杂化程度最高、开放性与动态性强。

1. 与用户的创新过程

自2008年我国发放3G牌照，智能手机在我国市场的关注度就开始不断上升。小米公司成立之初，三星、苹果等外商的强势进入打破了诺基亚一头独霸的地位，抢占了我国手机市场的半壁江山；同时，国产手机品牌也如雨后春笋般，抓住机遇，纷纷发力积极发展，在众多的国产品牌中，联想、华为等老品牌又领先一步。在如此严峻的市场形势下，小米公司没有选择正面进攻，而是利用自身管理团队开发软件的优势力量，首先开发推出了智能手机操作系统——MIUI系统来打开市场。MIUI开发之初，时值各类网络社群兴起，各社群成员由于共同的目标和期望汇聚一起，他们在论坛上以点赞、吐槽等方式进行知识交流与分享。由此，MIUI负责人黎万强提出"10万人互联网开发团队"构想，并带领自己的团队每天在各论坛发广告寻找手机极客和资深用户参与MIUI开发。在此阶段，考虑到没有顾客知识转移经验，也没有同行企业的经验借鉴，小米公司经多方权衡，决定扎根论坛凭真诚与用户做朋友，以此进行关系嵌入构建信任纽带，进而帮助企业获取顾客知识。此外，为更有效地促进知识转移，小米公司还实施了"工程师泡论坛"等一系列保障措施。

MIUI用户的爆发式增长为小米公司积累了大量的用户资源，小米公司由此更加确信顾客知识对产品开发、开拓市场的重要性。于是，小米公司便继续推进顾客知识转移工作。引导顾客参与MIUI研发，激发顾客知识转移热情。

在顾客知识转移的成熟阶段，线上和线下的一系列互动活动都呈现多样化，并且由于不断频繁的沟通交流，小米公司与顾客之间的情感纽带更加趋于坚实，也由此渐渐形成小米公司所特有的"粉丝文化"。在"粉丝文化"的驱动下，小米公司建立了一个具有扩张性的强势顾客知识群体，他们主导了产品创新的方向，并为小米公司带来了前所未有的创新绩效。

2. 并购相关技术团队和企业

2015 年，小米公司全资收购设计公司 RIGO Design，作为一个独立部门。小米吸纳 RIGO Design 的整个团队，后者的创始人朱印也入职小米担任首席设计师，并出任该部门的负责人。RIGO Design 成立于 2008 年年底，专注于互联网用户体验设计。设计了乐 Phone、Skylight、eBox 体感游戏机等联想重要的电子产品，2010 年为创新工场开发设计了"点心"手机操作系统界面等。曾经荣获"美国最佳消费类电子产品奖""iF 产品设计与概念设计大奖"等多项国际设计奖项，并获得国内外多项设计创新专利。加入小米之后，RIGO 将不再承接外部业务，将吸纳更多卓越的设计人才，全心打造小米的产品体验，服务好小米用户。

2012 年，小米公司收购 MSNLite 团队，MSNLite 团队进驻小米之后，重点从事米聊 PC 客户端的研发工作。MSNLite 是由 Lite（莱特）工作室于 2010 年 4 月开始研发的一款全面兼容微软 MSN 的客户端，是 MSN 非官方版本中最接近中国人操作习惯的第三方软件。对于小米收购 MSNLite 一事，小米联合创始人黄江吉表示，MSNLite 是目前市场上最好用的第三方 MSN 客户端软件。MSNlite 团队在 PC 客户端软件方面拥有丰富的实战经验，加入小米，无疑给小米在 PC 客户端的研发方面注入新的力量。MSNLite 团队加入米聊之后，重点研发米聊 PC 客户端。米聊将实现手机客户端与 PC 客户端的信息互通，更加方便米聊用户之间的交流。

此外，小米公司还投资了包括迅雷、猎豹在内的互联网公司，获得提升小米手机品质的技术资源。

3. 与上游核心企业共同研发产品

定位于互联网企业的小米公司将产品制造外包给原始设计制造商英

华达和富士康，而小米手机约 800 个零部件则由小米集中向供应商采购后直接提供给 ODM，把控住采购权。小米公司在手机研发过程中与上游核心供应商紧密合作，参与高通的芯片开发。在小米 2 开发时，小米派了 6 名工程师在骁龙 APQ8064 发布前 6 个月就进驻到高通总部圣地亚哥的研发中心，与高通的工程师一起调试芯片，并且最后成为高通 8064 芯片的首发机型，从而尽早以较低价格获得量产芯片。值得一提的是，高通第一批生产出来的 8064 有 100 万片，一半用到了小米 2 上。可见小米对于高通的重要性，而高通也正是利用了小米品牌知名度的暴涨，让自己在高端智能手机领域站稳了脚跟。并且，高通和小米达成了专利合作协议，原高通全球高级副总裁兼大中华区总裁王翔加入小米公司担任高级副总裁。

4. 与下游企业共同开发市场

小米通过电商渠道采取预售和直销模式实现拉动式生产，以需求信息集约化组织供应链体系运营，通过快速的信息传递缩短提前期；预售策略使小米供应链上的资金流得到保障，能够在 2—3 周内快速响应顾客订单；借助凡客诚品的平台和发达的物流网络，节省了仓储、分货、运输、安保等物流环节的成本，最终实现了产成品和零部件的"零库存"。

## 第二节 专注型开放式创新模式及绩效实现机制

### 一 专注型开放式创新的特征

专注型开放式创新是指企业仅对外部有限的创新主体开放，且开放程度较大，合作关系较为稳定。专注型开放式创新企业选择开放的外部创新主体数量较少，但它们之间关系非常紧密，有利于与外部创新主体进行资源与能力的充分挖掘与利用。然而，专注型开放式创新下，企业需投入大量的时间及注意力维持与外部有限的创新主体的关系，以保持稳定有效的合作关系。而且，该创新模式下企业对外部创新主体依赖性较高，面临核心技术泄露的风险，因而需要企业较强的防控能力以降低关系和技术方面所带来的风险。

## 二 专注型开放式创新的实现机制——以美的集团为例

（一）案例介绍

美的于1968年成立于中国顺德，1980年，美的正式进入家电业，1981年注册美的品牌。旗下拥有美的、小天鹅、威灵、华凌、安得、美芝等10余个品牌。集团在国内建有广东顺德、广州、中山；安徽合肥及芜湖；湖北武汉及荆州；江苏无锡、淮安、苏州及常州；重庆、山西临汾、江西贵溪、河北邯郸15个生产基地，辐射华南、华东、华中、西南、华北五大区域；在越南、白俄罗斯、埃及、巴西、阿根廷、印度6个国家建有生产基地。主要家电产品有家用空调、商用空调、大型中央空调、冰箱、吸尘器、取暖器、电水壶、烤箱、抽油烟机、净水设备、空气清新机、加湿器、灶具、消毒柜、照明等和空调压缩机、冰箱压缩机、电机、磁控管、变压器等家电配件产品。现拥有中国最完整的空调产业链、冰箱产业链、洗衣机产业链、微波炉产业链和洗碗机产业链；拥有中国最完整的小家电产品群和厨房家电产品群；在全球设有60多个海外分支机构，产品远销200多个国家和地区。至今，美的已是一家领先的消费电器、暖通空调、机器人及工业自动化系统、智能供应链（物流）的科技集团。

美的不断深化转型，勇于改变，紧抓机遇，追求新的增长，通过"一个美的、一个体系、一个标准"的践行，围绕业务战略、互联网战略、全球化战略三条战略主线，由单一产品的制造商转向提供系统集成服务方案商，实现商业模式创新。美的在2017年《财富》世界500强排名中位列第450名，利润排名第208位，福布斯全球企业2000强榜单中，美的位列第335名。

（二）案例分析与发现

美的在创新过程中与主要的研究机构、同行企业、跨界企业等创新主体进行频繁的合作，保持稳定的合作关系，这种模式在互联网时代尤为突出。移动互联网解构了传统制造模式，改变了企业间的竞争格局，模糊了产业边界，催生了产业融合创新的新需求。在互联网时代，面对个性化的用户需求和多样化的销售渠道，通过产业链上企业资源对接和快速整合，有利于企业提升经营效率、快速响应用户需求、实现企业效益的最大化。面对新形势，美的集团不再仅专注于企业间的竞争，而是更多地跨越战略群组，重建产业边界，其"M-Smart"智慧战略最终目的也是实现互利共赢的全产业链生态圈，实现各方共赢。自去年公布"M-Smart"智慧家居战略后，美的牵手小米、京东、阿里巴巴等互联网企业，借助其互联网优势，实现资源互补，最终推进自身建设。

1. 与科技企业多流程开放

2014年，美的集团与小米科技有限公司达成战略合作协议，美的将以每股23.01元价格向小米科技定向增发5500万股，募资近12.66亿元。发行完成后，小米科技将持有美的集团1.29%的股份，并可提名一名核心高管为美的董事。除了资本方面的合作，美的与小米将在智能家居及产业链等多个领域开展多种模式的全方面战略合作。小米在智能家居系统、移动互联网思维和应用等方面具有领先优势和经验，美的与之合作，可以充分借鉴其企业管理、资本运作和产业运营经验，学习如何提升产品、快速响应用户需求、与用户"零距离"交互，提升企业运营效率，实现互联网融合。此外，与小米的合作还可以实现产品的交互，小米拥有智能手机、彩电和路由器三大核心业务，美的主要是智能家电单品，美的家电互通互联的关键是实现用户单机产品串联为一体，需要手机、路由器、云平台这些小米的核心产品。如，美的与小米共同打造的智能空调"i青春"系列产品面世，空调内置蓝牙装置，可与小米智能手环实现交互。

2015年，美的集团与阿里巴巴在美的总部进行了"携手共筑梦想 引领智慧未来"的主题会议，并签署了《2015年战略合作协议》，旨在促进双方在系统全面对接、品牌资源共享与整合营销、供应链仓储、云平台与智能家电和产品定制五大领域的深度合作。阿里云是目前国内最大的云计算服务商，美的与之展开合作，将有利于借助大数据提升产品设计、生产，继续深化传统业务改造，实现智能化升级，分享互联网发展的红利。

2. 与科研机构共建创新平台

美的集团与浙江大学合作，开发了美创平台，平台主体分为众创、需求与解决方案、孵化器三大板块。"众创"是指大众创新，利用集体智慧，实现由创意向产品的转化；"需求解决方案"是指在平台上发布需求，综合全球资源提供解决方案，线下进一步进行交易；"孵化器"是指利用平台为全球孵化项目提供资源，线下进一步实施对接，实现资源整合、利益共享。"众创""需求与解决方案""孵化器"三大板块构成了全新的开放式资源整合创新系统。

3. 成立合资企业进入新市场

随着科技进步，机器人、自动化在生活生产的应用越来越广泛，机器人产业前景良好，机器人与智能家电产品融合将催生出新的产业蓝海。美的借此契机，依靠强大的应用端优势，主动进军机器人产业，通过创新驱动开辟企业发展的"第二跑道"。

2015年，美的集团与日本株式会社安川电机独资子公司安川电机（中国）有限公司合作，成立广东美的安川服务机器人有限公司及广东安川美的工业机器人有限公司两家合资公司，美的分别控股60.1%和49%。美的集团机器人产业项目总经理甄少强表示，"美的进军机器人产业是美的'双智'战略中最重要的部分，是美的开辟第二产业跑道的合适产业。"两大企业的合作将发挥各自的优势，安川机器人是机器人行业的龙头企业，从事机器人研发超过十年，具备领先的生产技术；公司的智能机器人产品全球销量超过30万台，产品丰富、产业链健全。而美的立足制造业已数十载，拥有强大的资源和白色家电技术、营销经验丰富，深知用户习惯和消费需求；美的工厂智能机器人需求也很旺盛。通过双方的合作，将以机器人系统集成为主，研发、制造面向一般行业的机器人销售的产品，共同推动工业机器人公司领先发展；研发推广以康复机器人、助老助残辅助类机器人、导购机器人为主的服务机器人，推动服务机器人产业发展。

## 第三节　自主型开放式创新模式及绩效实现机制

### 一　自主型开放式创新的特征

自主型开放式创新属于开放广度和深度均较低的创新形式，其创新主要是依赖企业本身，与外部合作创新较少。这种类型的创新需要的核心技术来源于内部的技术突破，可以摆脱技术引进、技术模仿对外部技术的依赖,依靠自身力量、通过独立的研究开发活动而获得,其本质就是牢牢把握创新核心环节的主动权,掌握核心技术的所有权。

## 二 自主型开放式创新的实现机制——以华为为例

### (一) 案例介绍

华为技术有限公司是一家生产销售通信设备的民营通信科技公司,于1987年正式注册成立,当时的注册资本仅为2万元。起初代理香港鸿年公司的用户交换机产品,由于该行业的巨大利润,使华为在短短的三四年时间就积累了几百万元资金。1989年,由于用户小交换机市场太火爆,国家限制信贷控制设备进口,华为的代理业务走到尽头。华为转而进行自主研发和自主生产。在积累了一定的技术经验后,华为更是自主研发了中国自己的数字程控交换机C&C08。C&C08数字程控交换机的成功研发和推出市场标志着华为在我国的通信市场站稳了脚跟。2004年,华为在英国设立欧洲地区总部,此举标志着华为转向欧美主流高端市场。

目前,华为已成为全球领先的信息与通信技术(ICT)解决方案供应商,专注于ICT领域,坚持稳健经营、持续创新、开放合作,在电信运营商、企业、终端和云计算等领域构筑了端到端的解决方案优势,为运营商客户、企业客户和消费者提供有竞争力的ICT解决方案、产品和服务,并致力于使能在未来信息社会、构建更美好的全联接世界。2013年,华为首超全球第一大电信设备商爱立信,排名《财富》世界500强第315位。2017年,美国《财富》杂志发布了最新一期的世界500强名单,华为以785.108亿美元营业收入首次打入前百强,排名第83位,较上一年的第129位提升46位。截至2016年年底,华为有17万多名员工,华为的产品和解决方案已经应用于全球170多个国家,服务全球运营商50强中的45家及全球1/3的人口。

2018年,华为公司取得了举世瞩目的成绩,无论是公司主营业务通信设备等,华为依然稳居全球最大的电信设备制造商第一,还是在ICT行业,华为是5G网络标准的两大指定值,甚至在华为的"副业"智能手机里,华为也首次全年度超越苹果成为全球第二大手机制造厂商。

(二) 案例分析与发现

1. 高度重视研发投入

华为高度重视研发投入。一方面，电信行业的竞争优势主要来自技术，不具备技术优势的企业在这个行业难以立足。另一方面，电信行业的高收益率让华为积累了大量资金可以增加研发投入。因此，自从1988年华为成立以来，持续提升围绕客户需求进行创新的能力，长期坚持不少于销售收入10%的研发投入。2006年，华为的研发投入更是达到60多亿元，这一强度远远超出2005年我国大中型工业企业0.76%的平均研发投入强度。华为还坚持将研发投入的10%用于预研，对新技术、新领域进行持续不断的研究和跟踪，这在我国现阶段的企业研发投入中也是不多见的。

在研发投入上，华为近十年投入研发费用总计超过4800亿元。华为2018年的研发费用高达1015亿元，占销售收入比重为14.1%，远高于苹果公司的5.1%。这意味着，在技术研发方面，华为要比苹果更舍得花钱。根据欧盟委员会正式公布的《2018年欧盟工业研发投资排名》，该榜单主要是对全球46个国家和地区的2500家主要企业的会计年度研发投入进行调查而来，因此含金量颇高。总的来看，在这份榜单里美国有778家企业上榜、欧盟有577家、日本有339家，中国则有438家企业上榜，华为在整个榜单中名列第5。

2. 专注核心技术研发

华为知道自己的实力不足，不是全方位地追赶，而是紧紧围绕核心网络技术的进步，投注全部力量，又紧紧抓住核心网络中软件与硬件的关键中的关键，形成自己的核心技术。华为成立之时，选择进入通信设备制造领域，为了在这一技术密集型行业竞争中获胜，华为始终将自主创新作为其坚持的原则和努力的方向，走出了一条有华为特色的目标明确、措施得当的自主创新实现路径。

华为以"做一个世界级的、领先的电信设备制造商"为奋斗目标，在其纲领性文件——《华为基本法》第一章第一条就明确提出，"华为的追求是在电子信息领域实现顾客的梦想，并依靠点点滴滴、锲而不舍的艰苦追求，使我们成为世界级领先企业"。为了实现这一目标，华为深知必须拥有自主知识产权的核心技术，才能使企业具有国际竞争力。

为此，华为坚持专业化的发展战略，坚守着"只做通信产品"的原则，提出"不从事任何分散公司资源和高层管理精力的非相关多元化经营"（《华为基本法》第37条），从投资的角度强调了只经营通信产品的战略。华为从成立至今，无论是当初的股票热潮还是房地产，除了通信产品，华为从未涉足过任何哪怕投资就有利可图的领域。

1992年开始，华为的第一个研发产品HJD48小型模拟空分式用户交换机投放市场，取得了不小的业绩。接着，华为第二个自主产品JK1000空分式端局交换机研发上市。正是通过从HJD48到JK1000的研发，为后来C&C08数字程控交换机的研制成功积累了宝贵的经验。1994年，自行开发生产的08程控交换机投放市场，华为进入快速发展时期，在国内电信市场逐渐取得领先地位。进入21世纪，华为进入多元化和国际化发展时期。在产品结构上，华为已经拓展到了光通信设备、移动通信设备、IP设备以及增值服务中的23个业务领域，并形成了产业化；在最先进的领域如第三代移动通信，华为也已经开发出可以投放市场的新产品。在技术水平上，华为开发出了以SDH光网络、接入网、智能网、信令网、电信级Internet接入服务器等为代表的国际领先技术产品；密集波分复用DWDM、C&C08iNET综合网络平台、路由器、移动通信等系统产品达到世界先进水平；芯片设计技术达到了0.18微米以下；TELLIN智能网荣获2001年度国家科技进步一等奖。在移动通信领域更是实现了由2G领域的重点跟进、打破国外技术垄断，到目前5G领域的独树一帜，站到技术领先者的行列。

3. 建立全球研发网络

华为的技术创新是国际化的，它不仅能把握国内市场的动态，更能够在国际电信设备供应市场中掌握方向，这不得不说得益于其遍布世界的研究机构。华为在美国、德国、瑞典、俄罗斯、印度及中国等地设立了20个研究所，每个研发中心的研究侧重点及方向不同。采用国际化的全球同步研发体系，聚集全球的技术、经验和人才来进行产品研究开发。如今，华为在国外设立了美国硅谷研究所、美国达拉斯研究所、瑞典研究所、印度研究所、俄罗斯研究所。这些研究所大多设立在电子信息和软件业发达地区，硅谷是世界IT技术的发动机，瑞典是国际电信巨头爱立信的故乡，而印度拥有世界上最先进的软件开发技术，华为的印度研究所所在地班加罗尔市是 IT 业的发展前沿，许多著名 IT 企业将实验室设立此地，在那里，华为员工能够接触到最先进的 IT 技术。这些地区拥有先进成熟的技术和完备的市场，这些给华为的技术创新提供了有力支持。

4. 构建人才体系

华为在发展初期，通过给予重用和报酬激励引进了几个关键技术人才，在新产品开发中发挥了重要作用。但一个企业的持续发展不能仅靠几个人，而必须要通过制度建设培育一大批优秀的人才队伍。其一，华为高度重视人才队伍建设，把人才视为企业最重要的资源。公司在基本法里明确指出，"追求人力资本的增值优先于财务资本的增值"。其二，通过富有竞争性的薪酬分配体系给每个员工以激励。在薪资方面采取国内更具弹性的收入分配政策，高级技术人才与国际平均水平看齐，制定了个人能力贡献与企业整体经营状况相挂钩的期权和期股政策。其三，高度重视员工培训，针对每一类岗位都设计了系列课程。全球各分支机构的员工都按照培训计划接受培训，并要通过规定的考试。华为建立了管理、专业、技术、营销等各类系统的员工任职资格标准，每个员工都有管理和专业技术双重任职晋升通道。当需要培养的管理者职位、总数确定后，华为启动管理者资源池计划，通过各级主管推荐和素质测评，将具备提升潜质的管理者纳入资源池进行预培养。其四，通过考评制度直接把市场压力迅速传递给企业的每个部门、每个流程和每项工作，最终传递给每位职工。在工作绩效评价中，无论是新产品的研发，还是销售服务，甚至内部资源共享管理都必须以用户满意为前提和最终标准。这种市场压力可以变成激励员工奋发向上，不断进取的动力。

## 第四节　搜寻型开放式创新模式及绩效实现机制

### 一　搜寻型开放式创新的特征

实施搜寻型开放式创新的企业，与外部创新主体合作的数量较多，因而新创意、新产品产生的速度和数量也相对较高。但是，企业对各创新要素开放的深度低，频率小，相互之间的关系稳定性不高。

## 二 搜寻型开放式创新的实现机制——以乐高为例

（一）案例介绍

乐高玩具公司总部位于丹麦比隆，是一家家族式私有企业。1932年，乐高的雏形诞生之时，只是丹麦一名叫克里斯蒂森（Ole Kirk Christiansen）的木匠在比隆德的小村庄里建的一个杂货铺的其中一样货品——木制的玩具。两年后，乐高拥有了现在的名字"Lego"。1949年，乐高开始生产用塑料砖块进行拼砌的玩具，从此奠定今天乐高玩具的基本形式，但真正的玩具革命，直到1955年才发生。那一年，乐高第一次提出"Play and Learn"（玩和学）的口号，倡导学习和玩耍同步进行的新型理念，1958年，乐高把砖块改良为插座形式，这成为乐高历史上的另一个里程碑，乐高从此开始以加速度迈大步前进。

乐高作为一个全球知名的企业，其教育部钻研了20多年，将积木和教学终于联系到了一起。乐高的积木全世界有名，它以非常简单的卡扣形式能将各种不同尺寸结构的积木简单地联系到一起，能将孩子甚至是大人的想法变成现实。在提供模拟儿童的创造力、想象力和学习能力的高品质产品和体验方面，它是全球的佼佼者，其产品主要通过游戏性的活动来鼓励游戏者动手、动脑创作，激发他们的兴趣，并促进团结和共同思考。发展到今天，乐高在世界范围内拥有200万会员，《财富》曾给乐高冠以"世纪玩具"的称谓。

（二）案例分析与发现

1. 建立创意平台

乐高创意平台（ideas.logo.com）是乐高集团为了收集用户创意而建立的开放式创新平台，2014年4月正式上线。在乐高创意平台中，用户可以自由注册，以及发布自己的创意——乐高模型项目，并努力争取平台中其他人的支持。在乐高创意平台中，每个用户都可以给自己喜欢的创意项目投"支持"，每个项目每人只能支持一次，但乐高并不限制每个用户的支持创意项目总数。当一个乐高模型项目的总支持人数达到10000时，就会进入乐高公司的官方评审，通过乐高评审的模型便会被生产和销售。所以前期的这个方案征集也是产品上市前的用户互动、市场调研、预热工作。目前为止，该流程已创作出十几个可用的套件，包括由女性科学家组成的模型试验室和大爆炸理论公寓。截至2017年12月，乐高创意平台已拥有超过88万注册用户，用户累计发布乐高创意模型超过24000项。

2. 建立创新生态

乐高也积极和外部合作，如MIT media lab，借助外部的研发力量缩短开发时间。而促成更大幅度的开放式创新，则不得不提到"破坏规则者"这个顾客族群。当时乐高公司与MIT合作开发的Mindstorm机器人玩具，一推出没多久，就被这类型的顾客公开程序代码，起初乐高公司暴跳如雷，但后来乐高公司选择开放平台，果然创造出更多更有创意的点子。自此之后，乐高公司便利用这类型的顾客进行新点子或机会的探索，同时也成立乐高Mindstorm的交流社群，也积极和教师共同开发课程，现在Mindstorm已经是许多学校老师教学用教材，借以启发学生更多的创意。由乐高、MIT和使用者社群共同形成了一个包含供应者、合作伙伴顾问、外围制造商和教授等的完整生态系。而乐高也借由利润共享、智财保护等配套措施完善了开放式创新。

乐高也建立了"Design by Me"的设计平台，让顾客下载软件使顾客也可将自己的创意上传到乐高的平台中，然后再经过顾客票选，胜出的概念可进入乐高的新产品开发中，最后进行商品化上市贩卖。"Design by Me"是一个利用群体智慧集结创作的平台，配合开放式创新的政策与相关的知识产权保护，让每一个人都有可能是产品设计师。乐高运用开放式的顾客共创平台，成功地缩短了产品开发时程，由原来的24个月降至9个月，同时也大大地提升了顾客的满意度。

3. 建立创新激励机制

公司各职能部门也有意识地在各自部门推行创新。比如，曾有一个团队提出公司是否可以减小产品包装盒的尺寸，这样既可以减少产品碳排放，又可以增加货架上陈列的产品数量。基于这个提议，设计师需要思考怎样把所有产品信息都放在包装盒上；制造部门则要考虑怎样改组机器来制造更小尺寸的盒子，如何让小盒子也易于打开。这样一来，所有部门都有同一个绩效标准，而各部门也最终合作成功实现了这个目标。

乐高开放式创新也有利润共享模式，并且成功应用在多个项目中。

为了保证利润共享模式的顺利完成,乐高采用了知识产权保护等配套措施。乐高创意平台从用户的创新活跃性(如用户贡献的乐高模型项目数)、社交力(如用户评论数量)和社区威望(如用户的追随者数量)三个方面对用户进行激励,奖励用户积分,同时,还对达到一定水平的用户授予相应的勋章。

# 第六章　外向型开放式创新导向与模式的匹配对企业绩效的影响

发达国家对内向型和外向型开放式创新模式的使用均较为普遍，美国90%的创新成果转化和创业项目退出都要依靠大企业的开放式创新活动来实现。加州大学汉斯商学院甚至成立开放式创新研究中心，致力于相关问题的研究与探索。开放式创新在我国企业中虽已被广泛采纳，但无论是开放程度，还是开放模式，尤其在外向型开放式创新领域，均与欧美主流企业还有较大的差距。

在当前中美贸易摩擦背景下，随着美国对华为一步步封杀，尤其谷歌公司宣布停止向华为提供安卓系统的技术支持后，外向型开放式创新中的开源项目对我国科技发展的重要影响逐渐显现。我国企业受益于开源项目，但多数仍以使用为主，只有少数企业积极主导或参与开源项目。长远来看，我国必须建立开源项目及相应的管理平台，并以更开放的方式吸引全世界的开源爱好者。事实上，外向型开放式创新不仅影响着我国创新生态环境的建立，更是"大众创新、万众创业"在资本以及创新层面实现闭环的关键因素。

在现有研究中，由于对内向型开放式创新的研究可以从创新网络、合作创新等早期提出的理论模型中获益，为开展研究提供了通用语言和方向，而且使学者在诸多理论和实证问题上达成了共识（高良谋、马文甲，2014）。然而，由于外向型开放式创新缺乏可依据的成熟的理论模型，对其研究相对较少，仅有的一些研究也只探讨了技术许可等问题。在外向型开放式创新中，不同企业为何会采用不同的模式？这一重要问题仍未回答。在实践中，采用外向型开放式创新的企业逐渐增多，且其模式呈现多样化，例如，技术出售、捐赠、免费公开、衍生新公司等。不同企业所采用的模式大相径庭，甚至同一企业在不同阶段的模式亦有差异。为回答该问题，现有研究更多地关注外向型开放式创新的外部驱动因素，但是忽略了企业自身导向的作用。企业导向选择是影响企业选择开放式创新模式的直接因素，不同导向往往导致不同模式，进而影响创新效果。因此，企业导向为回答外向型开放式创新模式差异化的问题提供了有益角度。基于此，该部分从企业导向出发，揭示其与外向型开放式创新模式的关系，以及两者的匹配对企业绩效的影响，以期为提升开放式创新企业的绩效提供参考价值。

## 第一节　理论与假设

### 一　外向型开放式创新导向对企业绩效的影响

无论是内向型开放式创新还是外向型开放式创新，它们的导向主要集中于技术和市场。开放式创新的最初意涵便是使知识有目的地流动，以促进企业技术创新。利希滕塔勒 U. 和利希滕塔勒 E.（Lichtenthaler U. & Lichtenthaler E.）（2009）认为，开放式创新是企业围绕技术知识为核心的行为，企业通过创新过程系统地进行内外部的知识开发、知识保持和知识利用。欧洲工业研究管理协会（EIRMA，2003）从企业规模出发，研究发现，大企业风险投资获取新知识和新技术是其主要目的之一，而且认为开放式创新能够加速大企业的突破式创新。另有诸多学者强调了企业开放式创新的市场导向。范德弗兰德（Vrande，2009）、波帕（Popa，2017）通过研究中小企业的创新行为发现，无论采用何种开放式创新行为，它们却有共同的导向，即市场导向，并认为开放式创新能够促进销售增长，提升市场份额。国内学者姚铮等（2013）指出了营销与技术两类关键资源在开放式创新中的影响。在关于外向型开放式创新的研究中，有学者强调，企业不仅为了获取利润和知识，实现学习效果以及通过交叉许可协议自由运营，更期望参与制定行业标准以引领行业发展（Koruna，2004）。

因此，根据现有研究，外向型开放式创新导向分为技术导向、市场导向和引领导向。技术导向是企业希望通过外向型开放式创新促进新产品或新技术开发，提升产业共性技术水平，共同形成技术产业链条。具有市场导向的外向型开放式创新企业更多关注市场机会实现，更好地服务用户，降低市场营销成本，与外部主体共同开拓市场。引领导向是企业在外向型开放式创新过程中，联合同行业者获得政府和社会资源，使企业自有技术成为行业技术标准，扩大在业内的影响，引领行业发展。

技术导向追求的是技术进步与升级，而非服务本身和市场份额。企业使内部的闲置未利用创新以技术转移或者授权等方式流出企业，对于整个行业和接受技术的企业来说，可以减少在研发活动中的时间投入，提高研发效率，加快产业共性技术水平提升和技术产业链条的形成。产业共性技术和产业链条反过来又能激发企业自身进一步创新，促进技术水平的提高。从长远来看，将会增加产业的知识存量及利用外部知识的机会，从而形成产业技术升级的良性循环（李宇等，2017）。

市场导向则以扩大市场份额为主要目标。企业在外向型开放式创新过程中，将外部的市场化渠道视为与企业内部市场化同等重要的途径，将企业的创意、技术或者产品通过外部渠道进入市场，不仅可以提升进入市场的速度，还可以扩大市场占有率。例如，企业可以通过专利许可就能够将被许可人特定的市场资源加入自己的固有市场资源中，使其专利产品或服务覆盖到本来不可能延及的市场。通常，小型以及新设的公司没有足够的市场资源，会通过授权他人销售或发行其产品，这些企业就可能进入原本完全不可能企及的地理或产品市场。

引领导向旨在提升企业所在行业的地位及整个行业的发展。大企业通常采用技术公开、技术捐赠等方式，向公众或者特定对象提供那些可以帮助建设全新的更加先进的基础架构的技术，以加速知识传播和促进创新。另外，引领导向企业会联合其他企业争取更多资源，奠定企业在行业的引领地位，以获取更大的市场。

因此，提出假设 H6-1：

H6-1：外向型开放式创新导向可以分为技术导向、市场导向和引领导向，且企业采用不同类型的导向会对企业绩效产生差异性影响。

## 二　开放式创新模式对企业绩效的影响

开放式创新的一个重要目标是整合内外部获取创新主体或者与其共同创造知识，这些创新主体通常包括消费者、社群、领先用户、供应商、大学或研究机构、创新中介以及来自其他行业的合作伙伴（Enkel & Gassmann，2010）。劳森（Laursen）和索尔特（Salter，2006）将这些组织或个人归结为市场、机构、专业部门及其他创新主体。企业在开放式创新中与他们形成了深度或者广度、正式或者非正式的网络关系。其中，深度关系可使企业充分利用现有知识和资源，广度关系可使企业探索到更多新的技术。

在两类开放式创新中，内向型开放式创新采用由外向内的流程，通过整合客户、科研机构、供应商等外部知识来源丰富企业的自身创意，它表示企业的创意或者知识并不一定完全产自企业内部。在企业实践中，协作（Coordinating）或聚合（Aggregating）便是该模式的主要方式（Elmquist et al.，2009）。达兰德（Dahlander）和江恩（Gann，2010）认为，内向型开放式创新可以通过非获利的获取（Sourcing）和获利的购买（Acquiring），前者涉及企业如何利用外部创新资源，而后者涉及从市场上购买许可和专业知识。

外向型开放式创新采用由内向外的流程，通过向市场提供知识、出售知识产权来获得利润，并通过把创意传递到外部环境来积累技术的过程。剥离、出售互补资源、捐赠互补资源、外向许可、衍生新公司、联合使用、风险投资、企业孵化以及被称为跨行业创新的自我技术在新市场的商品化等均是由内向外流程的方法（Chesbrough & Bogers，2014）。胡（Hu，2015）强调了外向许可在生物制药行业的重要性。布鲁诺（Bruno）和瓦伦蒂尼（Valentini，2016）进一步检验了内向型和外向型开放式创新的关系，但以比利时制造企业为样本并未发现二者的互补关系。

根据第五章研究，以开放式创新的广度和深度为标准，将开放式创新划分为：专业型、搜寻型和专注型三种类型。事实上，这三种类型均表示企业在开放式创新过程中与开放主体的关系选择，只是广度和深度有所不同。开放度表示企业在开放式创新中对外部开放的程度，其作为开放式创新的战略切入点，受到行业属性、企业规模、企业能力等因素的影响，它的大小直接关系到创新绩效的好坏。因此，不同的外向型开放式创新模式会产生不同的绩效。提出假设H6-2：

H6-2：不同的外向型开放式创新模式对企业绩效产生差异性影响。

### 三 外向型开放式创新导向与模式匹配对企业绩效的影响

开放式创新具有动态特征，不同企业开放式创新管理的模式与企业在创新系统中的地位以及技术发展阶段有关（Christensen，2005）。实施开放式创新，企业既获取诸多机遇，但又面临核心技术外流等风险。企业需要投入一定的资源协调机遇与风险的平衡，即立足于企业资源基础，选择正确的外向型开放式创新导向，并以相应的模式来满足，以实现绩效最大化。陈钰芬（2009）以U—A模型为基础，分析了不同产业的企业在技术创新不同阶段关键的外部创新主体，构建了开放式创新的动态模式。通过识别不同类型外部组织所拥有的关键创新资源，结合企业自身的资源拥有状况和开放导向，有助于更好地理解不同特质的企业在技术创新不同阶段与外部组织开放合作的对象及开放程度。并基于开放式技术创新强调内外创新资源互补协同的本质，结合不同外部组织所拥有的关键创新资源，企业在创新实践中，采取不同的开放模式对创新绩效的影响存在显著差异，因此认为不同特质的企业应采取不同的开放模式（陈钰芬，2013）。马文甲、高良谋（2016）探讨了企业动态能力各维度与外部开放对象匹配情况，以实现最佳创新绩效。提出假设H6-3：

H6-3：不同的外向型开放式创新导向与模式相匹配能够实现最佳企业绩效。

## 第二节 研究设计

### 一 研究量表

#### （一）外向型开放式创新导向

根据切萨布鲁夫（Chesbrough）和克劳瑟（Crowther，2006）、利希

滕塔勒 U. 和利希滕塔勒 E.（2009）对外向型开放式创新的研究，本书对技术导向的测量题项包括：促进公司新产品或新技术开发、与合作者共同形成技术产业链条、获取更多研发信息、研发产业共性技术；市场导向的测量题项包括：关注市场机会实现、更好地服务用户、降低市场营销成本、共同开拓市场；引领导向的测量题项包括：联合同行业者获得政府和社会资源、扩大在业内的影响、成为行业技术标准和带动行业发展。

（二）外向型开放式创新模式

由于外向型开放式创新模式的划分标准是开放度，因此，本书对开放度进行测量。开放度包括广度和深度，其中，广度是指企业在开放式创新过程中所有能够用于创新活动的外部资源种类的数量，深度指不同创新资源在企业开放式创新活动中的重要程度。对它们的测量均参考了劳森和索尔特（2006）等学者的测量方法。对于广度，将企业的外部创新主体分为用户、供应商、竞争者、科研机构和院校、技术中介组织、政府部门、金融机构和咨询服务机构八大类，企业在技术创新活动过程中与上述组织如果有合作关系，记为1，无合作关系则记为0，然后加总得到开放广度。对于开放深度的测量，用企业在开放式创新过程中与八类外部组织合作的重要性来反映，采用李克特7级量表进行测量，1表示非常不重要，7表示非常重要。

（三）企业绩效

企业绩效的测量来自科斯托普洛斯（Kostopoulos，2011）的研究，采用销售额、利润、市场份额、投资回报率和资产回报率等指标来衡量财务绩效，采用研发成功率、研发速度、新产品数以及专利数来测量创新绩效。

## 二 样本与数据

为检验上文提出的研究假设，我们利用大样本实证研究方法。由于外向型开放式创新涉及技术转移，本书通过全国技术转移公共服务平台、中国技术交易所获取相关企业联系方式，然后利用实地调查、电子邮件发放问卷，问卷调查的对象为企业的技术部门主管或者是高层管理者，来收集企业外向型开放式创新导向、开放度和企业绩效等变量的数据。于 2018 年 1 月至 6 月共发放了 750 份问卷，收回 419 份，回收率为 55.9%。然后按照前文所述的三个标准筛选出有效问卷 314 份，有效问卷率 41.9%。

问卷调查采用匿名的方式，对专业术语通俗话解释，使调查对象如实填写企业的情况，以避免同源偏差的影响。为进一步检验是否存在同源偏差，我们采用 Harman 单因子测试的方法，即如果一个总因子的特征值在变量中占有绝大多数协方差的比率，则表明存在显著的同源偏差。我们对测量变量的所有项目进行主因子分析，发现各个因子的特征值都大于 1，累计解释率为 67.578%，其中第一个因子的方差解释率为 19.237%，不存在单一因子和协方差比率占绝大多数的因子。因此，所收集数据不存在同源偏差问题。

## 第三节　实证研究

### 一　问卷的信度与效度分析

本书使用 SPSS19.0 软件对问卷数据进行信效度分析。通过 Cronbachs' α 系数和总相关系数（CITC）两个指标评价信度，分析发现，各变量的 Cronbachs' α 系数均大于 0.7，各题项的 CITC 均大于 0.5，说明具有较高的内部结构一致性。在 KMO 测度和 Bartlett 检验基础上，运用主成分分析法进行分析，结果显示各变量的测量具有良好的效度。其各变量的信效度值如表 6-1 所示。

表 6-1　　　　　　　变量的信效度

| 变量 | Cronbachs' α | KMO | 累计方差贡献率（%） |
| --- | --- | --- | --- |
| 创新导向 | 0.719 | 0.717 | 81.091 |
| 开放深度 | 0.816 | 0.809 | 85714 |
| 创新绩效 | 0.828 | 0.823 | 83.917 |

### 二　外向型开放式创新导向与模式对企业绩效的差异性影响

首先，采用 SPSS19.0 对外向型开放式创新导向进行聚类分析，设定聚类类别数为 3，得到各战略导向类型的样本数量，分别为 134、98 和 82，并将各个聚类类别进行描述性统计分析，如表 6-2 所示。

表 6-2　　　　　3 种导向聚类类别的描述性统计分析

|  | 聚类 1（N=134）均值 | 聚类 2（N=98）均值 | 聚类 3（N=82）均值 |
| --- | --- | --- | --- |
| 技术导向 | 4.421 | 3.146 | 2.987 |
| 市场导向 | 4.134 | 3.419 | 3.067 |
| 引领导向 | 3.905 | 3.023 | 3.294 |

如表 6-2 中显示的均值所示，聚类 1 中的企业在 3 种导向中技术导向得分最高，因此，相对于市场和引领导向，该类企业更注重技术，于是将聚类 1 中的企业命名为技术导向型企业。同理，聚类 2 为市场导向型企业，聚类 3 为引领导向型企业。

为了检验 3 种导向在企业绩效上是否具有显著性差异，统计 3 种导向型企业中财务绩效和创新绩效的平均数，并进行 T 检验，结果如表 6-3、表 6-4 所示。

表 6-3　　　　　不同导向与财务绩效的 T 检验

|  | T 检验 |  | t | Sig.（双侧） |
| --- | --- | --- | --- | --- |
| 财务绩效 | 技术导向型企业与市场导向型企业 | 假设方差相等 | -4.037 | *** |
|  | 技术导向型企业与引领导向型企业 | 假设方差相等 | -3.874 | *** |
|  | 市场导向型企业与引领导向型企业 | 假设方差相等 | 2.106 | ** |

注：*** 表示 $p<0.01$；** 表示 $p<0.05$；* 表示 $p<0.1$。

表 6-4　　　　　不同导向与创新绩效的 T 检验

|  | T 检验 |  | t | Sig.（双侧） |
| --- | --- | --- | --- | --- |
| 创新绩效 | 技术导向型企业与市场导向型企业 | 假设方差相等 | 3.429 | *** |
|  | 技术导向型企业与引领导向型企业 | 假设方差相等 | 3.134 | *** |
|  | 市场导向型企业与引领导向型企业 | 假设方差相等 | -2.336 | ** |

注：*** 表示 $p<0.01$；** 表示 $p<0.05$；* 表示 $p<0.1$。

由表 6-3 与表 6-4 的 T 检验结果可知，在财务绩效方面，市场导向型企业比技术导向型及引领导向型企业更能获得较高的财务绩效，引领导向型企业比技术导向型企业更能获得较高的财务绩效。在创新绩效方面，技术导向型企业比市场导向型和引领导向型企业更能获得较高的创新绩效，引领导向型企业比市场导向型企业更能获得较高的创新绩效。

综上所述，外向型开放式创新导向可以分为技术导向、市场导向和引领导向，且不同的导向会对企业绩效产生差异性影响，即 H6-1 得到验证。采用相同的方法，我们检验了外向型开放式创新模式对企业绩效的影响，专业型（N=92）、专注型（N=119）和搜寻型（N=103）模式对企业绩效有差异性影响，H6-2 得以验证。

### 三 外向型开放式创新导向与模式的匹配对企业绩效的影响

为探讨外向型开放式创新导向与模式的匹配对企业绩效的影响，我们在导向的聚类分析基础上，统计外向型开放式创新广度和深度的均值，以匹配对应的模式，如表 6-5 所示。

表 6-5　　　　　3 种导向聚类类别的模式和企业绩效

|  | 广度 | 深度 | 财务绩效 | 创新绩效 |
|---|---|---|---|---|
| 技术导向 | 3.137 | 5.066 | 3.146 | 4.723 |
| 市场导向 | 4.793 | 2.914 | 4.419 | 3.269 |
| 引领导向 | 4.605 | 4.527 | 3.643 | 4.137 |

在三种外向型开放式创新导向中，技术导向型企业对应的开放广度均值最小（3.137）、深度均值最大（5.066），为专注型模式；市场导向型企业对应的广度均值最大（4.793）、深度均值最小（2.914），为搜寻型模式；引领导向的广度和深度均值都较大（4.605、4.527），对应专业型模式。可见，技术导向与专注型模式匹配能够实现最佳绩效，同样，市场导向与搜寻型模式相匹配，引领导向与专业型模式相匹配，即假设 H6-3 得到验证。

为了进一步检验导向与模式的匹配关系，再以模式的聚类为基础，分析其对应的外向型开放式创新导向及财务绩效和创新绩效情况，如表

6-6所示。

表6-6    3种模式对应的导向和企业绩效

|  | 技术导向 | 市场导向 | 引领导向 | 财务绩效 | 创新绩效 |
| --- | --- | --- | --- | --- | --- |
| 专注型 | **5.223** | 3.872 | 4.207 | 3.466 | 4.835 |
| 搜寻型 | 4.043 | **4.679** | 4.245 | 4.363 | 3.776 |
| 专业型 | 4.772 | 4.489 | **5.033** | 3.842 | 4.205 |

在三种外向型开放式创新模式中，专注型企业在技术导向这一因子上的均值最大（5.223），而在市场导向和引领导向因子上的均值较小。此类企业以技术创新为外向型开放式创新的导向，追求企业或产业的技术进步与升级，更专注少数几个外部创新主体，且开放程度较深，因此能够获得较好的创新绩效。搜寻型企业在市场导向因子上的均值最大（4.679），此类企业以进入新市场或扩大现有市场份额为目标，因而会对较多的外部主体进行开放，但是开放的深度较低，主要限于在市场渠道领域，所以能够获得较好的财务绩效。专业型企业在引领导向上的均值最大（5.033），此类企业追求行业的领先地位，且能够处理多主体间的频繁合作带来的复杂性问题，因此财务绩效和创新绩效均相对较好。

## 第四节 研究发现及启示

该部分针对外向型开放式创新导向和模式的匹配及其对企业绩效的影响，通过选择314家企业作为研究样本，对所提出的理论假设进行了检验，研究发现，不同的外向型开放式创新导向和模式均会产生差异性的企业绩效。其中，市场导向和搜寻型模式更能获得较高的财务绩效，技术导向和专注型模式更能获得较高的创新绩效，引领导向与专业型模式的财务绩效和创新绩效均介于两者之间。同时发现，外向型开放式创新导向与模式的匹配可以实现最佳企业绩效。技术导向与专注型模式相匹配，能够实现最佳的企业绩效。同样，市场导向和搜寻型模式相匹配，引领导向与专业模式相匹配，以使企业财务绩效或创新绩效最大化。

通过以上分析，笔者认为本书的理论意义主要体现在三个方面：

首先，明晰了外向型开放式创新导向与企业绩效的关系。在现有关于开放式创新的研究中，明确了开放式创新导向与创新绩效的正向关系（于淼，2017），但是未能探索外向型开放式创新导向的类别及其与创新绩效的关系。本书首先将外向型开放式创新导向分为技术导向、市场导向和引领导向，检验了各导向对企业绩效的正向影响，并发现不同导向会对企业绩效产生差异性影响，进一步丰富了开放式创新的相关研究。

其次，厘清了外向型开放式创新模式对企业绩效的影响。在关于开放式创新的研究中，更多聚焦于内向型和外向型两类开放式创新模式对企业绩效的影响，有部分研究分析了专利许可对财务绩效的提升作用。本书全面划分了外向型开放式创新模式，且分析了每种模式对创新绩效和财务绩效的影响，弥补了已有研究的不足。

最后，解释了外向型开放式创新导向和模式的匹配关系，从而得到较为系统的企业绩效影响模型。已有研究探索了与企业特质相匹配的开放式创新模式，本书继而以企业绩效为出发点，探索了与外向型开放式创新导向相匹配的模式，进一步丰富了开放式创新提升企业绩效的相关研究。

但是，本章也存在一些不足之处：开放式创新模式的选择属于企业层面的战略决策，受到多种因素的影响，而本书未能将其纳入考察范围；外向型开放式创新导向和模式均会随企业的发展而动态演化，从动态视角分析两者的演化过程也是本书没有涉及的。这些内容将是我们之后进一步研究的方向。

通过以上研究结论与发现，该部分针对企业实践提供的启示有：

首先，制定明确的外向型开放式创新导向。创新导向是企业进一步选择创新行为的前提，企业应根据自身的资源和能力基础，选择技术导向、市场导向或者引领导向。若重视市场绩效，可选择市场导向以及与之对应的模式，如技术出让、专利授权等。若重视创新绩效，则应选择技术导向。企业在开放式创新中，通常会兼有技术导向和市场导向，要兼顾创新绩效和财务绩效，企业必须平衡这两类导向之间的关系，综合研判内外部环境有选择地倾向和融合战略导向才有助于企业长期发展。

其次，在一定程度上提升外向型开放式创新的水平。无论是外向型开放式创新导向，还是模式，均对企业绩效有一定的正向影响。因此，企业在不足以泄露自身核心技术的前提下，可以适当提升对外开放的深度或者广度，以企业的外向型开放式创新导向为依据，选择相应的模式，从而提升企业绩效。例如，IBM公司将前沿技术以外的其他专利技术积极许可他人使用，年研发投入近60亿美元，可获得12亿美元的授权收入，丰厚的专利许可收入又可以反哺研发，形成良性循环。

最后，重视外向型开放式创新模式与导向的匹配。在实证检验中发现，两者的匹配可以实现企业绩效最大化。因此，企业若以技术为导向，通常与科研机构和院校以及同行业者合作较为紧密，应采用专注型模式，提高开放的深度而降低开放的广度，建立深度合作与知识转移的机制。在向开放对象输出自己创意和技术的同时，更需要注重内外部知识的互动，推动技术升级。市场导向型的企业应采用搜寻型模式，探索更多的合作渠道，扩大开放广度，尤其对于新设公司或者小型公司，更需借助外部的营销渠道扩大产品市场，亦可将企业暂时闲置的技术通过外向许可等方式变现或者进入新市场。而引领导向型企业应采用专业型模式，选取较高的开放广度和深度，不仅在技术领域实现引领，还需在管理等多个方面做到示范作用。既要带动行业联盟或者行业协会等组织发展，同时需要与政府机构、金融组织等开放对象建立合作机制，以为本行业发展争取更多的外部资源。

# 第七章 动态能力对开放度与创新绩效关系的影响

## 第一节 动态能力的维度剖析

动态能力这一概念已经提出近20年,在企业界和学术界都受到了普遍的关注,并从内涵、维度以及对组织绩效的影响等方面进行了多视角、多层面的研究,推动了动态能力理论的发展。但是,其中仍有诸多领域没有形成统一认识,特别是对动态能力的维度和内容一直没有形成定论,这给动态能力理论的发展以及企业实践均带来了局限性。在理论上造成了研究的混乱,在企业实践中造成了构建动态能力方式的不确定,以致其难以指导企业实践。因此,有必要明晰动态能力的维度和内容。

从已有研究可知,动态能力不是单一维度,而是由多维度构成。本书根据罗珉、刘永俊(2009)研究中采用的价值竞争法,将动态能力分为感知能力、吸收能力、整合能力和关系能力四个维度(四个维度的代表学者如表7-1所示)。

表7-1 动态能力的维度

| 维度 | 代表学者 |
| --- | --- |
| 感知能力 | 王和阿麦德,2007;蒂斯,2007;霍和蔡,2006;帕夫洛,2004 |
| 吸收能力 | 王和阿麦德,2007;蒂斯,2007;佩特斯等,2007;霍和蔡,2006;帕夫洛,2004 |

续表

| 维度 | 代表学者 |
| --- | --- |
| 整合能力 | 佩特斯等，2007；蒂斯，2007；王和阿麦德，2007；霍和蔡，2006；帕夫洛，2004 |
| 关系能力 | 佩特斯等，2007；王和阿麦德，2007；霍和蔡，2006 |

资料来源：笔者整理。

## 一　感知能力

感知能力是指企业感知内外部环境中出现的机会和威胁，分析环境的变化，特别是注重市场的变化，以市场为导向，了解顾客需求的变化。企业的感知能力需要不断扫描、搜索并分析企业所处环境的变化，以为企业做出反应提供依据（Pavlou，2004；Teece，2007；Wang & Ahmed，2007）。

感知能力是动态能力的首要构成要素。德鲁克认为，感知外部环境中的机会需要企业持续不断地搜索，虽然环境变化需要企业做出相应的反应，但是环境变化产生了许多机会，因此企业应该在环境变化中感知机会。

感知能力除了包括对环境的搜寻，还包括企业家对环境中机会和威胁的感知，学者柯兹纳（Kirzner，1973）将这种感知过程视为机会的发现程序（Discovery Procedure）。企业家对机会的感知与识别对企业的竞争优势有直接影响。由此可见，对机会的感知不仅是企业家所需具备的重要能力，而且是动态能力的重要内容，但是沙内（Shane，2000）认为，由于机会出现在变化的环境中往往是潜在的，需要企业具有较强的辨析能力，更需要企业家凭借过往的（Prior Knowledge and Experience）对潜在的机会显现化。

感知能力以市场为导向，它在企业的具体体现为：对市场中消费者需求变动的辨别，对企业环境的敏捷反应，将环境变化转化为企业机会，挖掘潜在的机会能力。因此，感知能力成为了超竞争环境中的关键生存能力（Zahra & George，2002）。王（Wang）和阿瑟德（Ahmed，2007）在解析动态能力的内容时认为，感知能力是随着组织演变的规律形成的，它应用于企业的战略制定与执行之中，不仅强调对外部机会的甄别和挖掘，也强调对机会的资本化过程，以实现机会的价值。基于对环境的反应，他们认为，感知能力越高，企业动态能力则越高。帕夫洛（Pavlou，2004）在研究动态能力作为资源重构（Resource Reconfigurability）过程的同时认为，资源重构要求企业具备敏捷的速度来对环境做出反应，而对企业家来说要有感知机会、了解市场变化的能力。只有做到这方面的提升，企业才有可能充分利用动态能力改善组织绩效。蒂斯（Teece，2007）则更为详尽地解释了组织绩效的来源，他认为，组织绩效不仅来自对科学技术知识的把握，还来自企业家对市场的感知。可见，感知能力是动态能力的重要内容，对提升组织具有促进作用。

## 二 吸收能力

对外部知识的吸收是一个阶段过程，组织的吸收能力通常指在识别外部有价值知识的基础上，然后对其吸收并利用开发的能力（Cohen & Levinthal，1990；Teece et al.，1997；Pavlou，2004；Pettus et al.，2007；Teece，2007；Wang & Ahmed，2007）。这个过程包括对知识的获取、吸纳、转化和开发利用。

动态能力的产生需要建立在关键资源基础之上，吸收能力的第一阶段便强调对外部知识的获取，通过获取知识，然后企业对它们进行吸纳和转化，最后形成企业所专用的知识（Wang & Ahmed，2007），特别是在快速变化的环境中，企业尤其需要形成更多的新知识（Eisenhardt & Martin，2000），并把它们应用到技术研发、产品改善、生产工艺提升等领域。可见，吸收能力对企业的创新活动有重要意义。

从组织学习的角度来看，动态能力的形成与实现需要企业的学习，而吸收能力从获取、吸纳、转化到利用外部知识的过程正是一个学习的过程，吸收能力也就是学习能力的体现（Zollo & Winter，2002）。吸收能力实现的过程需要突破自身和外部知识源的组织边界，促进知识的流动，增加了各方相互学习的机会，更为重要的是使企业家的信息认知（Information – Cognition）得以提高，这种认知反过来又可以促进吸收能力的实现以及组织学习程度的增强。

## 三 整合能力

整合能力是指企业为适应动态的环境，通过内外部资源的输入，以及企业间和企业内部各部门间的协调,将不同的资源进行重新组合的能力,从个体层面的知识组合为整体层面的价值。

随着企业跨区域、全球化的经营,企业将向分布于不同地区的供应商、用户、制造商等纵向和横向组织获取生产和市场信息,加之知识流动的途径增多,信息技术的发展提供了知识交流的技术支持,企业为应对多变的市场和其他情境,从纵向和横向两个方向整合信息资源已经成为必然。要有效管理企业与它们的合作活动,企业不仅要协调好内部的各部门之间的活动,而且更要建立企业间的沟通渠道,管理好它们直接的关系。企业利用这种跨部门、跨组织的方式整合各类资源,在整合过程中整合能力成为成功与否的关键,它成为企业竞争优势的来源之一。可见,整合能力对企业绩效有促进作用。

艾森哈特(Eisenhardt)和马丁(Martin,2000)认为,动态能力的实质就是对各类资源的整合与重构,以实现资源的重新调整,避免组织僵化,以响应外部环境的变化。佐特(Zott,2003)将组织的经验活动视为一种流程,而动态能力则是发生于流程之内的能力,不仅强调资源的整合,也重视时间上的效率,以求在最短时间内用整合的方式为企业赢得竞争优势。所以,整合能力是动态能力的重要内容。

### 四 关系能力

关系能力是指企业协调与外部合作者(包括顾客、政府部门、供应商、中介组织等)的相互关系,以适应高速变化的环境的能力。上述组织构成了企业所在网络的主要内容,它们之间关系的变化也是导致企业环境变化的重要因素,所以协调好与它们的关系也决定了企业能否应对环境的变化。当关系发生变化时,企业就必须做出相应的措施进行调整。基于社会网络理论来分析,关系能力重在强调企业家在社会网络中的作用,指出企业家为企业嵌入于网络之中,增加获取信息和资源的方式与渠道。因此,关系能力在动态环境中是至关重要的。诸多案例也从不同角度证实了这一观点,如戴尔公司以其独特的关系管理模式造就了良好的绩效。戴尔不断完善其供应链系统,建立包括信息搜寻、采购、生产以及顾客在内的关系管理体系。其中,戴尔可以与供应商共同分享库存情况、产品质量情况等信息,用户可以通过网站对产品的生产和配送过程进行监控,并可以对其产品质量和服务进行评价。

从动态能力理论来看,当生产企业达到一定规模往往采用分布于不同地区的模块化生产企业的作用,它们可以为核心企业提供辅助能力(Ancillary Capabilities),所以企业具备良好的关系管理能力实现多区域的采购、生产和营销,帮助企业获取辅助资源。在模块化生产过程中,纵向的组织成为模块化的要素,形成了专业化经济(Eeconomies of Specialization)的效益,横向的合作延伸了网络的范围,为获取更多的资源和技术提供了机会。在这种情境下,若缺乏必要的关系能力则无法实现模块化,及时应对环境变化也将无从谈起。

而在开放式创新下,企业与外部合作者的关系变得更为复杂,它们之间除了按照市场逻辑进行的经济交往以外,还嵌入了伦理道德、爱好、习俗等,而且合作者也会经常出现产权纠纷、"搭便车"等问题,这给传统的关系管理方式带来了挑战,需要企业在新环境下探索新的管理方式,以提升其关系能力。

## 第二节 研究假设

动态能力是企业竞争优势的来源,它持续创造并维持这种优势的存在。动态能力利用包括特殊的技能、流程、程序、组织结构、决策规则和纪律在内的微观基础促使企业的机会感知、利用和重构能力增强。而且,动态能力强调的是整合和重构企业内外部资源,以应对快速变化的复杂外部环境,这与开放式创新的理念相一致。由于其强调开拓与开放,将焦点放在创新的开拓动力上,因此它推动企业保持较强的创新动力,并以开放的形式开展技术创新活动。

此外,从动态能力的内容来看,它包括感知能力、关系能力、吸收能力和整合能力。其中,感知能力强调对环境变化的洞察,了解市场的需求,寻找市场的新机遇;关系能力主要协调与外部各合作主体之间的关系;企业通过吸收能力获取外部资源,将所获取资源转化为创新绩效;整合能力强调对内外部各类资源的重新组合,是企业资源结构、优化配置的基础。可见,动态能力能够使企业快速洞察环境变化并迅速地获取、内化所需资源,从而有效地整合内外部资源来开展创新活动,具有较强动态能力的企业通常会有较高的开放式创新绩效。利希滕塔勒（Lichtenthaler U.，2008a）通过对欧洲 154 个大中型企业集团的问卷调查，将开放式创新的方法总结为依赖企业的动态能力，通过创新过程中的技术获取和技术开发实现主要的技术管理任务。利希滕塔勒 U. 和利希滕塔勒 E.（2010）以知识为基础研究了两者的关系，他们认为，开放式创新过程中作为企业管理内外部知识的重要能力的一系列知识能力，实际上是一种二维的动态能力。

据此，提出本书的研究假设 H7-1：

H7-1：动态能力对开放度和创新绩效之间的关系具有正向调节作用。

## 第三节 变量选择与测量

根据蒂斯（2007）、罗珉和刘永俊（2009）等学者的研究，对动态能力的感知能力、吸收能力、整合能力和关系能力四个维度进行测量。其中，感知能力用识别市场机会、引导内部创新、引导外部创新和引导相关技术发展等题项来测量；吸收能力采用弗拉滕（Flatten）等（2011）开发的关于吸收消化能力的量表；关系能力维度包括构建合作关系、建立正式契约、建立信任和协调沟通；整合能力维度同样根据 Flatten 等（2011）的研究进行测量。各题项具体内容如表 7-2 所示。

表 7-2　　　　　　　动态能力的测量题项和依据

| 变量 | 题项内容 | 依据或来源 |
| --- | --- | --- |
| 动态能力 | 1. 公司能够正确指导内部研发和选择新技术 | 蒂斯（2007）；罗珉、刘永俊（2009）；弗拉滕等（2011）；沃尔特等（2006） |
| | 2. 公司能够引导供应商和互补者进行创新 | |
| | 3. 公司能够引导相关科学和技术发展 | |
| | 4. 公司能够识别细分市场、变化中的顾客需求，并指导用户创新 | |
| | 5. 在公司内，跨部门交流创意和概念 | |

续表

| 变量 | 题项内容 | 依据或来源 |
|---|---|---|
| 动态能力 | 6. 公司的管理为解决问题而强调跨部门的支持 | |
| | 7. 公司的信息是快速流动的 | |
| | 8. 公司定期举行跨部门会议来交流新的进展、问题和成就 | |
| | 9. 公司有能力与创新伙伴构建良好的合作关系 | |
| | 10. 公司与创新伙伴之间有正式的制度或契约来约束各方行为 | |
| | 11. 公司能够建立与创新伙伴之间的相互信任 | |
| | 12. 公司能够有效地与创新伙伴协调沟通 | |

## 第四节 数据分析

### 一 信度分析

表 7-3　　　　　动态能力信度分析结果

| 题项 | CITC 系数 | Cronbach's α 系数 |
|---|---|---|
| DC1 | 0.852 | |
| DC2 | 0.848 | |
| DC3 | 0.846 | |
| DC4 | 0.853 | |
| DC5 | 0.759 | |
| DC6 | 0.775 | |
| DC7 | 0.705 | |
| DC8 | 0.752 | 0.967 |
| DC9 | 0.808 | |
| DC10 | 0.799 | |
| DC11 | 0.799 | |
| DC12 | 0.768 | |
| DC13 | 0.811 | |
| DC14 | 0.768 | |
| DC15 | 0.853 | |
| DC16 | 0.759 | |

由表7-3可见，动态能力信度分析的CITC系数均大于0.35，而其Cronbach's α系数为0.967，大于0.7，因此，动态能力的量表信度良好。

## 二 效度分析

如表7-4所示，动态能力的KMO值为0.932，大于0.7；Bartlett检验的P值显著，说明适合做因子分析。

表7-4　　　　　动态能力的KMO与Bartlett检验结果

| | KMO值 | 0.932 |
|---|---|---|
| Bartlett球体检验 | 近似卡方值 | 3413.388 |
| | 自由度df | 66 |
| | 显著性检验Sig. | 0 |

通过因子分析，共提出4个因子（见表7-5）。所选的4个因子的特征根解释的方差累积比例（Cumulative% of variance）为86.962%，大于70%。每个测量题项的因子负载（Loading）均大于0.7，因此动态能力测量题项的效度符合要求。而且4个因子分别对应于动态能力的感知能力、吸收能力、整合能力和关系能力。

表7-5　　　　　动态能力因子旋转后矩阵

| 题项 | 因子 | | | |
|---|---|---|---|---|
| | 1 | 2 | 3 | 4 |
| DC1 | 0.837 | | | |
| DC2 | 0.832 | | | |
| DC3 | 0.844 | | | |
| DC4 | 0.833 | | | |
| DC5 | | 0.827 | | |
| DC6 | | 0.840 | | |
| DC7 | | 0.798 | | |
| DC8 | | 0.851 | | |

续表

| 题项 | 因子 | | | |
|---|---|---|---|---|
| | 1 | 2 | 3 | 4 |
| DC9 | | | 0.781 | |
| DC10 | | | 0.815 | |
| DC11 | | | 0.856 | |
| DC12 | | | 0.809 | |
| DC13 | | | | 0.821 |
| DC14 | | | | 0.786 |
| DC15 | | | | 0.794 |
| DC16 | | | | 0.823 |

### 三 回归分析

为检验上文提出的假设，本书采用多元回归分析，建立了4个模型：模型1是控制变量对创新绩效的回归模型；模型2在模型1的基础上添加了开放广度和开放深度；模型3在模型1的基础上添加了开放广度的平方项和开放深度的平方项。模型4是控制变量、开放度的平方项对创新绩效的主效应模型；模型5是加入交互效应后的全效应模型。回归结果如表7-6所示。

表7-6 动态能力、开放度与创新绩效关系的回归模型

| 变量 | 创新绩效 | | | | |
|---|---|---|---|---|---|
| | 模型1 | 模型2 | 模型3 | 模型4 | 模型5 |
| 企业年龄 | 0.370*** | 0.211*** | 0.144* | 0.146* | 0.112* |
| 企业规模 | 0.418*** | 0.145** | 0.213*** | 0.212*** | 0.183** |
| 所属行业 | 0.067 | 0.009 | 0.007 | 0.006 | 0.004 |
| 开放广度 | | 0.435*** | | | |
| 开放深度 | | 0.209*** | | | |
| (开放广度)$^2$ | | | 0.468*** | 0.360*** | 0.204*** |
| (开放深度)$^2$ | | | -0.206*** | -0.183** | -0.141* |
| 动态能力 | | | | 0.162** | 0.116* |
| (开放广度)$^2$ × 动态能力 | | | | | 0.154** |

续表

| 变量 | 创新绩效 | | | | |
|---|---|---|---|---|---|
| | 模型1 | 模型2 | 模型3 | 模型4 | 模型5 |
| （开放深度）$^2$×动态能力 | | | | | 0.117* |
| $R^2$ | 0.502 | 0.695 | 0.699 | 0.682 | 0.716 |
| 调整后 $R^2$ | 0.494 | 0.687 | 0.691 | 0.673 | 0.704 |
| F | 67.815*** | 91.170*** | 92.809*** | 91.682*** | 93.142*** |

注：*表示 $P<0.1$；**表示 $P<0.05$；***表示 $P<0.01$。

模型1、模型2、模型3分别检验了控制变量、开放度和创新绩效的关系。

模型4显示自变量开放度的平方项和动态能力对创新绩效的主效应，其中动态能力对创新绩效有显著的正向影响（$\beta=0.162$，$P<0.05$）。

模型5加入交互项后解释力有了提高（$R^2=0.716$，$P<0.01$），且交叉项的系数为正（$\beta=0.154$，$P<0.05$；$\beta=0.117$，$P<0.1$），说明动态能力正向调节开放度和创新绩效的关系，假设7-1得到验证。为进一步探索动态能力、开放度和创新绩效的关系，本书利用交互图形来做分析（见图7-1、图7-2）。

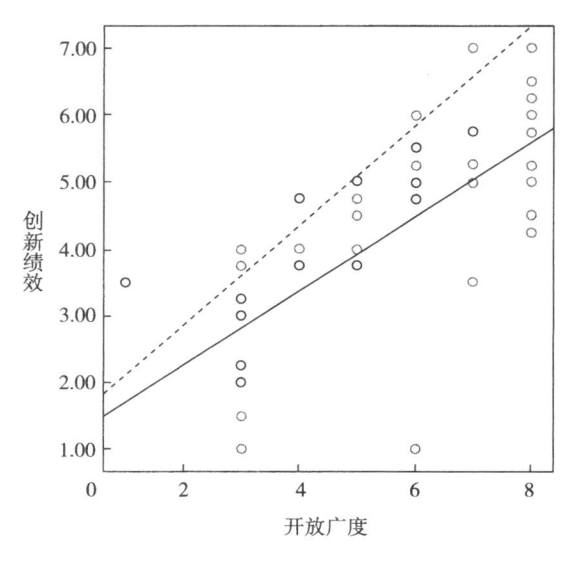

图7-1 动态能力对开放广度与创新绩效关系的调节作用

图7-1显示了动态能力和开放广度对创新绩效的调节作用。从中可以看出，开放广度与创新绩效呈正相关关系，而且，虚线（代表高动态能力）斜率大于实线（代表低动态能力）斜率，这说明，动态能力越强，开放广度对创新绩效的作用越明显。

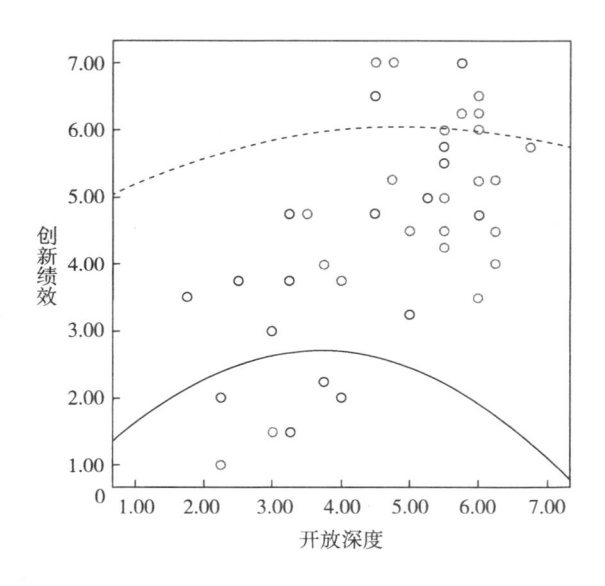

**图7-2　动态能力对开放深度与创新绩效关系的调节作用**

图7-2显示了动态能力和开放深度对创新绩效的调节作用。从中可以看出，无论是高动态能力（虚线表示）还是低动态能力（实线表示）下，开放深度与创新绩效均呈倒"U"形关系。但是，低动态能力下，倒"U"形的下降部分切线斜率的绝对值较大，说明创新绩效受开放深度负面作用大导致其降低迅速；而在高动态能力下，倒"U"形变得平缓，表明动态能力能够降低开放深度对创新绩效的消极作用。

为探讨企业动态能力各维度与外部开放对象匹配的情况，结合对企业八类开放对象进行探索性因子分析得出三大类，即"技术类组织""市场类组织""服务类组织"。进而采用聚类分析法，以上述三大类开放对象的重要性作为聚类依据，将样本企业分成了对应的三类。这三类企业对应的动态能力和创新绩效的均值如表7-7所示。

表 7-7　　　　　　　三类企业对应的动态能力和创新绩效

| 类别 | 感知能力 | 吸收能力 | 整合能力 | 关系能力 | 创新绩效 |
| --- | --- | --- | --- | --- | --- |
| 类别一 | 3.852 | **4.616** | **4.442** | 3.768 | 5.408 |
| 类别二 | 4.427 | 3.864 | 4.232 | **5.163** | 5.062 |
| 类别三 | **4.566** | 4.133 | 4.022 | 3.668 | 4.884 |

第一类企业主要对科研机构和院校、技术中介等研究组织开放，它们的吸收能力和整合能力较强，均值分别为 4.616 和 4.442，表明在开放式创新过程中，和研究型组织合作尤其需要这两种能力以获取较高的创新绩效。第二类企业主要对政府部门、金融和咨询机构等服务组织开放，关系能力的均值为 5.163，相对于动态能力其他维度较高。第三类企业主要对客户、供应商和竞争者等市场组织开放，他们的感知能力较高，均值为 4.566。这表明，对市场组织开放需要关系能力和感知能力。

从以上分析可以看出，动态能力能够降低开放式创新的负面影响，而且在不同的动态能力下，开放度对创新绩效的影响是不同的。虽然利希滕塔勒 U.（2008a，2008b）等学者强调了动态能力在开放式创新中的重要性，但是没有给出具体的关系路径，而本书展现了更为详尽的结果：动态能力越强，开放度对创新绩效的正向作用越显著，而且开放深度过大的负面效应越能够得以降低。因此，企业在开放式创新过程中应充分发挥动态能力的效力，进而更有效地提升创新绩效。就具体的开放对象而言，企业主要的开放对象不同，重点发展的动态能力也有所差异。以研究组织为主要开放对象的企业，能够获取领先的技术知识，此时企业应重点发展吸收能力和整合能力，将获取的知识内化并与内部知识整合以转化为创新。以服务组织为主要开放对象的企业，面对复杂的合作关系，需要协调多主体的利益关系，使其在高度动态的市场中服务于企业的创新活动，维持开放式创新的稳定性与持久性，因此应重点发展关系能力。以市场组织为主要开放对象的企业，需要从顾客、竞争者等组织那里感知环境和顾客的需要变化，从中识别威胁和机会，以提升企业对市场的响应速度，因而应重视感知能力的作用。

# 第八章 开放度与动态能力的协同演变

尽管现有研究理论上探讨了开放式创新和动态能力的联系，但是，它们没有认识到开放式创新是一个动态过程，亦没有回答在企业不同的开放阶段需要何种动态能力，即动态能力根据开放式创新动态变化如何演变。因此，本章聚焦于动态能力在开放式创新过程中的演变，重点研究其演变路径，并构建演变的过程模型。本章将以沈阳机床为例，从其管理实践活动中归纳与提炼开放式创新与动态能力的理论关系。从本案例中所挖掘的企业创新实践及发展模式对我国企业提升创新水平、增强竞争优势均会有积极的意义。

## 第一节 研究设计与方法

### 一 研究方法

本部分旨在研究开放式创新与动态能力的动态关系，探索性案例研究适合本问题的分析，因此，采用案例研究方法进行探索。案例选取方面，继续选用沈阳机床这一典型案例。

### 二 数据来源

本书重点介绍沈阳机床 1995 年以来的开放式创新情况。为了提高研究的信度和效度，研究采用三角测量法，从多个信息源获取信息。通过二手资料和一手资料采集两种方式整理成案例分析的原始数据。二手资料收集方法包括：①通过 CNKI 网站，检索题目中含有"沈阳机床"

的文章；②外界出版的有关沈阳机床的书籍和杂志。一手资料主要通过与沈阳机床的 3 位管理者进行深度访谈获取。3 位管理者在该企业的平均工作年限为 12 年，对企业创新历程和公司战略非常了解。

### 三 数据分析与编码

本书数据分析的目的在于从大量的定性数据中提炼出开放式创新过程中动态能力的主题。这一过程类似定量数据研究中的因子分析。研究采用扎根理论对所收集资料进行编码分析，对沈阳机床开放式创新的四个过程分别采用了开放性译码、主轴译码（编码示例如表 8-1 所示）。

表 8-1　　　　　　　　　　编码示例

| 阶段 | 典型引例 | 初始范畴 | 主范畴 |
|---|---|---|---|
| 阶段一 | 引进之前必须先了解国内需求，然后搜索国外技术情况，以保证技术与需求匹配 | 技术搜索 | 吸收能力 |
| | 在有目标技术之后，想办法引进这些技术 | 技术获取 | |
| | 引进技术后，会抽出一批技术人员进行培训学习，以能够充分掌握该技术 | 技术消化 | |
| 阶段二 | 通过与外部的合作，互补利用资源。这样可以充分利用多方资源，并且在这些资源的基础上进行了扩充、改进和发展 | 资源整合 | 整合能力 |
| 阶段三 | 为共同开发技术，其他企业、高校进行合作 | 关系形成 | 关系能力 |
| | 在合作过程中也会出现不少问题，需要有充分的沟通、协调 | 关系管理 | |
| 阶段四 | 数控系统、功能部件的"短板问题"表现得越来越突出 | 识别问题 | 感知能力 |
| | 控制经销商和供应商、客户和投资者的问题是，虽然生产规模上去了，但是销售盈利却不高 | 识别问题 | |
| | 输出管理、输出技术和输出经营资格的拥有，使企业乃至行业在持续、健康和快速成长进程中占据主动 | 识别机会 | |
| | 用户购买机床的最终目的是在产品加工中降低成本、提高效率，只有为它们提供服务才能满足用户的需求，做好存量市场 | 识别机会 | |

资料来源：笔者整理。

## 第二节 案例对象背景

根据沈阳机床开放式创新历程中的明显变化,并结合我们的调研访谈,大致可以将其历程分为学习引进、并购重组、共同研发和代工生产四个阶段,各阶段重要事件如图8-1所示。

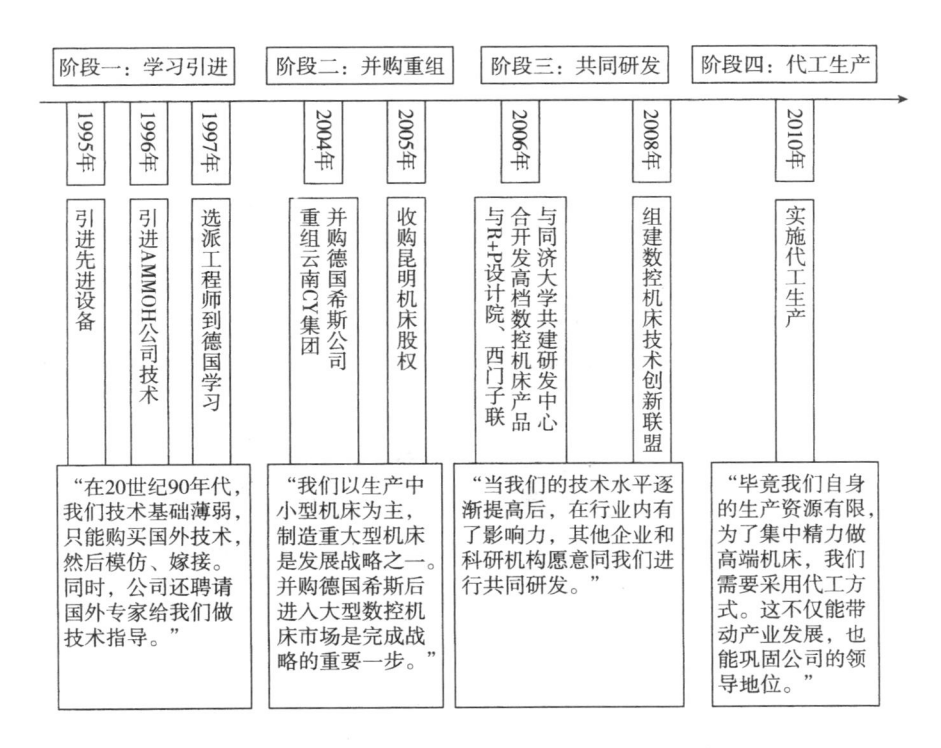

| 阶段一:学习引进 | | | 阶段二:并购重组 | | 阶段三:共同研发 | | 阶段四:代工生产 |
|---|---|---|---|---|---|---|---|
| 1995年 | 1996年 | 1997年 | 2004年 | 2005年 | 2006年 | 2008年 | 2010年 |
| 引进先进设备 | 引进AMMOH公司技术 | 选派工程师到德国学习 | 并购德国希斯公司重组云南CY集团 | 收购昆明机床股权 | 与同济大学共建研发中心合开发高档数控机床产品与R+P设计院、西门子联合 | 组建数控机床技术创新联盟 | 实施代工生产 |
| "在20世纪90年代,我们技术基础薄弱,只能购买国外技术,然后模仿、嫁接。同时,公司还聘请国外专家给我们做技术指导。" | | | "我们以生产中小型机床为主,制造重大型机床是发展战略之一。并购德国希斯后进入大型数控机床市场是完成战略的重要一步。" | | "当我们的技术水平逐渐提高后,在行业内有了影响力,其他企业和科研机构愿意同我们进行共同研发。" | | "毕竟我们自身的生产资源有限,为了集中精力做高端机床,我们需要采用代工方式。这不仅能带动产业发展,也能巩固公司的领导地位。" |

**图 8 -1 沈阳机床开放式创新中的重要事件**

### 一 阶段一:学习引进

由于机床行业的发展水平是衡量一个国家制造业水平和工业现代化程度的重要指标,也是衡量国家综合竞争力的重要指标,作为工业母机的机床,其发展情况对于整个工业来说都是举足轻重的。在20世纪90年代,国外对中国仍然有一定的技术封锁,中国机床行业处于模仿、引进和技术"嫁接"阶段,只有很少的联合设计。沈阳机床亦是如此,使公司在技术创新方面与外部合作的程度较低。

沈阳机床在1997—1998年，相继派遣30余名技术人员历时半年到具有先进的生产制造数控机床的国家——德国学习，共出资130万美元，而这个决定是领导班子在沈阳机床最困难阶段所做出的超乎想象的决定。出国前，这批技术人员对国内机床市场进行了一次调研，目的就是了解国内市场行情，以便有针对性地设计出市场急需的产品。

在"走出去"的同时，沈阳机床也采取了"引进来"的方式。除了引进技术，公司也引进了相关专家，例如，为提升沈阳机床产品的工艺制造水平，公司专门从德国请来沙尔曼公司原负责工艺制造技术的主任工程师托尼，为增强产品设计能力，从日本聘请机床设计方面的专家池田先生，同时组建了"池田工作室"。此外，在关键技术领域，如数控机床共性，公司聘请了德国机床著名专家迈斯伯格作为技术方面的顾问。

## 二 阶段二：并购重组

在学习引进阶段，沈阳机床虽然取得了一定的成效，但是公司却停滞在技术突破这一步，仍与国际领先技术有很大差距。因此，公司为了实现技术突破增强了对外部资源的并购与整合。

沈阳机床于2004年10月成功并购德国希斯公司，这是一个拥有很高声誉，并且在制造技术方面处于机床制造领域最高水准的公司。公司有长达140多年机床制造的历史，总部位于德国萨克森安哈特州阿瑟斯雷本市。公司的主要产品包括重、大型数控龙门铣床以及落地镗铣床和立式数控车铣加工中等铸造设备。产品市场包括欧洲、美国、中国和俄罗斯等国家，希斯的重、大型立式车床、落地镗铣床以及龙门铣床在众多中国大型加工制造企业中都可以见到。

希斯公司由于其传统的欧美市场需求不断下降，而且制造成本居高不下，加之产品换代研发所投入的巨大资金，使其担负巨额的银行债务，慢慢陷入经营困境，并于2004年8月1日最终宣告破产。

沈阳机床对其并购后，得到了希斯公司全部资产：13万平方米土地、2.3万平方米建筑、44台加工设备。而在这些可量化物资的背后，是具有世界级设计和制造核心技术水平的重大型数控铣镗床、重大型车系复合加工中心和重大型数控立式车床，这才是并购的战略着眼点。

在国内，沈阳机床也增强了对资源的重组与整合。公司首先于 2004 年 12 月重组了云南 CY 集团，这是一家享有"中国金牌出口基地"美称的公司。之后，公司又收购了西安交通大学持有的昆明机床 29% 的股份，一跃成为昆明机床第一大股东。昆明机床是中国西南地区最大的镗铣机床制造企业，在大型化、精密化镗铣机床产品方面具有较强的优势。

### 三 阶段三：共同研发

沈阳机床进一步提升技术创新水平，与科研机构进行共同研发。在国内，公司与多所高校合作，例如，公司与同济大学于 2006 年合作，建立了一个"数控装备研发中心"。该中心不仅进行数控机床的基础、共性和关键技术研究，同时还专注于交通、汽车产业装备制造的应用技术。这些具有实质性的研究开发工作，使该中心逐渐成为国内具备高水平研发数控机床基础和应用技术的基地。

在国外，公司与柏林工业大学合作，建立海外研发中心。公司不仅与柏林工业大学合作，建立海外研发中心，还先后与德国高水平的 R+P 机床设计院以及西门子公司共同研发具备国际领先水平的 13 个系列高档数控机床，如龙门式五轴联动加工中心和高速卧式加工中心。并同时派遣 50 余名工程师奔赴当地进行研发与学习。

沈阳机床不仅与科研机构合作，和一些企业也共同研发。例如，西门子（中国）有限公司进行战略合作，主要进行数控系统方面的应用开发，以提升数控机床的速度、精度以及产品附加值和产品质量。在产品设计之初，就结合客户选修，研究开发独到的数控系统。真阳机床与西门子（中国）突破串通供应链关系，寻求一种崭新的合作模式，有效地提高了产品的品质和服务。不仅如此，沈阳机床还与世界机床的另外两大巨头——德国德马吉和日本森精机宣布在沈阳合资建厂，共同研制高端数控机床，生产面向行业新需求的机床新产品。

### 四 阶段四：代工生产

沈阳机床在中国是这一行业的领导者、最先进企业。2010 年，沈阳市组织了装备制造业的推动发展与协调工作，跨国区域边界，面向全国乃至全球招商，利用代工生产（OEM）方式实现社会化制造。沈阳机床进行代工生产的一般是市场占有率较大、技术调整较小，相对来说产品和技术成熟，质量稳定，具体来说包括 CA 普通车床、CW 普通车床、Z 普通摇臂钻床，市场占有率分别是 35%、26% 和 75%。该举措使公司的经营方式由过去单纯产品经营向产品、品牌、技术、服务等经营一体化转变；由"大而全"全链条的制造模式向以高精度加工与集成为主的新型制造模式转变。公司计划通过这样的方式，实现未来 5 年的目标，将产品结构进行调整，集中力量做好数控机床的研发和市场，把其销售做到总量的 80%。而且，公司在 OEM 的过程中，会将部门技术转移给代工方，提高它们的生产水平，从而带动整个机床产业的发展。

## 第三节　研究发现

企业在不同的发展阶段需要发展相应的动态能力，本书从沈阳机床开放式创新的历程出发，建立开放式创新中动态能力的演变模型，如图 8-2 所示。

切萨布鲁夫（2003）在提出"开放式创新"的概念时便指出，企业需要突破以往封闭的边界，从外部引进更多、更丰富的创新元素与能量，同时将组织内闲置未使用的创意与创新通过授权、技术移转或是创新技术内包等方式分享出去，协助企业进入其他市场或创造新市场，扩大现有市场范围，促进创新的流动与分享。这表明，开放式创新的内容既包括"突破封闭边界"的组织间关系，又涉及"创新流动与分享"的流程。组织间关系通常用"开放度"来表示。对于开放式创新的流程，如前文所述，它包括由外向内流程、由内向外流程和双向流程。沈阳机床的开放式创新模式也是根据开放度和流程而演变，特别注重对开放深度的调整。最初阶段的学习引进属于低开放度——内向模式，并购重组是高开放度——内外模式，共同研发属于高开放度——双向模式，OEM 则是低开放度——外向模式。

动态能力是一种多维度能力，学者对其维度划分有多种观点，但大致可以划分为两大价值维度：一是本体论维度（Ontological Dimension），亦即从理论架构上重点发展企业能力，包括内部能力和外部能

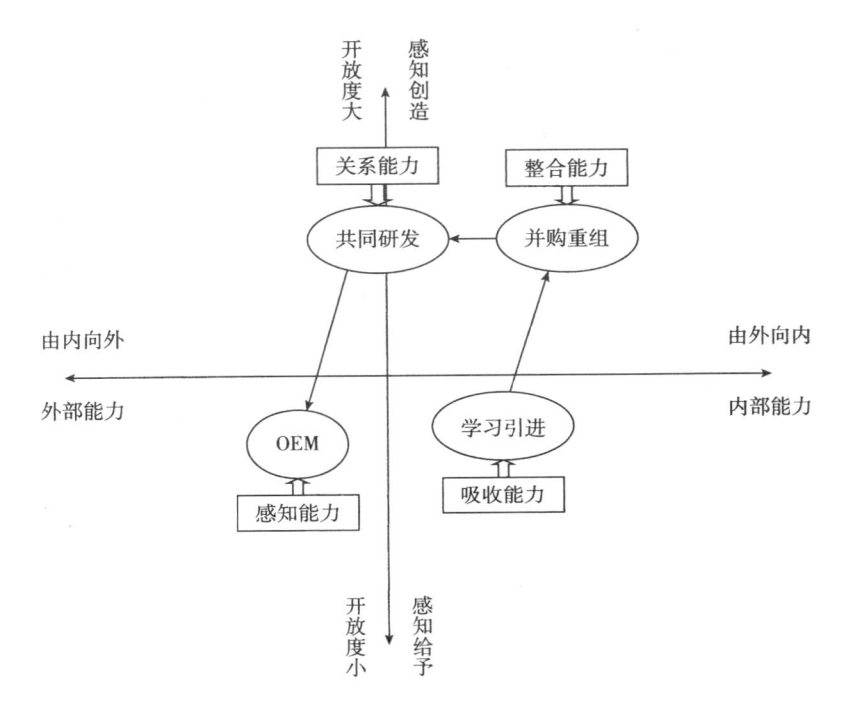

**图 8-2　开放度与动态能力的协同演变模型**

力（Internal Capability Versus External Capability），本体论维度关涉企业个体以及企业与外部组织联盟两个层面，也是动态能力对应的对象；二是认识论维度（Epistemological Dimension），亦即在理论架构上着重于关注组织间的关系和主体间性的"感知给予"（Sense-Giving），并且着重于单个主体的"感知创造"（Sense-Making）。无论是内部能力还是外部能力，它们均产生于企业自身的知识积累和对环境的反应手段。其中，内部能力是指企业关注提升自身运营效率和改善企业内部的经营状况；而外部能力是指企业重视发展与外部合作者的关系，提升整体的合作绩效（罗珉、刘永俊，2009）。沈阳机床的动态能力根据企业发展的不同阶段而调整内外部能力和感知。吸收能力是感知给予的内部能力，整合能力是感知创造的内部能力，感知能力是感知给予的外部能力，关系能力则是处理内部与外部之间关系的能力，侧重于感知创造。

从上述分析可见，开放式创新和动态能力的维度具有一致性。高开放度通常涉及用户、供应商、技术中介、政府部门、金融机构、咨询服务机构等组织中的多个主体，即动态能力中不同主体间的感知创造。反之，低开放度与感知给予相一致。内部能力用于解决由外向内流程中的问题，相应地，外部能力用于解决由内向外流程中的问题。

从沈阳机床的案例中发现，动态能力随开放式创新的演变过程如下：

在学习引进阶段，公司需要将引进来的技术进行吸收消化，因此在这一阶段公司更重视吸收能力的发展。对外部知识的吸收是一个阶段过程，组织的吸收能力通常指在识别外部有价值知识的基础上，然后对其吸收并利用开发的能力（Cohen & Levinthal, 1990）。扎赫拉和乔治（2002）更进一步利用动态能力的流程观点重新诠释吸收能力，认为吸收能力是组织取得、同化、转换与利用知识的一种潜能，是将所获得的知识经由正式（如使用协调者）及非正式（如社会网络）的社会整合机制，转化成组织知识的能力。他们强调，吸收能力是一种分析组织知识累积与流动的程序，通过动态能力的培养以创造和维持厂商竞争优势的能力。在此阶段，沈阳机床的吸收能力给创新带来了一定成效。他们自行设计的7种数控机床产品参加了1999年北京第六届国际机床展，引起国内外机床制造商和用户的关注。公司研制开发的TAM–16立式车铣中心，是在引进日本本间公司先进技术基础上，并在特聘日本专家指导下制造成功的。

沈阳机床的并购重组依赖于其整合能力。并购后整合（Post–Merger Integration）是并购的重要阶段，西尔蒙等（2007）指出，拥有有价值的、稀缺的资源可以使企业具有竞争优势的潜力，但只有企业能够有效管理它们的资源时才能获得优势，实现价值的创造。整合能力作为动态能力的关系因素（Teece et al., 1997），是企业在重构、获取与剥离资源的过程，重新构建组织的资源，以适应或创造市场变迁。

沈阳机床并购获取的资源为整合能力的形成提供了资源基础，反过来在整合能力的作用下，公司逐步把德国希斯公司世界一流的重大型镗铣设备制造技术转移到国内，提升了重大机床设备的自主装备能力。例如，回转直径3.5米以下规格的数控立车和车铣加工中心技术已向沈阳第一机床厂转移，首台已在2006年2月的上海数控机床展参展。此外，公司形成了国内外产业集群，优化了市场结构，提升了市场竞争力和知名度。

在共同研发阶段，沈阳机床纳入众多创新要素，形成了多主体创新模式。但是，共同研发在给其带来机会的同时，也因创新要素的差异性而使界面高度复杂，面临机会主义、产权、协调等方面的问题。此时，企业需要构建关系能力，以解决共同研发中出现的上述问题（高良谋等，2010）。企业的动态能力涉及正式制度和非正式制度。其中，正式制度主要体现在制度的制定，它表示控制合作者之间的关系，提高共同研发效果和效率的制度；非正式制度主要表现在建立认同感等非正式制度来治理信任、价值观等问题以及激励共同研发的热忱。沈阳机床和外部合作者利用了正式制度和非正式制度，规定明晰知识产权归属、高层领导对合作项目例行检查、建立有效的沟通渠道等方式来增强公司的关系能力，促进共同研发的顺利进行。

从动态能力的视角，沈阳机床采用 OEM 的方式正是其感知能力的作用。感知能力是动态能力的重要内容（Teece，2007），识别外部的机会与威胁。当沈阳机床掌握了一定核心技术之后，意识到我国机床产业最需要快速解决的也是最核心的问题就是数控系统和功能部件等所表现出的"短板"问题。

而且，公司拥有了输出技术、输出管理、输出经营的资格，在企业乃至行业的持续、健康、快速成长的进程中进一步占据主动。沈阳机床在此情况下便实施了 OEM。沈阳机床在 OEM 过程中，将部分技术转移给代工方实质上是对资源的释放，一方面促进了感知能力的形成，使公司集中更多精力做核心技术的研发和生产。另一方面，代工方通过吸收沈阳机床转移的技术和项目，促使一座具备 630 台年产量的重大型数控机床生产基地在沈阳形成。同时，一个专门为机床基地各中小企业提供高水平机床测试、试验、展示、展销、技术和管理提升、信息化交流等服务的沈阳铁西机床企业技术服务中心，也将适时运转起来。同时，当沈阳机床的机床产量在 2011 年达到 10 万多台时，公司董事长关锡友被这个数字震惊了，开始思量公司未来的方向。通过走访客户发现，用户购买机床的最终目的是在产品加工中降低成本、提高效率，只有为它们提供服务才能满足用户的需求，做好存量市场。因此，公司决定为这些存量做服务，便开启了沈阳机床从制造转向服务的开端。

# 第九章 开放式创新下动态能力促进企业敏捷性构建

敏捷性是组织在动态市场环境下保持生存和发展的一个关键驱动力（Ganguly et al., 2009）。所谓"敏捷"，指的是在快速变化的环境中，通过整合丰富知识环境中的重构资源成功实现诸如速度、灵活性、创新和质量等竞争基础从而提供顾客需求的产品和服务（Yusuf & Adeleye, 2002）。已有相关研究为理解企业敏捷性的形成机制提供了有效的概念模型和分析框架。其中，一些研究关注了敏捷性构建的方法（敏捷性提供者）。例如，布思（Booth, 1996）提出了可以实现敏捷性的路径，涉及围绕流程进行组织、形成并行团队和工作单位以及改进信息系统的使用。另有研究从敏捷能力角度对敏捷性的形成进行解释指出，丰富和满足顾客需求、通过灵活的组织结构抓住机会、利用人员和信息、及时推出新产品以及快速形成联盟组合等作为敏捷能力的内容可以帮助企业快速适应及利用环境中的变化（Gehani, 1995）。

此外，有学者将敏捷驱动力、敏捷提供者、敏捷能力等进行整合形成敏捷性框架。例如，古斯卡兰（Gunasekaran, 1998）的研究发现，采用适当的敏捷推动力对"协同""价值基础定价策略""人力资源和信息的投资""组织变革"等主要敏捷能力进行支持和整合能够形成适应性组织。沙里菲（Sharifi）和张（Zhang, 1999）提出了一个更详细的由敏捷驱动力、敏捷能力和敏捷提供者三部分组成的敏捷性框架。张（Zhang）和沙里菲（Sharifi, 2007）、曾（Tseng）和林（Lin, 2011）分别对这一框架进行深化，张（Zhang）和沙里菲（Sharifi, 2007）的研究形成了一个循环过程，即商业环境的变化驱使企业优先考虑发展一些敏捷能力来应对和利用这些变化，而敏捷能力的需求又促使企业寻找能够获得所需能力的方法，绩效表现作为反馈对战略进行调整，进而形成一个不断演进的过程。曾（Tseng）和林（Lin，2011）则在这一框架中加入了敏捷组织目标，即外部环境的变化驱使企业寻求通过敏捷提供者（敏捷支柱）获取敏捷能力的方式实现敏捷目标。

现有研究从静态角度初步解释了企业如何实现敏捷的过程以及企业取得敏捷性的内在原因，已有的敏捷性框架初步认识到组织能力是敏捷性的构建需求，但并未指出何种能力是敏捷性的基础与提供者，且未对敏捷性形成过程进行动态关注。因此，本章通过案例研究对企业敏捷性构建的演化过程进行分析，以打开企业实现敏捷性的"黑箱"。

## 第一节　研究框架

以敏捷驱动力、敏捷提供者和敏捷能力构成的敏捷性形成框架已得到学者的普遍认同。敏捷性的主要驱动力来自变化，具有不同特征并处于不同环境中的各种企业，可能经历不同的变化，这些变化对于它们来说可能是特殊甚至是唯一的（Tseng & Lin，2011），不同的企业之间也存在一些可能给他们带来相同结果的共同变化（Sharifi & Zhang，1999）。

动态能力理论提供了企业敏捷性最初来源的一个视角，动态能力是针对资源基础理论的静态分析提出来的，解决了资源基础理论无法解决的一些关键问题：在快速变化的环境中应该如何对资源进行管理（有价值的资源培育问题），能力的根源在哪里（能力的演化问题）（贺小刚等，2006）。动态能力是环境快速变化条件下企业可持续竞争优势的来源（Eisenhardt & Martin，2000），当环境相对稳定，强势的动态能力可能是无用的，这可能是由于能力的维持成本而增加企业负担，而在高度动荡的环境中，机会稍纵即逝，而威胁可能如影随形，环境动荡减少了现有能力和竞争地位的价值潜力，企业需要快速适应不断变化的环境，对资源能力进行频繁而难以预料的变革（李大元等，2009）。动态能力能够对现有的资源、技能和能力进行构建、调整、整合和重构以应对全球化、技术进步和创新速度加快对企业发展所带来的挑战（Teece & Pisano，1994）。

可见，动态能力可以帮助解决企业适应发展不同阶段快速变化环境的难题（见图9-1）。首先，企业敏捷性最初是通过一系列对组织资源进行管理与配置的工具和方法来实现的，例如涉及围绕流程进行组织、形成并行团队、改进信息系统、核心能力管理、重新配置能力和供应链的整合等。其次，有效的敏捷性来源还取决于对实现敏捷性和敏捷能力的工具和方法的有机整合。而动态能力是一种能够通过对组织资源与能力的有效管理、构建、整合和重构应对快速环境变化的有效工具。并且，企业在不同的发展阶段，面临不同的环境变化与战略选择，敏捷性的构建过程也表现出动态特征，因此，本书采用动态能力视角和动态过程视角分析企业敏捷性构建这一过程在不同阶段中的表现，分析框架如图9-1所示。

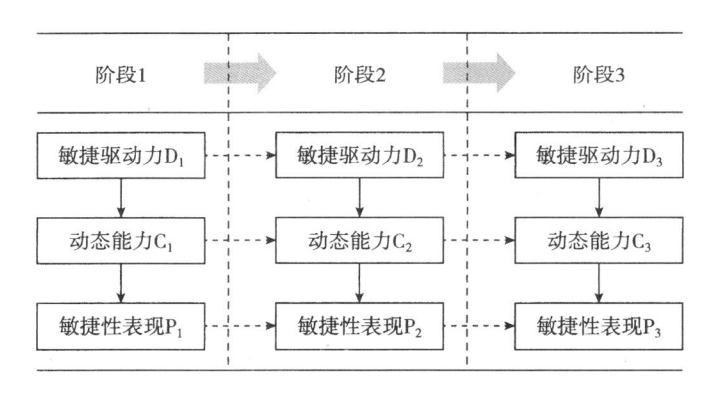

图9-1 案例分析框架

## 第二节 研究设计

### 一 研究方法

鉴于有关复杂消费产品企业敏捷性构建过程研究的缺乏，本书采用探索性单案例研究方法，以 YL 公司[①]为对象。与大样本假设检验研究

---

① 为了避免泄露公司的商业秘密，应案例公司要求，案例研究中隐去了该公司的真实名，以 YL 公司表示。

中数据的获取采用随机抽样和分层抽样不同，案例研究的目的是发展理论，应进行理论抽样（毛基业、李晓燕，2011）。单案例的理论抽样是能带来不同寻常的启示的极端典范，或不同寻常的研究机会。本书选YL公司作为研究对象。YL公司作为主要生产移动终端产品的企业在行业中具有典型性，且从试验性访谈得到的数据以及相关档案资料可知，YL公司呈现出的敏捷性特征较为明显。

**二　数据收集与分析**

研究建立在以下几个数据来源的基础上：大量的档案资料、观察资料、企业相关人员访谈。多源数据的三角验证对同一现象进行了多重证明，提供更精确的信息及更稳健的理论结果，解决了构建效度的问题。其中，主要数据来源是与内部和外部被访者的半结构化访谈，包括两次试验性访谈。从2016年7月到2017年2月，访谈累计6次，每次访谈60—130分钟时间不等。我们初访的对象是行业专家和公司的普通员工，用来识别与行业发展相关的事件、企业的发展历程、对环境变化的适应性反应、修改访谈提纲（案例研究草案）和辨识企业关键事件。对访谈中的关键概念我们使用正式的定义向被访谈者解释。完成试验性数据采集后，通过与YL公司历时7个月的访谈，我们采集了质性和定量数据。被访谈者的选择主要基于三个标准：①在受访企业中任职年限长，能为企业发展提供一种时序的视角；②至少直接或间接参与了一些企业的重大事件，能提供深入的、一手的资料；③职能层级多样化，可获得丰富的视角。此外，通过产业专家、竞争对手、前雇员三种外部被访谈者来补充信息。被访人员的多样性减少了访谈的主观误差，获得更丰富和更细致的模型。我们对所有的访谈都进行了录音，并在24小时内记录和转录出来。案例研究草案中的访谈大纲包括企业背景、行业特点，以及企业发展的过程及关键事件。根据这些资料理清企业关键事件的时间顺序，构建出一条时间线。然后，聚焦于企业不同阶段对环境适应的敏捷性表现及其构建过程本身，并请被访者对其进行详细描述。每次收集到的数据都被放入案例研究数据库中，以便能够追踪到原始证据，提高案例研究的信度。

与本书使用探索性的研究方法相呼应，我们使用扎根理论进行数据分析，数据收集与分析过程是循环反复混合迭代进行的。数据分析的第一步是对每个来源数据进行整理，并通过综合访谈笔录、档案和观察数据并参考时间线初步建构案例。我们对数据进行三角验证，要求所有主题必须经过不同数据收集方法和不同受访人的印证，这样不仅能够提供对所研究主题的更丰富、更可靠的解释，而且数据分析得到的结论也是三角验证的。在整理完数据后，通过开放式编码、轴心式编码和选择式编码依次挖掘资料的概念、范畴及其性质和维度、范畴间的关系、主范畴和副范畴、识别故事线和核心范畴。

开放式编码是一个将资料打散，赋予概念，然后再以新的方式重新组合起来的操作化过程，通过对案例企业资料记录的开放式编码分析，第一阶段抽象出 121 个概念和 7 个范畴，分别为市场变化、技术变化、环境洞察能力、快速的吸收能力、灵活的整合能力、艰苦奋斗能力和研发敏捷；第二阶段抽象出 154 个概念和 10 个范畴，分别是市场变化、社会变化、需求变化、技术变化、环境洞察能力、快速吸收能力、灵活整合能力、艰苦奋斗能力、研发敏捷和生产敏捷；第三阶段抽象出 176 个概念和 10 个范畴，分别为市场变化、竞争条件的变化、需求变化、环境洞察能力、快速吸收能力、灵活的整合能力、艰苦奋斗能力、研发敏捷、生产敏捷和销售与分销的敏捷。

轴心式编码的主要任务是发现和建立范畴之间的各种联系，以表现资料中各个部分之间的有机联系，并发展主范畴和副范畴，通过范畴之间及其与已有理论的互动比较和对接，可以发现不同阶段的"市场变化""技术变化""社会变化""需求变化""竞争条件的变化"反映了企业可能经历的不同变化，分别代表敏捷驱动力的不同维度，这些变化驱动企业采取敏捷性的措施，具有理论的一致性，因此，本书将其归入"敏捷驱动力"这一主范畴中；"灵活整合能力""快速吸收能力""艰苦奋斗能力""环境洞察能力"反映了能够使企业动态地适应复杂变化的环境的能力，因此，本书将其归入"动态能力"这一主范畴中，最终 27 个范畴被重新整合三个阶段的共 27 个副范畴和 12 个主范畴。

选择式编码是在所有已发现的概念类属中经过系统分析后选择一个"核心类属"，与其他类属相比，核心类属具有统领性，能够将大部分研究结果囊括在一个比较宽泛的理论范围之内，起到"提纲挈领"的作用。在主轴编码的基础上,通过对几个范畴间的关系和逻辑进一步分析,可以得到如下"故事线":商业环境的变化驱使企业不断发展敏捷能力,动态能力是实现敏捷能力的有效工具和方法。据此,选择式编码得到的核心范畴可以表述为"环境的快速变化促使企业通过动态能力不断发展敏捷能力来适应"。

## 第三节　案例背景与敏捷性构建的动态过程

YL公司创立于1993年,是一家致力于智能手机终端、移动数据平台系统、增值业务运营一体化解决方案的公司,专注于以智能手机为核心的无线数据一体化解决方案。公司研发人员超过40%,持有大量专利。随着公司在技术、资源等方面的逐渐成熟与完善,其核心产品在企业发展不同阶段实现了敏捷研发、生产和销售。

### 一　初步发展阶段性

YL公司自创办后,一直为中国电信运营商提供无线方案及设备并与其建立了密切的业务关系,同时,通过自主开发,公司在寻呼等多种无线网络方面积累了技术和市场经验。这些关系和技术经验帮助公司洞悉市场变化、技术发展方向及运营商和消费者对产品的要求。随着寻呼网络渐趋成熟,信息接收器的需求开始放缓,自2001年起,中国寻呼市场的发展一直停滞不前,而移动终端市场迅速扩大。

因此,公司于2002年成立专门小组探索固定无线终端机市场以及开展智能手机零部件的研发,并将智能产品定位于差异化高端市场。由于公司一直从事无线通信系统及设备的研发工作,产品和方案大部分由公司内部研发队伍设计。因此,能够快速掌握无线终端机的专门技术。依靠这些积累,公司不仅在较短的时间内开发出多种网络适用的固定无线终端机,同时也获得了国际奖项及官方认证。并且,为了加深用户体验,公司与独立内容供货商合作开发应用系统。这是一种灵活、互惠的合作,由于内容供货商可通过合作提高市场知名度,因而公司不需要向其支付任何费用。此外,公司与多家企业(如微软)组成策略性合作伙伴。通过这些合作关系,公司能够为客户提供功能丰富的应用方案,同时获得智能终端的相关技术信息。

这一阶段中，YL公司敏捷性构建过程如图9-2所示。

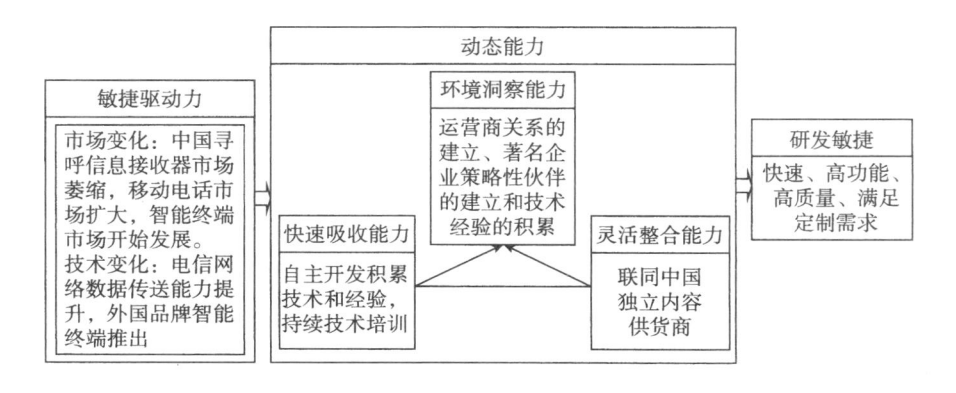

**图9-2 初步发展阶段企业敏捷性表现及其能力机制**

## 二 变革阶段

随着智能手机市场快速成长，同时，移动及固网电信运营商推出更多增值及数据服务。YL公司为巩固在中国智能终端领域的地位，在变革阶段，公司加强研发工作，并继续发展与移动电信营运商的关系，同时进一步与海外电信营运商合作发展自有品牌，努力开辟海外市场。为了了解市场信息和客户需求，公司还与高通等多家企业建立合作。根据以上环境变化，公司紧贴网络运营商及市场需求，将业务重心转移至智能终端，并进行量身订造。公司积累的技术能力以及稳定的研发队伍使其能提供一致和继承性的设计。在2005—2008年，快速开发了40余款具有高功能、高性价比的智能终端设备。

同时，为确立市场地位并保持竞争力，YL公司开始聘请大量富有经验和技术的研发工程师，并继续与微软、高通等企业进行合作。这些灵活的关系使公司迅速适应市场变化，提高产品开发速度和性价比，并减省了生产成本。

此外，2005年，YL公司智能产品定制进入规模增长。而公司能够在短时间内完成大批量高质量订单，得益于对制造商的整合与管理。公司将硬件产品的大部分制作工序外包，若干测试及简单装配工序在自设厂房进行。制造商在同一个城市，因此缩短了运输距离，并有利于沟通和协调。制造商就每件制成品收取固定款项，根据公司接纳的制成品数量，按月进行结算。公司拥有一套完善的供应管理系统，根据供货商价格、交货时间及物料质量等标准，进行评级，取得满意评级的列入合资格供货商，并只向该名单采购生产物料。

这一阶段 YL 公司敏捷性构建过程如图 9-3 所示。

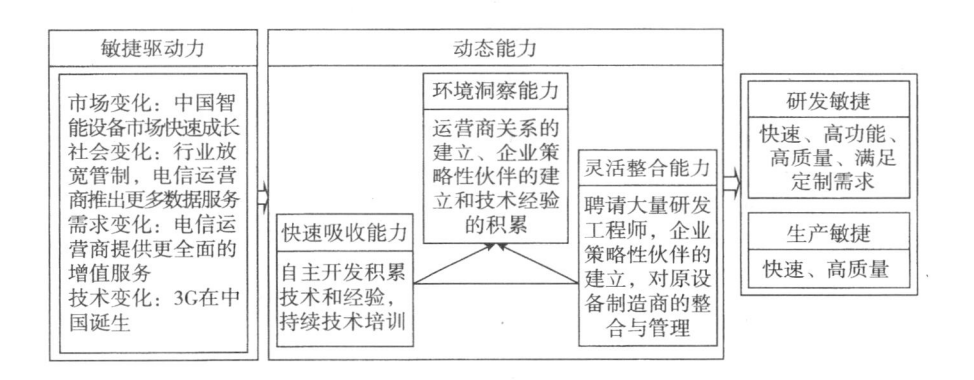

**图 9-3 变革阶段企业的敏捷性表现及其能力机制**

### 三 快速发展阶段

这一阶段，中国电信运营商完成重组后，电信接管联通的 CDMA 网络业务。网络运营商开始投入更多资源扩大 CDMA 终端设备市场，市场竞争加剧。此外，国内 3G 和 4G 智能设备市场急速发展，运营商为了加推市场，中低端智能设备也成为用户的需求。

通过这些环境变化，公司一方面实行产品差异及领先市场等策略，降低产品平均售价，集中产品组合于中低端。公司依靠自主开发的系统和技术积累，加快新产品研发，在终端市场中取得先机。2009—2016 年，公司开发 500 余款不同网络制式的高中低端智能终端设备，它们具有低价格、高功能和高性价比等特征。

此外，公司继续与高通等伙伴进行合作，进行高端芯片组及操作系统的研发。与行内主要供货商合作，开发标准软硬件平台。与国内营运商合作，进行前沿技术的研究。在硬件设计方面，公司与飞思卡尔、大唐电信、联芯科技及多家硬件供货商进行合作，在新一代技术方面取得若干突破，并成功推出受欢迎的经济型智能设备。基于强大的研发能力及与部件供货商的合作，公司提高了研发速度，缩短了新产品上市周期。

生产方面，公司一方面通过重组业务流程、持续优化信息管理系统和精简生产工序，控制产品生产成本。另一方面，严格控制生产过程，生产部门会指定相关人员进行检验，确保制造商的装配工序妥善遵从规定的程序，完成生产后，会进行功能测试及检查，进一步确保产品质量。销售方面，为扩大市场占有率，公司与国内外营运商、分销商、电子商贸伙伴建立合作关系，并成立直销店，扩大直接及间接的社会分销渠道，利用这些渠道资源，公司扩大了品牌覆盖，进一步巩固了市场地位。

这一阶段，YL公司敏捷性构建过程如图9-4所示。

## 第四节 案例讨论

### 一 环境洞察能力是企业响应机制的来源

YL公司的敏捷过程经历了从单一的研发敏捷到研发敏捷、生产敏捷和分销敏捷并存的演化阶段。在这一过程中，环境洞察能力是企业敏捷性的响应机制，它是企业感知、识别和理解新的及潜在的市场与技术机会的能力。

在初步发展阶段，环境洞察能力为YL公司进入该行业及研发活动提供战略指导，通过与运营商建立的合作关系及多年累积的技术和市场经验，公司发现，中国移动终端设备已经开始向智能化发展，因此，公司迅速开展相关产品的研发，并将智能产品定位于差异化高端市场，有效地实现了战略转型。

随着环境变化的加快，在变革阶段，环境洞察能力帮助公司快速转变产品重心，适应运营商定制需求。公司进一步发现，中国智能产品需求快速增长，行业开始放宽管制，运营商大量推出增值数据服务，3G

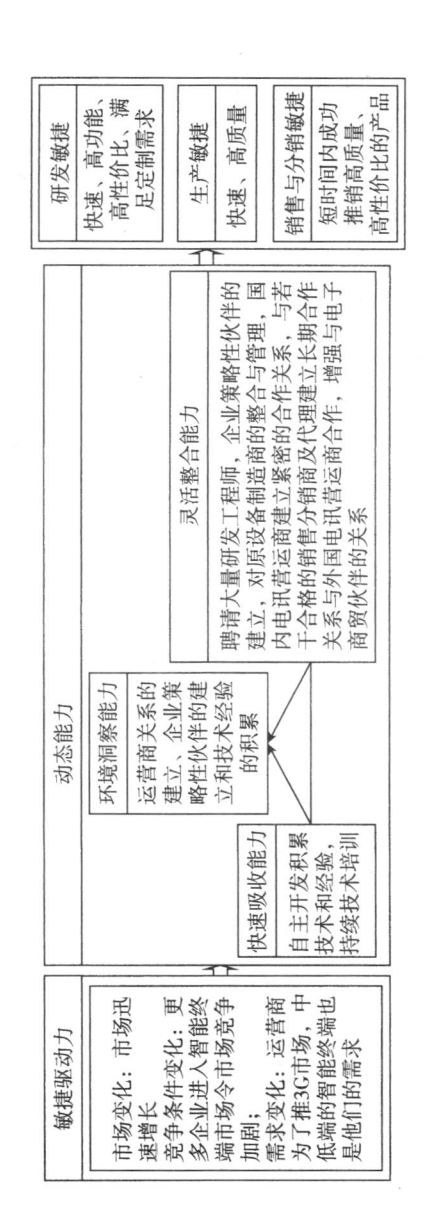

第九章 开放式创新下动态能力促进企业敏捷性构建 | 155

**研发敏捷**
快速、高功能、高性价比、满足定制需求

**生产敏捷**
快速、高质量

**销售与分销敏捷**
短时间内成功推销高质量、高性价比的产品

**动态能力**

环境洞察能力
- 运营商关系的建立、企业策略性伙伴的建立和技术经验的积累

灵活整合能力
- 聘请大量研发工程师，企业策略性合作伙伴，企业策略性合作伙伴的整合与管理，与合作商的整合与管理，对原设备制造商建立紧密的合作关系，国内电讯营运商建立分销代理建立长期合作关系，与外国电讯营运商合作，增强与电子商贸伙伴的关系

快速吸收能力
- 自主开发积累技术和经验，持续技术培训

**敏捷驱动力**

市场变化：市场迅速增长
竞争条件变化：更多企业进入智能终端市场令市场竞争加剧；
需求变化：运营商为了推行3G市场，中低端的智能终端也是他们的需求

图 9-4 快速发展阶段企业的敏捷性表现及其能力机制

技术开始进行测试。意识到这些变化，公司迅速进行战略转移，将业务重心集中于智能终端设备，同时进行3G设备的研发。

在快速发展阶段，公司面对环境变化，准确洞察，迅速集中产品组合于中低端市场有效抓住了市场机会，并获得快速成长。例如，2009年，在3G终端市场中，YL公司占10%—12%的份额，在厂商中排名第三。可见，YL之所以能够进行迅速的战略转型，进行有效的研发、生产和销售主要依靠其持续的市场观察与信息搜索，而多年积累的技术、市场经验及与运营商和企业建立的网络联系有效地促进了这一能力的提高。

### 二　灵活整合能力是企业灵活、快速和能力机制的引擎

灵活整合能力帮助企业快速、灵活有效地适应环境变化。这种能力通过灵活的合作、搜索而获得和利用资源，并根据外界市场环境与内部组织氛围的变化对资源进行调整、组合和协调，从而改变运营操作能力进而适应变化的环境。

进军行业之初，市场需求有限，仅限于满足高端商务人士的需求，持续更新的功能和应用系统支持是企业获取竞争优势的重要来源，灵活的整合能力帮助企业快速研发。从初步发展阶段开始，公司就积极应用外部资源进行产品研发。例如，公司与内容供货商合作开发应用系统，与微软等企业组成战略伙伴，这些灵活的合作关系帮助公司获取所需资源，实现"1+1>2"的效应，同时实现多样性的智能产品和应用系统。此外，这种互补性资源的获取增强了公司的研发能力。

变革阶段，由于智能手机快速成长，定制进入规模增长期，订单以大批量为主且交付时间紧。因此，研发敏捷和生产敏捷成为满足运营商要求的关键因素。此外，公司更加灵活地运用外部资源，建立众多的合作关系。这些合作一方面可以帮助公司集中精力至产品核心设计，另一方面，这些资源的应用能够提高产品开发速度和产品质量。例如，通过与微软的合作，可以提供配备以Windows平台为基础的新式智能产品，并通过业务往来提高公司的技术能力。

快速发展阶段，定制需求猛增，满足运营商需求的研发敏捷和快速交付货物的生产敏捷，以及抓住市场成长契机的销售敏捷是企业在这一

阶段竞争优势的重要来源。灵活的整合能力依靠灵活的合作获得和利用外部资源，不断根据外界市场环境与内部组织变化对资源进行重新调整，从而帮助企业快速有效地研发、生产和分销。公司一方面与知名企业（如微软）和运营商合作进行软件、硬件和前沿技术等的开发，有效地加快了研发速度、加强了产品功能和质量；另一方面，由于当地人员能够更好地理解当地市场的需求，并带来专业化的思想和质量观念，因此，公司积极引进海外人才帮助YL快速响应国外市场需求。通过重组业务流程、优化信息管理系统和精简生产工序，公司有效控制了生产成本。在这一阶段，公司不仅与国内外运营商合作进行产品的推广，还整合社会经销商及零售商渠道，并自建渠道，利用多方资源形成复合营销渠道。同时，公司成立了大客户部，专门负责和苏宁、国美等数码家电连锁商合作。公司还与京东商城等电商合作，开展网络营销。通过整合运营商渠道及间接的社会分销渠道资源，一方面可以节省销售成本，另一方面多渠道资源的获取加快了销售速度，互补性的资源减少了资源依赖，实现了销售敏捷性。

### 三 快速吸收能力是企业快速和能力机制的基础

快速吸收能力帮助企业实现快速有效的研发。这种能力是企业快速消化、转化以及利用外部知识的一系列组织惯例和过程。

初步发展阶段，公司通过长期主动学习积累了隐性技术知识，而向研发人员提供持续技术培训则获取了显性技术知识。技术能力积累基础上的自主创新不受其他企业技术输出的影响，在创新中具有主动性，因此，公司实现了快速创新并降低了研发成本。公司通过自主的作业系统可以控制无线终端机的软件开发，从而及时推出新功能，无须依赖第三方的操作系统，在设计及优化智能产品的功能及开发行业应用技术方面有更大的自主权，从而能够应对市场瞬息万变的要求。

随着市场的扩大，研发敏捷和生产敏捷逐渐成为满足消费者快速增长需求的重要因素。变革阶段，市场要求产品不断提高功能与性价比，而对技术知识的快速吸收能够帮助企业获得技术能力的持续增长。一方面，实践基础上的学习吸收帮助企业获取所需的隐性知识；另一方面，持续培训则获取一致及继承性的显性知识。快速发展阶段，竞争激烈，更加广泛的大众市场成为公司战略的焦点。公司减少外部技术引进，自行研发标准软硬件平台。由于隐性技术能力的发展完全来自企业自主开发的实践，因此这些平台具有企业自身的差异化基因，提升了产品体验价值及客户归属感，并以较低的成本独立解决研发和生产中遇到的问题。

### 四 企业敏捷性的焦点机制演化过程

YL 公司通过多种能力机制实现了企业敏捷性，在不同时期，这些能力机制体现出不同的重要性，随着企业的发展，焦点机制从单一的快速吸收能力、灵活整合能力向整合能力和吸收能力的集成演化。

公司多年积累的技术、市场经验以及与运营商和核心企业建立的良好关系帮助公司快速有效地洞察、获取环境中的变化并进行战略设定，这些准确的市场信息和战略定位为企业响应行为提供正确的方向。在这些市场信息与决策的指引下，对于一个进入刚刚发展行业的企业来说，比竞争对手更快速地开发出满足消费者需求的产品是获取竞争优势并扩大市场占有率的重要途径。对于具有更新速度快、面向大众消费者的产品企业来说，自主研发基础上的技术知识的快速吸收是保证企业研发敏捷性的重要机制，在初步发展阶段和快速发展阶段效应尤为明显。随着消费者需求变化的加快以及需求量的增加，企业不仅需要同时实现研发敏捷、生产敏捷和销售敏捷，灵活整合能力成为企业获取竞争优势的焦点机制。一方面，技术变化日新月异，单纯依靠原有资源无法快速适应市场变化，只有不断地扩充企业资源、在掌握主导权的情况下灵活地与外部资源合作，进行良好的沟通与协调能够自主地有效应用、调整内外部资源，并弥补企业资源不足，快速增强创新能力，才能适应复杂变化的环境。同时，企业进入规模发展期，生产和销售数量猛增，需要在短时间内完成大量的生产与销售，才能快速抓住市场机会，有效占领市场。通过灵活地整合外部供应商，可以应用高水平的生产技术和专业化的生产降低产品成本，提高生产量。同样，通过与成熟销售渠道的合作，协同营销，企业能够快速进入销售渠道原有的消费者群体，而多年积累的营销经验和共同的市场开发可以降低产品销售成本并快速占领市场。灵活地进行资源整合与利用有利于企业专注能力的开发与培养，增强企业的核心价值，使企业在市场竞争中具有核心差别优势。在快速发展阶段，YL 公司面对的需求不仅仅是快速的增长，还呈现出不同层次需求的变化，更加丰富的产品类型是企业竞争优势的来源。因此，除了整合能力，这一阶段企业更需要能够实现创新的快速吸收能力。

## 第五节　研究发现

本章通过案例研究探索了中国复杂消费产品企业获取敏捷性的过程，提出一个关于中国消费产品企业如何实现敏捷性的演化框架（见图 9-5），对企业敏捷性研究和动态能力理论均是有益补充。

### 一　动态能力是敏捷性的来源

敏捷提供者是一系列对组织资源进行管理与配置的工具和方法，涉及围绕流程进行组织、形成并行团队、改进信息系统、核心能力管理、重新配置能力、供应链的整合等。有效的敏捷提供者还取决于对实现敏捷性和敏捷能力的工具和方法的有机整合。而动态能力是一种能够对组织资源与能力进行有效管理、构建、整合和重构从而应对快速变化环境的有效工具，敏捷提供者及其整合与动态能力具有作用机制与效果的一致性。本书探索出动态能力及其维度作为敏捷提供者来解释中国复杂消费产品企业敏捷性的动态演化过程。其中，环境洞察能力作为适应机制能够有效感知出环境中的变化与机会；快速吸收能力和整合能力则帮助企业快速有效地响应变化。

### 二　企业敏捷性的建立是一个动态演化过程

本书采用过程和演化观点研究了企业敏捷性是如何构建和演化的，并形成了一个过程框架。在企业发展初期，市场需求有限且易变化，启动这一过程的关键机制是提高相关技术能力的快速吸收能力。缺乏技术能力的企业仅仅依靠外部技术引进，而对引进技术并不能吸收，则无法进行适应性改进，这种对技术的依赖最终会导致企业自主权的丧失。这一阶段企业需要通过不断地吸收技术知识，以达到加快产品更新的目的。

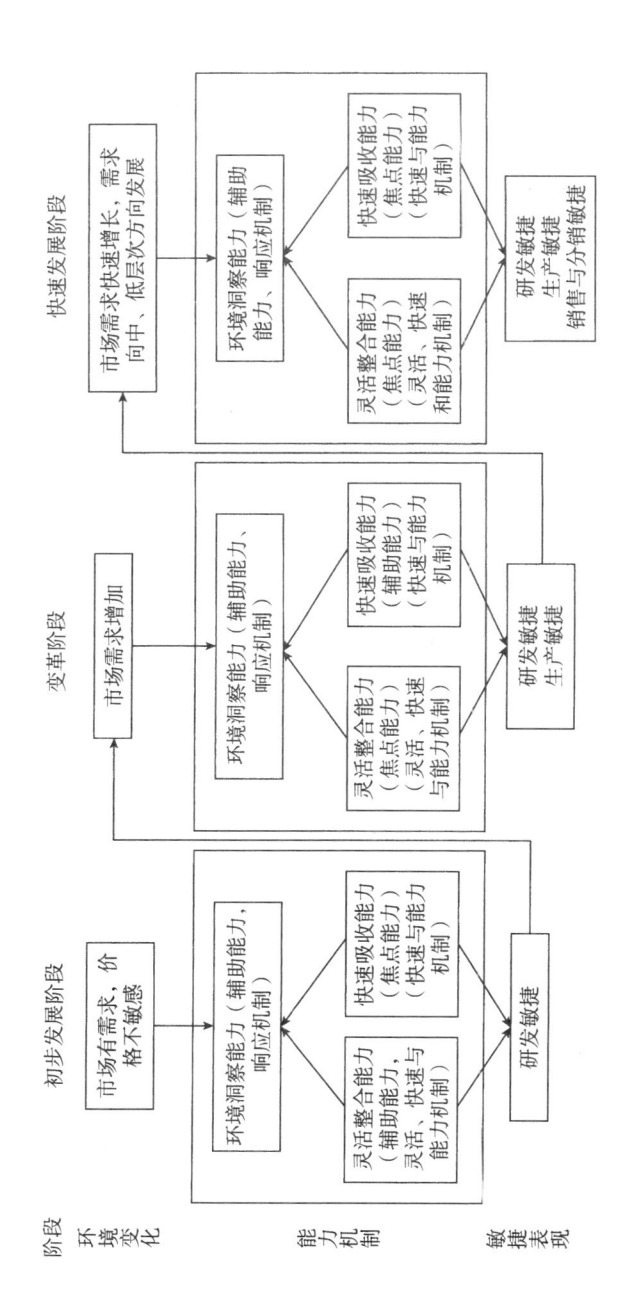

图 9-5 企业各阶段的敏捷性表现及其能力机制

随着企业的发展和市场需求的增加，企业逐渐进入规模增长期和规模经济期。市场需求快速增长，需求开始划分层次，市场竞争异常激烈，企业开始"大鱼吃小鱼，快鱼吃慢鱼"，快速地研发、生产以及销售成为企业扩大市场占有率、获取竞争优势的关键因素。由于企业拥有的研发、生产和销售资源是实现优势的机制，而企业的资源扩充一方面受资金、能力等因素的限制，无法在短时间内满足市场需求变化以及生产规模的增长。通过外部资源的引进、获取，将企业战略集中在核心能力开发与供应链管理，可以帮助企业有效应用专业资源快速实现研发、生产与销售。因此，在变革阶段，灵活整合能力成为企业快速适应环境变化的焦点机制。而进入快速发展阶段，需求不仅仅是快速增长，还呈现出不同层次需求的变化。因此，除了整合能力，这一阶段企业更需要能够实现创新的快速吸收能力。

尽管本书选取的案例具有敏捷发展的代表性，探索出动态能力对企业敏捷性构建的作用动态机制，但是未来研究仍然需要从更多行业出发，综合考虑影响敏捷性构建的因素，深度挖掘完整机制与模型，从而增强其普适性，并对其进行实证研究。

# 第十章 企业动态能力的提升路径

由于企业是一个知识载体和集合体，而组织的能力被视为对知识的积累，企业可以通过组织能力获取和积累知识，使这些知识整合进企业内部，增加企业知识的存量和流量。因此，能力成为企业知识积累的重要手段，帮助企业形成应对环境变化的能力。从知识演化的视角来看，动态能力正是这种组织能力的体现，它被定义为"组织集体的学习方式"，利用动态能力不仅可以积累知识，还可以改变原有的企业运营路径，提高经营效率（Zollo & Winter, 2002）。反过来，企业进行知识积累的过程也是改变组织能力的过程，最终为企业构建新的知识基础。可见，动态能力具有很强的"知识性"。此外，蒂斯等（1997）认为，动态能力在形成过程中，学习起到了重要作用，是其过程重要的一部分，把知识积累作为学习的目标。动态能力所强调的动态实质上是使企业嵌入一定环境中去学习并形成新知识，将其形成新的组织惯例，以应变动态的环境。因此，动态能力又具有"学习性"。

由于动态能力的本身的知识性和学习性，而且组织学习是获取知识的根本方式，具有多样化的学习手段，是学习性的重要体现。组织学习的过程本身具有知识的集成性和关系的社会性，可以通过组织层面、企业家层面和员工个人层面来进行，与动态能力的知识集合体与动态学习过程相一致。因此，组织学习是动态能力提升的最基本方式，是获取动态能力的根本源起。研究基于组织学习提升动态能力的路径具有重要意义。基于此，因此，本章检验组织学习对动态能力的影响，再以组织学习为视角分析企业动态能力的提升路径。

## 第一节　研究假设

随着技术的快速变革和市场的动荡，经常会出现一些意想不到的情况，这些情况超出了企业和企业家们的先前经验，现有的惯例无从解决（Christensen & Raynor，2003），而企业需要建立新的惯例，甚至新的发展基础，为解决这些问题提供解决方案。针对这一问题，学者们的研究为企业提供了一些方式，包括干中学（Learn by doing）（Ahuja & Lampert，2001）、试错学习（Tried-and-true）（Moorman & Miner，1998）、即兴学习（Moorman & Miner，1998）以及实验（Experimentation）中学习（Ahuja & Lampert，2001）等。研究者提出的这些学习方式为企业提升对外部环境的应变能力，解决发展困境提供了理论指导。同时，由于组织学习具有获取和吸收外部知识的能力，成为企业竞争优势的来源之一。对企业来说，为提升适应性，不仅要做足够的知识积累，而且需要通过学习过程将所获取的知识内化，与内部知识整合，进而实现新的创新，即通过组织学习提升创新的效率和水平（Nonaka & Takeuchi，1995）。

通过前文对动态能力理论的回顾以及对其维度的剖析，动态能力表示对改变原因路径与惯例，通过创新接受新的观念，实施新的流程和经营惯例。而且，诸多学者的研究已经表明，组织学习通过知识获取与整合，有利于企业产生创新，能够在快速变化的环境中增强适应能力，即对动态能力的提升有积极的影响。

除此之外，诸多学者的研究显示组织学习的机制对动态能力的形成和提升有积极的促进作用。佐洛（Zollo）和温特（Winter，2002）通过研究认为，动态能力是隐性经验的积累过程、知识外在化过程和知识编码活动这三个相互关联的学习机制作用的结果。其中，知识外在化过程和知识编码活动是学习的认知行为，企业的动态能力需要通过它们得以提升，并在它们的作用下改善企业内部资源基础和经营过程。隐性知识的外在化以及实现文本化都需要通过这些学习机制的作用。企业对环境变化、内部创新以及与绩效的关系会产生新的认识，这些认识对变更原有惯例和企业根本性变革均有影响。实际上，佐洛和温特（2002）的研究已将组织学习视为提升动态能力的前提条件。企业对知识的搜索与利用是交替的，在对知识获取的同时，它们本身也在变化。只有通过隐性经验的积累过程、知识外在化过程和知识编码活动的作用，企业才能更好地调整惯例、创造新知识，这种变化亦是企业动态能力得以提升的具体表现。

在学习机制对动态能力的作用方面，艾森哈特（Eisenhardt）和马丁（Martin，2000）也做了相关研究，他们认为，学习机制不仅为路径依赖做了基础，而且可以促进动态能力的形成与增强。具体而言，重复的实践、知识的编码化、错误（小的失败）、事件发生节奏的快慢和企业所处的市场机制的异同都会促进或者妨碍动态能力的形成与提升。其中，重复的实践可以缩短企业的学习曲线，是一个重要的学习机制；知识的编码可以让经验有章可循，由于经验表现于生产流程和技术之中，需要对其外在化，所以对其编码可使经验更容易学习；小的错误可以丰富企业经验，改善经营，为动态能力的提升提供了试错的机会；事件发生节奏的快慢在时间和速度上对动态能力会有影响，并在其提升上发挥一定作用。而且，动态能力是一般简单能力和相关惯例的组合，具有层次性，它的发生具有一定的次序。动态能力不仅体现在对内部能力的整合，还包括对外部能力的重构，两者均成为其重要的组成部分。所以，动态能力的范围单一层面扩展为企业间的能力。基于此，跨企业间的组织学习以开放的态度对待企业间的关系，联盟、合资等成为普遍的合作形式，更有利于对外部知识的获取和自身能力的更新，摒弃原来的组织惯性，以灵活的形式适应动态环境。

通常来说，组织学习是一系列活动的过程，首先在企业内外部获取相关知识；其次把这些知识进行复制，扩散到企业相关部门；最后将它们制度化，并促进企业间在各个层面的相互学习。从外部环境来看，技术生命周期缩短及动荡性增加，市场中顾客的需求多样化和不确定性增加，以及企业间关系的复杂程度增加，这一系列的变化均说明动态能力提升和组织学习的必要性。所以，组织学习在这种动态的环境中主要从以下两个方面提升动态能力。首先，企业应及时感知环境的变化，时刻保持环境中可能出现的机会和威胁，以及它们可能对企业产生的影响。其次，组织学习是发生在多个层面的活动，通过组织层面、企业家层面和员工个人层面的学习，以及前馈和反馈层次学习层次来改变企业的知识基础和组织惯例来适应外部技术、市场和企业间关系的变化。

基于此，本书提出假设 10-1：

H10-1：组织学习对企业动态能力有积极的显著影响。

## 第二节　变量选择与测量

巴克（Baker）和森库拉（Sinkula，1999）对组织学习的测量量表使用较为普遍，具有良好的信度和效度，本书采用这一量表对组织学习进行测量。同样采用李克特 7 级量表，1 表示非常不同意，7 表示非常同意（见表 10-1）。

**表 10-1　　　　　　　组织学习的测量题项和依据**

| 变量 | 题项内容 | 依据或来源 |
|---|---|---|
| 组织学习 | 1. 公司经理认为，本公司的学习能力是我们的竞争优势 | 巴克和森库拉（1999） |
| | 2. 将学习视为改进的主要方法，是本公司的主要价值观之一 | |
| | 3. 公司将员工学习视为投资，而不是成本 | |
| | 4. 公司认为，学习是公司生存的必要条件 | |
| | 5. 公司认为，员工学习是公司文化中最重要的内容 | |
| | 6. 公司的共识是：一旦我们停止学习，我们的未来就面临危险 | |
| | 7. 公司员工对公司的定位及未来发展有清晰的认识 | |
| | 8. 公司每一层级和部门都有共同的组织愿景 | |
| | 9. 公司全体员工都在为实现公司的目标而奋斗 | |
| | 10. 公司员工都觉得自己应该对公司未来的发展方向承担一份责任 | |
| | 11. 公司的经理与其员工分享他们的愿景 | |
| | 12. 公司有清晰、明确的愿景 | |
| | 13. 公司的员工不怕对公司经营的各种假设提出质疑 | |
| | 14. 公司的经理喜欢自己的观点受到质疑 | |
| | 15. 公司对开放的心智给予高度重视 | |
| | 16. 公司经理鼓励员工突破陈规来思考问题 | |
| | 17. 公司文化强调持续创新 | |
| | 18. 公司非常重视原创性 | |

本部分仍选取企业年龄、规模和所属行业为控制变量，以控制其对

组织动态能力可能产生的影响。

## 第三节 数据分析

### 一 信度分析

表10-2显示了组织学习的信度分析结果，从表10-2中可见，CITC系数均大于0.35，而其Cronbach's α系数为0.943，大于0.7，因此，组织学习的量表信度良好。

表10-2　　　　　　　　组织学习信度分析结果表

| 题项 | CITC系数 | Cronbach's α系数 |
|---|---|---|
| L1 | 0.847 | 0.943 |
| L2 | 0.838 | |
| L3 | 0.836 | |
| L4 | 0.843 | |
| L5 | 0.757 | |
| L6 | 0.769 | |
| L7 | 0.713 | |
| L8 | 0.745 | |
| L9 | 0.786 | |
| L10 | 0.784 | |
| L11 | 0.765 | |
| L12 | 0.747 | |
| L13 | 0.802 | |
| L14 | 0.753 | |
| L15 | 0.849 | |
| L16 | 0.748 | |
| L17 | 0.795 | |
| L18 | 0.812 | |

## 二 效度分析

表 10-3 显示,组织学习的 KMO 值为 0.862,大于 0.7;Bartlett 检验的 P 值显著,说明适合做因子分析。

表 10-3　　　　组织学习的 KMO 与 Bartlett 检验结果

| KMO 值 | | 0.862 |
|---|---|---|
| Bartlett 球体检验 | 近似卡方值 | 3163.427 |
| | 自由度 df | 66 |
| | 显著性检验 Sig. | 0 |

通过因子分析,共提出 3 个因子,分别对应于学习承诺、共同愿景和开放的心智三个维度(见表 10-4)。所提出的 3 个因子的特征根解释的方差累积比例(Cumulative% of variance)为 72.865%,大于 70%。每个测量题项的因子负载(Loading)均大于 0.7,因此组织学习测量题项的效度符合要求。

表 10-4　　　　　　组织学习因子旋转后矩阵

| 题项 | 因子 | | |
|---|---|---|---|
| | 1 | 2 | 3 |
| L1 | 0.743 | | |
| L2 | 0.796 | | |
| L3 | 0.765 | | |
| L4 | 0.812 | | |
| L5 | 0.783 | | |
| L6 | 0.821 | | |
| L7 | | 0.774 | |
| L8 | | 0.782 | |
| L9 | | 0.804 | |
| L10 | | 0.797 | |
| L11 | | 0.812 | |
| L12 | | 0.765 | |

续表

| 题项 | 因子 | | |
|---|---|---|---|
| | 1 | 2 | 3 |
| L13 | | | 0.807 |
| L14 | | | 0.763 |
| L15 | | | 0.775 |
| L16 | | | 0.784 |
| L17 | | | 0.812 |
| L18 | | | 0.746 |

### 三 回归分析

为检验组织学习与动态能力的关系，首先建立模型1，表示控制变量与动态能力直接的关系；然后在模型1的基础上加入组织学习，即模型2，表示组织学习与动态能力的关系。回归分析结果如表10-5所示。

表10-5　　　　　组织学习与动态能力关系的回归模型

| 变量 | 动态能力 | |
|---|---|---|
| | 模型1 | 模型2 |
| 企业年龄 | 0.356*** | 0.284** |
| 企业规模 | 0.373*** | 0.305*** |
| 所属行业 | 0.082 | 0.063 |
| 组织学习 | | 0.417*** |
| $R^2$ | 0.407 | 0.458 |
| 调整后的 $R^2$ | 0.382 | 0.437 |
| F | 49.823*** | 62.644*** |

注：** 表示 $P<0.05$；*** 表示 $P<0.01$。

模型1显示了企业年龄、企业规模和所属行业与动态能力的关系，其中，企业年龄和企业规模对动态能力有显著的正向影响（$\beta=0.356$，$P<0.01$；$\beta=0.373$，$P<0.01$），而企业所属行业对动态能力的影响不显著（$\beta=0.082$，$P>0.1$）。

模型 2 显示，组织学习对动态能力有显著的正向影响（$\beta = 0.417$，$P < 0.01$），即假设 3 得到检验。而且，模型 2 在模型 1 的基础上加入组织学习之后，对动态能力的解释有所提高，$R^2$ 从 0.407 提高到 0.458，且 F 统计量在 0.01 的显著性水平上显著。

## 第四节　基于组织学习的企业动态能力的提升路径

动态能力以知识为基础，这些知识的类型呈现多样化。企业的能力主要包括具体性知识（Specific Knowledge）、整合性知识（Integrative Knowledge）以及配置性知识（Deployment Knowledge）三种类型，尼尔森（Nielsen，2006）并说明了这种按知识在企业能力中的作用对知识进行分类的有效性，并对其进行了解释。其中，具体知识是指企业所掌握的关于某个具体领域的知识，如编程知识、航空知识等技术和科学原理；整合性知识是指企业在具体知识的基础上将许多领域的特殊性知识整合起来的知识；对具体性知识和整合性知识开发利用的知识是配置性知识。

以上知识需要通过组织学习进行内化，组织学习的主体表现为组织层面、企业家层面和员工个人层面。

从组织层面来看，构建成学习型组织是关键。所谓学习型组织，是指企业通过在内部营造浓厚的学习氛围，充分发挥员工的创造性思维能力而建立起来的一种有机的、高度柔性的、符合人性的、能持续发展的组织。学习型组织内各部门协调沟通，员工相互学习，他们之间的合作起到协同作用，给企业带来了持续学习的能力。不仅如此，企业内部员工有共同的价值观念，企业为他们形成共同的目标和愿景，鼓励员工的创新行为与开拓精神，拥有共同发展的精神。另有学者解释了组织学习与学习型组织的关系，认为组织学习一系列活动的过程，包括对知识的获取、转移、整合和创造，同时还包括加强对新知识的认识，利用新知识改变组织行为。这种观点强调的是组织学习的过程，而不是将其仅仅视为组织适应环境的一种手段或工具。而学习型组织亦是一种过程，它必须进行组织学习的过程，必要时还要对该过程进行扩展。可见，组织学习是构建学习型组织的过程，但它不是学习型组织的充分条件，无法保证其实现效果。学习型组织是通过组织学习的过程要实现的结果，是一个有机体的结构。在组织学习中，组织层面的学习承诺、愿景和心智均有重要作用。企业将学习作为企业的主要价值观，并把学习能力视为企业的竞争优势，有清晰、明确的愿景，对开放的心智给予高度重视。当然，必要的文化变革、组织变革、制度变革、技术变革也是支撑组织学习的基础。在组织层面建立的学习价值观、明确的愿景以及进行的组织变革，可以提高企业的整体素质，增强对外部环境的反应能力。

在企业家层面，企业家不断超越自身的欲望、强烈的求知欲和自我实现的需要会正向影响企业的内部文化，使企业内部充满企业家精神。同时，已有研究承认了企业家层面的学习对动态能力具有正向促进的作用。如苏巴那拉希姆（SubbaNarasimha，2001）就揭示了企业家可以赋予组织具有创新、冒险的企业家精神，更有利于企业动态能力的形成以及随后动态能力在企业内部的提升，从而使企业应对动态异质性环境的复杂性。因此，企业家有必要与其员工分享他们的愿景，鼓励员工突破陈规来思考问题。企业家层面的分享愿景、具备的企业家精神以及对创新的鼓励，关系到企业对外部环境机会和威胁的识别，既有利于整体战略决策的制定，以大局的视角审视企业内部状况，也有利于动态能力在更大层面的效应发挥。

企业获得竞争优势的关键知识名义上虽然由组织占有，但实际上主要储存在员工个人大脑中，由员工占有。作为知识迁移的知识源，关键员工具有知识占有能力，并能够将占有的具有稀缺性和价值性的知识通过其在组织中的行为向组织能力进行迁移。特别是高科技企业的技术诀窍和知识产权往往掌握在关键技术员工个人手里。所以，企业需要将员工学习视为投资，而不是成本，全体员工都在为实现企业的目标而奋斗，对未来的发展方向承担一份责任。员工的学习有利于将来自外部的知识和经验在企业内部积累和扩散，加速经验的积累和惯例化，促使新的操作能力的形成，进而起到提升动态能力的作用。

邦蒂斯等（Bontis et al.，2002）指出，组织层面、企业家和员工个体的学习行为并不是相互独立的，他们直接是相互关联的。员工个体层面的学习通过对新知识的探索来影响组织层面的学习，他们将这一过程称为"前馈"过程。同时，组织层面的学习通过嵌入于组织系统、结构和战略之中，把企业的整体知识来作用于员工个人层面的学习，这一过程为"反馈"过程。邦蒂斯等（Bontis et al.，2002）将智力资本、知识管理和组织学习关联起来，认为智力资本是特定时点的知识存量，知识管理就是针对这一知识存量随时间进程的演变所开展的工作，而组织学习这一行为变量的引入，有助于人们更好地理解智力资本存量在时间进程中的变化。邦蒂斯等（2002）的研究中所指的"存量"（Stocks）是针对特定层面的学习主体而言的，至于不同层面之间的知识"流"（Flow），则是以探索新知识的"前馈"学习过程和利用已有知识的"反馈"学习过程来表示的。

动态能力的改变通常以具体性知识、整合性知识和配置性知识为基础的。当企业的知识基础发生变化时，动态能力也随之改变。因此，本书建立基于组织学习的动态能力提升路径，如图10-1所示。

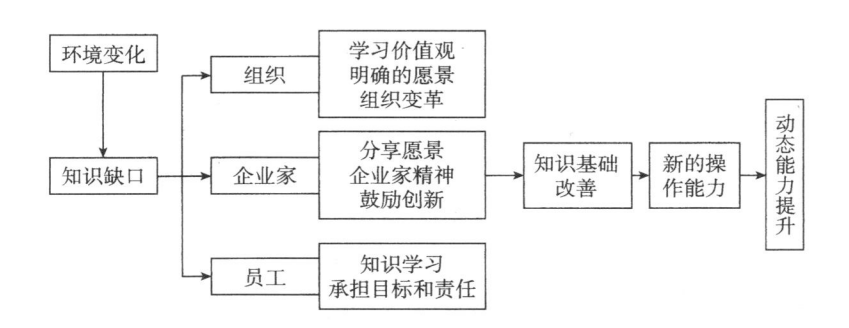

图 10-1　基于组织学习的动态能力提升路径

## 第五节　案例分析

我国机床市场处于"低端混战，高端失守"局面，面对这种状况，沈阳机床在2004年以前主要是以普通机床为主，其他机床企业的做法也大致相同，即使生产数控机床，也是以低端经济型为主，而高端的机床基本由国外引进。所以说国内机床高端市场被德国、日本等国家制造商所垄断。这种现状致使国内机床企业的利润越来越低，无法参与高端市场的竞争，在国际市场上更缺乏竞争力。

面对以上问题，沈阳机床从组织层面将"装备中国，叫响世界，打造国际化、世界级企业"确定为在改革实践中不断明确的战略定位。新集团领导关锡友上任后，从宏观上对经济的发展以及市场环境的变化进行了详尽的分析和预测，并对传统的国有企业改革与发展过程中的问题进行了调研和剖析，基于这些分析，沈阳基础提出了"企业是自主创新的主体"这一论断，为企业提升在创新过程中的地位奠定了基础，然后确立了包括"三个立足于"的内涵式发展思路：立足于改革、创新和突破，挖掘企业潜能；立足于自身努力，不等不靠；立足于企业发展，在发展中解决发展的问题。2003年，中央实施振兴东北地区等老工业基地战略，借此机会，沈阳机床在2004年年初提出了"打造世界知名品牌，创建世界知名公司"的企业战略发展目标，并确立了"三个战略转变"的发展路径，它包括在经济增长方式方面，由单一的内涵式增长向内涵和外延同时发展的转变；在区域方面，由本地经营向跨区域、跨国界经营转变；在业务层次方面，由单纯的产品经营向产品、品牌、资本经营的组合转变。在此战略指导下，沈阳机床开始了对外部的学习与并购，1997—1998年，相继派遣30余名技术人员历时半年到具有先进的生产制造数控机床的国家学习。为提升沈阳机床产品的工艺制造水平，公司专门从德国、日本等发达国家聘请了相关技术领域的专家，并为这些专家建立了专业的工作研究室。公司还并购了德国希斯公司、控股了具有市场优势的昆明机床、重组了云南CY集团。在公司战略目标的指导下，公司采用了多种技术学习的方式，为实现战略目标奠定了基础，"三个战略转变"的目标已经完全实现。

在对待公司改革问题上，沈阳机床的管理层和员工共同认为，转变观念是实现改革的重中之重，它远远超过债务、机构臃肿等问题。所以公司认为，只有改变传统的观念才能使企业快速适应变化的外部环境，才能在构建敏捷性上展现力量。

为此，沈阳机床在2002年年初开始进行新理念构建的任务。第一，公司确立了"在观念转变中赢得发展，在发展中促进观念转变"的工作和改革思路，将改革与观念转变作为所有工作之中的重点，在确定新的企业宗旨、经营观念和市场理念之后，公司上下进行了一场持续、深入的观念转变、思想解放活动。第二，为了实现战略目标，必须配置与之相适应的制度知识资本。公司重视人才经营和制度的改革，进行了人力激励制度创新。关锡友认为，仅仅依赖领导的个人素质和眼光，企业的持续健康发展就很难得到保障，所以，企业非常重视人才，以人才制胜。由于员工是知识的载体，所以沈阳机床把人视为组织学习和释放正能量的主要主体。改革了用人制度和分配制度，任人唯贤，突破传统国企的用人制度局限性。单单第一机床厂就把中层干部以上人员从20世纪90年代末的300多人精减至30多人，集团总部的行政管理部门由最初的20多个降了1倍之多。扩大员工收入分配差距，竞争上岗，提升绩效工资在工资水平中的比重，以调动他们的工作和创新的积极性，他们的能力得以最大限度地展现，也实现了各岗位的公平竞争上岗和经营管理上的纵向更新。建立了系统立体式的人才培养机制，从人员招聘，到人员培养和评价，直至人员的去留，建立起长效管理机制。第三，沈阳机床还进行了财务制度创新。公司为适应发展，完善并创新了财务管理制度与体系：实施预算管理，强化财务控制，实施债务重组，控制财务风险。此外，还进行流程改造，引进ERP系统，从全流程对生产制造进行管理。第四，进行营运制度的创新。沈阳机床与外部的顾客、高校、科研院所和供应商等机构建立了合作关系，从外部获取相关知识或联合创新。一方面，沈阳机床面向市场，和用户之间建立长期的经营和创新伙伴关系，形成利益共同体。从用户需求和市场地位出发，对企业内部、供应商、用户等的资源进行全面整合。另一方面，建立规模优势，对全球机床行业资源进行整合。当公司在技术和市场规模在全球市场建立一定影响力之后，为进步发展，公司不仅对同行业的资源进行并购或重组，而且与德国西门子、机床巨头德马吉等世界著名公司建立合作关系，以实现整体优势的提升。以此方式，沈阳机床彻底废除传统国企的制度弊端，既实现了企业上下观念的转变，又在技术创新和经济效益中起到了立竿见影的效果。

为进一步扩大组织学习的效果，沈阳机床还在组织转型方面做文章，包括从以我为中心向以客户为中心的转型和从以领导为主角向以员工为主角的转型两个方面。具体来说，企业内部的所有标准建立和制度制定均以是否对用户有利为判断标准。从组织结构来看，公司实施事业部制，运营载体和组织方式均以事业部为核心，并且将事业部视为公司管理者的客户。此外，组织学习的目标方面就是为了创新，所以公司将创新作为主题思想。公司的创新不仅包括为应对环境变化而进行的内部运营方式的持续创新，还包括员工层面开展的技术创新、修正和工艺流程的改善。

沈阳机床在组织层面建立的学习价值观、明确的愿景以及进行的组织变革，提升了企业的整体素质，增强对外部环境的反应能力。也反映其在动态环境中对机会的识别与感知，即时调整内部资源，以适应环境的变化。

从企业家层面来看，企业家的整体素质是企业成功的重要条件。企业家在企业中充分制定和执行各项重要任务，无论是战略决策，还是经营过程的管理，企业家在其中更体现为一种功能和代表，当他们识别机会和进行资源整合甚至创新的时候，他们的行为表现为企业家能力。所以，利用企业家能力有利于识别、发展和整合内外部机会和资源。

沈阳机床如今取得的成绩也离不开企业家能力的作用。关锡友作为公司的董事长，既是决策制定的主要参与者和公司发展方向的掌舵者，也是公司在变化环境中感知机会、利用机会的能动主体。关锡友上任以来，在公司内外部进行了诸多有利于组织学习和技术创新的活动，如实施精益生产、改革公司内部规章制度、构建企业的创新网络和创新经营模式和发展方向。以这些方式促使沈阳机床突破旧的观念，整合内外部各类资源，实现技术突破和市场开拓。这不仅增加了公司内部的知识存量，还通过创新网络中的知识流动，增加了公司的知识流量。

机床行业是一个发展周期性很强的行业，从世界机床发展的历史来看，该行业 20 年形成一个大的循环周期。它的制造中心从工业革命最早的英国转移到欧洲大陆、美国以及亚洲发达国家和地区。如今，中国已经是机床的消费和生产大国，成为该行业的中心。然后，随着机床行业的周期变化，它的中心将从中国转移出去还是在中国进行产业升级进入更高水平的机床时代？这一问题成为困扰关锡友多时的问题。2012年，全球机床行业的销售总额为 700 多亿美元，而中国在这一数字上占了近 50%，已经俨然成为消费机床的第一大国，经判断，未来一段时间内中国仍会保持这一水平。在 2011 年，中国机床行业的产量已经超过 10 万台，这一生产规模也是世界最大。面对这种情况，关锡友却是喜忧参半。自他从事这一行业以来，终于实现了世界第一，但这一数字给行业的增长带来了新的挑战。市场规模已经达到一定阈值，而整个行业的生产成本却不断上升，以致行业的整体利润逐渐降低。沈阳机床如何走出这一尴尬局面？如何带领行业进入新的时代？关锡友认为，如果只做增量的话也就意味着，理论上，未来要做到人手一台机床，而这显然是不可能的。一个想法由此在关锡友的心中萌芽：做增量不可能实现，一定要做存量。在中国已经现存数百万的数控机床，谁为它们服务？而在走访客户中，关锡友也发现，客户买机床显然不是终极目的，用机床来加工产品才是他们的真正需求，因此他们关注的是成本、效率。他大胆地想，"既然如此，那么这些机床不用他们买，我来解决"。这一想，开启了沈阳机床从制造转向服务的开端。

　　熊彼特（Schumpeter）在界定创新概念之始就将其与企业家联系在一起，认为企业家的远见和创新精神是企业创新的无形资源。沈阳机床现任董事长关锡友在公司创新进程中所起的作用印证了这一观点。如关锡友获得2012年CCTV中国经济年度人物的理由："他大胆起用一批年轻人，每年投入一亿元打造自己的研发团队。"在公关数控系统核心技术的过程中，每年投入的资金都超过一亿元，但是始终没有研发成果。很多人开始丧失信心并怀疑，真能够研发出世界先进的技术吗？关锡友面对质疑，对研发团队只做两件事：第一，一旦失败所有的风险由他自己承担；第二，等待，最终等到了"飞阳"数控系统的诞生。此外，关锡友个人的创新灵感也影响着公司的创新举措。建立4S店这一营销创新举措，正是关锡友在奥迪4S店修车时获取的灵感。

　　沈阳机床在企业家层面的学习以提升动态能力集中体现在董事长关锡友个人身上，对目标的正确制定以及对创新的鼓励，为企业转型等重大战略决策提供了重要依据。核心技术的突破以及经营方式的改变正是企业动态能力提升的结果表现。

　　从员工层面来看，员工是创新的核心力量，他们的学习对创新的形成和对环境的快速反应均有促进作用。在沈阳机床，员工通过多种多样的方式进行学习与部门和员工间交流。员工在工作之余组织了文学艺术联合会，在该联合会下又形成了书法、国学、摄影等多个分会，通过公司的组织培训、专家辅导、员工之间的交流和比赛以及举办各种作品展览等，他们的兴致、潜力和激情都被激发出来，得以充分展示。由于公司建立了激励创新的制度，通过制定相关创新政策，鼓励员工开展技术革新、技术攻关、技术发明等创新活动，调动员工创新积极性。如公司为单独对各单位科技计划完成情况及各单位的项目团队、管理团队对技术进步支撑进行奖励制定了科技奖励办法，设立了产品创新奖、技术创新奖、技术进步奖和优秀科技工作者奖。在科技奖励办法的激励下，2010 年，沈阳机床收到的员工合理化建议多达 1075 条，开展员工小改小革活动 756 项。2011 年公司共收到合理化建议 3463 条，采纳实施 2454 条，直接参与员工数 4940 人，创造经济效益 9884 万元。正如小改小革活动热心参与者镗工袁志群所说："我的小改小革活动经常受到企业嘉奖，但奖励对我来说并不重要，关键在于通过开动脑筋激发了工作中的潜能，我越发爱上了创新。"公司的创新激励为员工提供了学习、吸收新知识的动力，激活内外部创新资源，而且以项目团队为奖励单位促使员工之间资源互补、信息共享，逐步扩大开放式创新的程度，也正契合了"采用、整合、重塑组织内外技能、资源与功能"的动态能力的构建理念。

沈阳机床的员工对公司目标的执行以及对创新的理解是强有力的，加快了技术创新的速度和成功率，加速经验的积累和惯例化，使企业的知识存量得以扩充，展现了员工层面组织学习对动态能力提升的作用。

从以上分析来看，沈阳机床面对环境的变化，在组织、企业家和员工个人层面对组织学习给予了支撑，进而改变了公司的具体性知识、整合性知识以及配置性知识的存量，使公司形成了新的操作能力，进而从感知能力、吸收能力、整合能力和关系能力四个维度使动态能力得以整体提升。

# 第十一章 研究结论与展望

通过前面六章的研究，本书对动态能力、开放度和创新绩效之间的关系进行了全面、系统、深入的理论分析与实证检验。本章在此基础上，对全文的主要研究结论进行归纳性总结，并针对研究的局限和不足，提出未来的研究展望。

## 第一节 本书的主要结论

本书从动态能力理论下考量开放度与创新绩效的关系，研究动态能力在开放式创新中的作用，以及企业在开放式创新如何发展与提升动态能力。通过选择我国企业作为实证研究样本，并以沈阳机床等企业为案例分析对象，主要得出了如下结论：

（一）企业开放式创新的对象包括用户、供应商、竞争者、科研机构和院校、技术中介组织、政府部门、金融机构以及咨询服务机构

它们在企业开放式创新中起着不同的作用，其中，稳定的用户信息流对促进创新成功十分重要，与用户密切接触有利于准确把握市场需求，产生关键的创新思想，开发出更易被市场接受的新产品；供应商与制造商互补的技术知识和能力可以相互结合，他们在企业创新和开发的早期阶段对多种思想的评估，能大大减少开发时间，缩短产品交付周期，提高创新绩效，供应商参与新产品开发对知识创造与创新能力都有着显著的正向影响；与竞争者的合作可以使企业在专注于自己核心能力的基础上，结合伙伴企业的能力扩展产品功能，形成技术组合优势，发挥创新资源的协同效应，实现技术突破；科研机构和院校能够为企业提

供技术创新所需的上游创新和知识；企业借助专门的技术中介机构可以帮助企业增强创新导向和获取外部创新资源的能力；政府通过制定有关创新的法令、法规和相配套的技术政策，为企业技术创新提供政策支持和创新导向，而且其协调产业共性技术创新平台，搭建有利于信息交流和信息转移的科技交流平台，促进企业与科研机构或企业之间的技术交流与其他信息交流；金融机构为企业解决技术创新的融资问题提供了一种有效途径；此外，咨询服务机构也是企业开放式创新的一种外部创新来源。

（二）开放广度与创新绩效正相关，而开放深度与创新绩效之间存在倒"U"形的曲线相关的关系

开放式创新所引进的外部创新要素为企业所利用，可以减少企业自己内部研发的时间，提高研发效率，加快新技术和新产品创新的速度。

而且，从外部获取互补资源能够改善内部的资源结构、优化资源配置，进而有利于创新成功率的提升。企业在引进外部技术或者将内部技术传递给外部均实现了技术的交流，这能对技术创新无形中形成推动力，增强创新的程度。因此，在一定程度上，企业对它们开放度越大越好，但超过一个度，创新绩效会随着开放度的增加而降低。然而，由于数据分析样本企业的开放广度普遍较低，开放广度和创新绩效的倒"U"形的曲线相关的关系没有得到验证，在我国开放广度与创新绩效正相关。而开放深度与创新绩效之间存在着倒"U"形曲线相关的关系，这与劳森（Laursen）和索尔特（Salter, 2006）的相一致。所以，仍然可以看出，企业在开放式创新中需要一定的成本、能力，并存在技术知识泄密而影响自身竞争优势的风险，这些因素会对创新绩效产生负面影响。

（三）动态能力能够降低开放式创新的负面影响，而且在不同的动态能力下，开放度对创新绩效的影响是不同的

虽然利希滕塔勒 U.（Lichtenthaler, 2008b）等学者强调了动态能力在开放式创新中的重要性，但是没有给出具体的关系路径，而本书展现了更为详尽的结果：动态能力越强，开放度对创新绩效的正向作用越显著，而且开放深度过大的负面效应越能够得以降低。因此，企业在开放式创新过程中应充分发挥动态能力的效力，进而更有效地提升创新绩

效。就具体的开放对象而言，企业主要的开放对象不同，重点发展的动态能力也有所差异。本书将八类开放式创新对象划分为技术类组织、市场类组织和服务类组织，其中，技术类组织包括科研机构、院校和技术中介；市场类组织包括用户、供应商和竞争者；服务类组织包括政府部门、金融和咨询机构。以研究组织为主要开放对象的企业，能够获取领先的技术知识，此时企业应重点发展吸收能力和整合能力，将获取的知识内化并与内部知识整合以转化为创新。以服务组织为主要开放对象的企业，面对复杂的合作关系，需要协调多主体的利益关系，使其在高度动态的市场中服务于企业的创新活动，维持开放式创新的稳定性与持久性，因此应重点发展关系能力。以市场组织为主要开放对象的企业，需要从顾客、竞争者等组织那里感知环境和顾客的需要变化，从中识别威胁和机会，以提升企业对市场的响应速度，因而应重视感知能力的作用。

（四）动态能力随开放度的变化而演变

现有研究中，利希滕塔勒 U.（2008b）、利希滕塔勒 E.（2009）认识到了开放式创新对动态能力的依赖，海尔菲等（2007）也强调了动态能力对开放式创新的促进作用。但是，他们的研究仅是从理论上的探索，而且没有意识到开放式创新的动态过程。本书以沈阳机床为例，对所获取的数据进行数据分析，目的在于从大量的定性数据中提炼出开放式创新过程中动态能力的主题，研究采用扎根理论对所收集资料进行编码分析，对沈阳机床开放式创新的四个过程分别采用了开放性译码、主轴译码。探索发现企业开放度与动态能力直接的演变关系，结果发现，公司特别注重对开放深度的调整。在学习引进阶段，开放度较小，需要将引进来的技术进行吸收消化，因此在这一阶段公司更重视吸收能力的发展；企业的并购重组依赖于其整合能力，整合能力作为动态能力的关系因素，是企业在重整、取得与释放资源的流程，达成组织资源的重新调整，以配合或创造市场上的变动；在共同研发阶段，因创新要素的差异性而使界面高度复杂，面临机会主义、产权、协调等方面的问题；企业需要构建关系能力，以解决共同研发中出现的这些问题；在开放深度较小，采用由内向外的流程中，企业需要感知给予的外向能力，即感知能力。这一研究发现，既验证了开放式创新与动态能力的相互促进作用，且对研究做了有益补充。

(五) 组织学习对动态能力的提升有促进作用

由于动态能力具有知识性和学习性，表明了选取组织学习视角的合理性。通过实证研究方法验证了组织学习对动态能力的积极影响。而且，当外部环境变化时，在组织、企业家和员工个人层面对组织学习给予了支撑，进而改变了公司的具体性知识、整合性知识以及配置性知识的存量，使公司形成了新的操作能力，进而从感知能力、吸收能力、整合能力和关系能力四个维度使动态能力得以整体提升。焦豪等 (2008) 尽管通过对组织学习与动态能力的关系研究，建议企业应在创新与超前行动性氛围下通过组织个体层、群体层与组织层的存量学习和前馈层与反馈层的流量学习构筑并提升企业动态能力，但是其研究缺乏对具体路径的分析，本书构建的基于组织学习的动态能力提升路径对其做了完善。

## 第二节 理论贡献与实践意义

### 一 理论贡献

本书最大的理论意义在于：从动态能力理论下考量开放度与创新绩效的关系，研究动态能力在开放式创新中的作用，以及企业在开放式创新如何发展与提升动态能力，实现了开放式创新与动态能力理论两大研究热点的有机结合。

(一) 深化了开放度和创新之间的关系研究

首先分析了企业开放式创新的合作对象，以及它们在开放式创新中的作用。然后，在分析开放度与创新绩效关系的基础上，本书引入动态能力理论，探讨在动态能力的作用下，企业开放度与创新绩效之间的关系。这进一步完善了企业开放式创新模型。

(二) 明晰了开放式创新导向、模式与企业绩效的关系

在现有关于开放式创新的研究中，明确了开放式创新导向与创新绩效的正向关系，但是未能探索外向型开放式创新导向的类别、模式及其与绩效的关系。本书首先剖析开放式创新导向和模式，检验它们之间的

关系，进一步丰富开放式创新的相关研究。

（三）拓展了动态能力理论研究

本书基于动态能力是企业应对环境创造、拓展和更改资源库而生存的研究框架，将开放式创新视为企业创新的主导范式。一方面，创新主体之间关系的复杂性和创新过程的复杂性特征对企业内外部胜任力提出了挑战，而以往研究提出的吸收能力、技术能力等单一能力已经无法解决企业在网络化创新环境中的所有问题。另一方面，企业能力的边界随着创新过程不断向企业外部拓展。企业不仅需要对知识的积累和再生的学习能力，更需要形成、掌握和利用组织间关系，确保知识获取、吸收、整合到最终应用这一动态过程的畅通，促进创新资源流动的效率。因此，动态能力在开放式创新背景下的作用，回应了利希滕塔勒 U. （2009）提出的"发展适用性"（Evolutionary Fitness）的观点，从构成上进一步拓展了动态能力理论的研究。

## 二　实践意义

（一）为企业有效实施开放式创新提供了依据

本书的研究重在探讨动态能力在开放式创新中的作用，而且具体分析了企业针对不同开放对象应该如何发展动态能力，实现开放度与动态能力的匹配，以及开放度和动态能力的协同演变，进一步明确了企业在创新环境中对内外部资源的配置方向和内容。为企业广泛而持续地从外部中获取互补性创意和技术，保持内部研发和外部获源的合理性"张力"以及提升开放式创新绩效提供了理论依据。

（二）为提高企业动态能力提供了指导

由于动态能力是组织中的积累性学识，企业被视为一个知识的集合体，企业通过积累过程获得新知识，新知识逐渐融入企业的正式和非正式组织中，成为左右企业未来知识积累的重要主导力量，使企业具备适应新环境的能力。因而，动态能力带有知识性和学习性。本书引入组织学习理论，分析其对动态能力的影响，并以组织学习为视角构建动态能力提升的路径，并以沈阳机床为案例，剖析其动态能力提升的路径，为我国企业提供了理论指导。

## 第三节 研究不足与展望

### 一 研究的局限和不足

企业通过构建动态能力提升开放式创新绩效是一个较为普遍的现象，但是对于开放式创新下如何构建与提升动态能力研究仍然是一个很复杂和具有挑战性的工作。本书在充分借鉴和应用现有研究理论和方法的基础上，引入动态能力理论，检验动态能力作用下的开放度与创新绩效的关系，动态能力在开放式创新过程中的演变路径，以及动态能力的提升路径等问题，属于探索性的理论构建，相关研究假设得到了实证检验的支持。但是，由于研究问题本身的复杂，涉及战略管理、创新管理等多个研究领域的知识，限于个人研究能力，研究尚存在一定的局限和不足：

（一）理论框架需要进一步完善

在多因素侵蚀的情况下，开放式创新成为技术创新管理领域中的重要研究主题，目前相关研究正在起步，也取得了一定的研究成果。而现实世界的技术发展和创新过程日趋复杂，又对技术创新的研究学者提出了新的挑战。在这种背景下，对企业来说，如何有效地提升开放式创新绩效的相关研究显得较为滞后，尚未形成一个较统一和完善的理论分析框架，甚至对开放式创新亦无统一认识。在本书中，用开放度来表示开放式创新并不能完全诠释其内容，例如开放式创新多种流程、交易逻辑等内容均在开放度中没有体现，以致本书的研究框架存在局限性，需要进一步完善。

（二）本书仅考察了企业在技术创新过程中的外部资源利用情况，而没有兼顾到企业内部的资源和内部网络

不同企业的开放式创新绩效存在很大差异，不仅由企业的动态能力决定，而且劳森（Laursen）和索尔特（Salter, 2005）认为，这种差异很大程度上也受企业内部资源的影响，汉森（Hansen）和罗利亚（Nohria, 2004）更为直接地将这种因素确定为内部网络，他们认为，内部网络的发展是对外部知识的评估、整合及有效管理的互补性手段。本书

更多地专注于企业的外部资源，分析了开放式对象的构成和作用，而未研究开放式创新中企业内部网络的原因和后果，以及动态能力对其的影响，这是本书的另一个不足和遗憾之处。

（三）受研究方法限制，研究结论并不适用于其他地区

在研究方法方面，本书的实证研究中以企业为调查对象，数据收集相对较难，加之条件有限，样本多数来自我国东部沿海地区，因此样本的地区分布具有一定的局限性，可能影响研究结论对于其他地区企业的适用性。而且，所调查企业中小企业较多，可能会在一定程度上影响到分析的结果。此外，本书最后用于分析的调查问卷，虽达到进行验证性因子分析的一般要求，但以高标准看，存在样本数量偏小的问题。在案例研究中，本书严格遵循了案例研究的方法论，在研究过程中充分考虑了效度与信度问题，但是由于大量事件、因素间接对企业的开放式创新和动态能力的演变产生影响，所以对区分其中的关键因素的作用会产生一定影响。而且，本书尽管对案例企业的开放式创新和动态能力的关系进行了较好的归纳总结，初步形成了动态能力的演变模型，但其普适性还有待进一步检验，可能会由于企业的战略目标和自身能力不同，其开放式创新模式的选择路径不尽相同，进而会影响动态能力的演变路径。当然，该局限与本书所采取的单一案例研究方法有关，该方法缺乏多样本之间的对照和比较，较难提出具有一定普适性的理论命题。

## 二 研究展望

结合本书取得的研究成果，并针对上述的不足之处，后续的研究准备从以下几个方面进行：

（1）未来研究充分考虑开放式创新的内容，如由外向内流程、由内向外流程和耦合流程在动态能力作用下分别对创新绩效的影响及作用机制，企业内部网络在开放式创新中的作用，以完善本书的研究框架，最终形成较为完整的理论体系。

（2）充分考虑开放式创新和动态能力在我国情境下的特殊性，如制度因素和文化因素。西方发达国家处于市场体制成熟的环境中，企业具有明确的创新主体地位，市场需求是推动企业创新的主导因素。所以，西方学者在研究动态能力、开放式创新与绩效关系时更多考虑企业

行为和市场环境。但是，中国处于转型经济发展时期，与市场体制比较成熟的发达国家相比有着较大差异。而且，与西方企业相比，中国企业深受中庸思想的影响。中庸强调对待事物关系要把握一个度，以避免对立和冲突，提倡"贵和""持中"的和谐意识。这种情境对动态能力和开放式创新有何影响需要进一步探索。

（3）扩展提升动态能力的途径。本书从组织、企业家和员工三个层面分析了组织视角下动态能力提升的路径。但是，动态能力除了受组织学习的作用，还受企业战略导向、资源搜索方式等因素的影响。这些因素对动态能力有何影响，通过何种途径提升动态能力等问题有待进一步挖掘。

（4）在未来的研究中应采用更加科学的随机抽样方式扩大调查问卷数量，从而获得更具代表性的样本数据，并进行不同区域和企业类型的结果比较，使结论更加科学。

总之，企业动态能力、开放式创新与创新绩效的关系研究尚处于起步阶段，而企业急需动态能力和开放式创新方面的理论作为指导，这其中存在很多有价值的研究命题值得我们去探索，希望本书能够对这个领域的研究和企业的实践活动起到有益的作用。

# 参考文献

1. 曹红军、赵剑波、王以华：《动态能力的维度：基于中国企业的实证研究》，《科学学研究》2009年第1期。
2. 曹勇、贺晓羽：《知识密集型服务业开放式创新的推进机制研究》，《科学学与科学技术管理》2010年第1期。
3. 曾繁华、李坚：《"以市场换技术"制度安排问题研究》，《管理世界》2000年第5期。
4. 曾萍、蓝海林：《组织学习，知识创新与动态能力：机制和路径》，《中国软科学》2009年第5期。
5. 陈斌、袁泽沛：《组织学习、组织创新与组织绩效之间的关系研究——以武汉市商业银行为例》，《商业研究》2008年第11期。
6. 陈国权：《学习型组织整体系统的构成及其组织系统与学习能力系统之间的关系》，《管理学报》2008年第6期。
7. 陈劲、陈钰芬：《开放创新条件下的资源投入测度及政策含义》，《科学学研究》2007年第2期。
8. 陈劲、蒋子军、陈钰芬：《开放式创新视角下企业知识吸收能力影响因素研究》，《浙江大学学报》（人文社会科学版）2011年第5期。
9. 陈劲、梁靓、吴航：《基于解吸能力的外向型技术转移研究框架——以网络嵌入性为视角》，《技术经济》2012年第5期。
10. 陈劲、吴波：《开放式创新下企业开放度与外部关键资源获取》，《科研管理》2012年第9期。
11. 陈劲、王鹏飞：《选择性开放式创新——以中控集团为例》，《软科学》2011年第2期。

12. 陈学光：《企业网络能力——网络能力、创新网络及创新绩效关系研究》，经济管理出版社 2008 年版。
13. 陈衍泰、何流、司春林：《开放式创新文化与企业创新绩效关系的研究——来自江浙沪闽四地的数据实证》，《科学学研究》2007 年第 3 期。
14. 陈钰芬、陈劲：《开放度对企业技术创新绩效的影响》，《科学学研究》2008 年第 2 期。
15. 陈钰芬：《企业开放式创新的动态模式研究》，《科研管理》2009 年第 5 期。
16. 陈钰芬：《探求与企业特质相匹配的开放式创新模式》，《科研管理》2013 年第 9 期。
17. 董俊武、黄江圳、陈震红：《基于知识的动态能力演化模型研究》，《中国工业经济》2004 年第 2 期。
18. 高良谋、马文甲：《开放式创新：内涵、框架与中国情境》，《管理世界》2014 年第 6 期。
19. 高良谋、韵江、马文甲：《开放式创新下的组织网络能力构架》，《经济管理》2010 年第 12 期。
20. 葛秋萍：《经济收益驱力下开放式创新模式的实施条件选择》，《自然辩证法研究》2010 年第 2 期。
21. 古利平、张宗益：《动态能力的构建：一个演进的观点》，《科技管理研究》2006 年第 10 期。
22. 何郁冰、陈劲：《企业技术多元化战略影响因素的实证研究》，《技术经济》2010 年第 11 期。
23. 贺小刚、李新春、方海鹰：《动态能力的测量与功效：基于中国经验的实证研究》，《管理世界》2006 年第 3 期。
24. 黄俊、李传昭、张旭梅：《动态能力与自主创新能力关联性研究》，《科学学与科学技术管理》2008 年第 12 期。
25. 江积海：《后发企业动态能力演化路径及其机制研究——韩国三星电子 DRAM 产业的案例研究》，《管理评论》2005 年第 9 期。
26. 焦豪、魏江、崔瑜：《企业动态能力构建路径分析：基于创业导向和组织学习的视角》，《管理世界》2008 年第 4 期。

27. 李大元、项保华、陈应龙:《企业动态能力及其功效:环境不确定性的影响》,《南开管理评论》2009年第6期。
28. 李俊江、范思琦:《从封闭走向开放——日本中小企业创新模式的转变》,《东北亚论坛》2010年第5期。
29. 李玲:《技术创新网络中企业间依赖、企业开放度对合作绩效的影响》,《南开管理评论》2011年第4期。
30. 李随成、姜银浩:《供应商参与新产品开发对企业自主创新能力的影响研究》,《南开管理评论》2009年第6期。
31. 李宇、陆艳红、周晓雪:《产业集群中的企业家导向、有意识的知识溢出与集群企业知识资本》,《中国软科学》2017年第12期。
32. 林毅夫、张鹏飞:《后发优势、技术引进和落后国家的经济增长》,《经济学》(季刊)2005年第1期。
33. 刘建兵、柳卸林:《企业研究与开发的外部化及对中国的启示》,《科学学研究》2005年第3期。
34. 刘振、陈劲:《动态能力视角下的开放式创新模式初探》,《中国地质大学学报》(社会科学版)2010年第5期。
35. 罗珉、刘永俊:《企业动态能力的理论架构与构成要素》,《中国工业经济》2009年第1期。
36. 罗炜、唐元虎:《国内外合作创新研究述评》,《科学管理研究》2000年第4期。
37. 马庆国:《管理统计——数据获取、统计原理、SPSS工具及应用研究》,科学出版社2002年版。
38. 马文甲、高良谋:《开放度与创新绩效的关系研究——动态能力的调节作用》,《科研管理》2016年第2期。
39. 毛基业、李晓燕:《理论在案例研究中的作用——中国企业管理案例论坛(2009)综述与范文分析》,《管理世界》2011年第2期。
40. 欧阳桃花:《试论工商管理学科的案例研究方法》,《南开管理评论》2004年第2期。
41. 彭新敏:《企业网络对技术创新绩效的作用机制研究:利用性—探索性学习的中介效应》,博士学位论文,浙江大学,2009年。
42. 彭正龙、王海花:《企业社会责任表现对开放式创新绩效的影响》,

《经济管理》2010 年第 1 期。

43. 齐艳：《企业开放式创新绩效影响因素研究》，博士学位论文，浙江大学，2007 年。

44. 沈伟国、陈艺春：《我国开放式自主创新体系要素模型分析》，《中国软科学》2008 年第 11 期。

45. 唐方成、仝允桓：《经济全球化背景下的开放式创新与企业的知识产权保护》，《中国软科学》2007 年第 6 期。

46. 托马斯·彼得思、罗伯特·沃特曼：《追求卓越》，中央编译出版社 2000 年版。

47. 王炳富、张书慧：《开放式创新网络知识转移拓扑模型研究》，《科技管理研究》2010 年第 9 期。

48. 王海花、彭正龙：《企业社会责任表现与开放式创新的互动关系研究》，《科学管理研究》2010 年第 1 期。

49. 王雎：《开放式创新下的占有制度：基于知识产权的探讨》，《科研管理》2010 年第 1 期。

50. 王圆圆、周明、袁泽沛：《封闭式创新与开放式创新：原则比较与案例分析》，《当代经济管理》2008 年第 11 期。

51. 王重鸣：《心理学研究方法》，人民教育出版社 2001 年版。

52. 魏江、焦豪：《创业导向、组织学习与动态能力关系研究》，《外国经济与管理》2008 年第 2 期。

53. 翁君奕：《差别产品的动态完全竞争》，《中国工业经济》2005 年第 9 期。

54. 谢学军、姚伟：《开放式创新模式下的企业信息资源重组研究》，《图书情报工作》2010 年第 4 期。

55. 杨武、申长江：《开放式创新理论及企业实践》，《管理现代化》2006 年第 5 期。

56. 杨武：《基于开放式创新的知识产权管理理论研究》，《科学学研究》2006 年第 2 期。

57. 杨依依、陈荣秋：《从封闭创新到开放创新——顾客角色、价值及管理对策》，《科学学与科学技术管理》2008 年第 3 期。

58. 于开乐、王铁民：《基于并购的开放式创新对企业自主创新的影响》,《管理世界》2008 年第 4 期。

59. 于淼:《开放式创新导向—能力与创新绩效:CEO 个性的调节作用分析》,《财经问题研究》2017 年第 12 期。

60. 余芳珍、唐奇良:《提升自主创新能力的开放式创新源管理》,《科学学研究》2007 年增刊。

61. 袁健红、李慧华:《开放式创新对企业创新新颖程度的影响》,《科学学研究》2009 年第 12 期。

62. 袁晓东、孟奇勋:《开放式创新条件下的专利集中战略研究》,《科研管理》2010 年第 5 期。

63. 张志坚:《动态能力管理与竞争互动之研究》,硕士学位论文,台湾义守大学管理科学研究所,2001 年。

64. 郑素丽、章威、吴晓波:《基于知识的动态能力:理论与实证》,《科学学研究》2010 年第 3 期。

65. 朱朝晖、陈劲:《探索性学习和挖掘性学习的协同与动态:实证研究》,《科研管理》2008 年第 6 期。

66. Adams G. L., Lamont B. T., "Knowledge Management Systems and Developing Sustainable Competitive Advantage", *Journal of Knowledge Management*, Vol. 7, No. 2, 2003.

67. Adner R., Kapoor R., "Value Creation in Innovation Ecosystems: How the Structure of Technological Interdependence Affects Firm Performance in New Technology Generations", *Strategic Management Journal*, Vol. 31, No. 3, 2010.

68. Adner R., "Match Your Innovation Strategy to Your Innovation Ecosystem", *Harvard Business Review*, Vol. 84, No. 4, 2006.

69. Afuah A., "How Much Do Your Co-opetitors' Capabilities Matter in the Face of Technological Change?", Vol. 21, No. 3, 2000.

70. Agarwal R., Selen W., "Dynamic Capability Building in Service Value Networks for Achieving Service Innovation", *Decision Sciences*, Vol. 40, No. 3, 2009.

71. Ahuja G., Morris Lampert C., "Entrepreneurship in the Large Corporation: A Longitudinal Study of How Established Firms Create Break-

through Inventions", *Strategic Management Journal*, Vol. 22, No. 6/7, 2001.

72. Ambrosini V., Bowman C., "What are Dynamic Capabilities and are They a Useful Construct in Strategic Management", *International Journal of Management Reviews*, Vol. 11, No. 1, 2009.

73. Argyris C., Schon D. A., *Organizational Learning Reading*, MA: Addison-Wesley, 1978.

74. Bacharach, S. B., "Organizational Theories: Some Criteria for Evaluation", *Academy of Management Review*, Vol. 14, No. 4, 1989.

75. Bahemia H., Squire B., "A Contingent Perspective of Open Innovation in New Product Development Projects", *International Journal of Innovation Management*, Vol. 14, No. 4, 2010.

76. Baker W. E., Sinkula J. M., "The Synergistic Effect of Market Orientation and Learning Orientation on Organizational Performance", *Journal of the Academy of Marketing Science*, Vol. 27, No. 4, 1999.

77. Barkema H. G., Bell J. H. J., Pennings J. M., "Foreign Entry, Cultural Barriers, and Learning", *Strategic Management Journal*, Vol. 17, No. 2, 1996.

78. Barney J., "Firm Resources and Sustained Competitive Advantage", *Journal of Management*, Vol. 17, No. 1, 1991.

79. Barreto I., "Dynamic Capabilities: A Review of Past Research and an Agenda for the Future", *Journal of Management*, Vol. 36, No. 1, 2010.

80. Becker W., Dietz J. R&D., "Cooperation and Innovation Activities of Firms - evidence for the German Manufacturing Industry", *Research Policy*, Vol. 33, No. 2, 2004.

81. Belussi F., Sammarra A., Sedita S. R., "Learning at the Boundaries in an Open Regional Innovation System: A focus on Firms Innovation Strategies in the Emilia Romagna Life Science Industry", *Research Policy*, Vol. 39, No. 6, 2010.

82. Bontis N., Crossan M. M., Hulland J., "Managing an Organizational Learning System by Aligning Stocks and Flows", *Journal of Management*

*Studies*, Vol. 39, No. 4, 2002.

83. Booth R., "Agile Manufacturing", *Engineering Management Journal*, Vol. 6, No. 2, 1996.

84. Bougrain F., Haudeville B., "Innovation, Collaboration and SMEs Internal Research Capacities", *Research Policy*, Vol. 31, No. 5, 2002.

85. Bowman C., Ambrosni V., "How the Resource – based and the Dynamic Capability Views of the Firm Inform Corporate – level Strategy", *British Journal of Management*, Vol. 14, No. 4, 2003.

86. Brown J. S., Hagel J., "Creation Nets: Getting the Most from Open Innovation", *McKinsey Quarterly*, No. 2, 2006.

87. Bruno C., Giovanni V., "Open Innovation: Are Inbound and Outbound Knowledge Flows Really Complementary", *Strategic Management Journal*, Vol. 37, No. 6, 2016.

88. Cepeda G., Vera D., "Dynamic Capabilities and Operational Capabilities: A Knowledge Management Perspective", *Journal of Business Research*, Vol. 60, No. 5, 2007.

89. Chen J., Chen Y., Vanhaverbeke W., "The Influence of Scope, Depth, and Orientation of External Technology Sources on the Innovative Performance of Chinese Firms", *Technovation*, Vol. 31, No. 8, 2011.

90. Cheng C., Huizingh K. R. E., "Open Innovation to Increase Innovation Performance: Evidence from a Large Survey", *Proceedings of the XXI ISPIM International Conference*, Bilbao, Spain, June. 2010.

91. Chesbrough H. W., *Open Innovation: The New Imperative for Creating and Profiting from Technology*, Boston: Harvard Business Press, 2003.

92. Chesbrough H., Bogers M., "Explicating Open Innovation: Clarifying an Emerging Paradigm for Understanding Innovation", Chesbrough H., Vanhaverbeke W, West J, *Open Innovation: New Frontiers and Applications*, Oxford: Oxford University Press, 2014.

93. Chesbrough H, Crowther A. K., "Beyond High Tech: Early Adopters of Open Innovation in Other Industries", *R&D Management*, Vol. 36, No. 3, 2006.

94. Chesbrough H., Schwartz K., "Innovating Business Models with Co-development Partnerships", *Research Technology Management*, Vol. 50, No. 1, 2007.
95. Chesbrough H., "Open Innovation: A New Paradigm for Understanding Industrial Innovation", Chesbrough H., Vanhaverbeke W. and West J., *Open Innovation: Researching a New Paradigm*, Oxford: Oxford University Press, 2006.
96. Chiaromonte F., "Open Innovation through Alliances and Partnership: Theory and Practice", *International Journal of Technology Management*, Vol. 33, No. 2/3, 2006.
97. Chiaroni D., Chiesa V., Frattini F., "The Open Innovation Journey: How Firms Dynamically Implement the Emerging Innovation Management Paradigm", *Technovation*, Vol. 31, No. 1, 2011.
98. Christensen C. M., Raynor M. E., *The Innovator's Solution: Creating and Sustaining Successful Growth*, Brighton: Harvard Business Press, 2003.
99. Christensen F., Olesen H., Kjaer S., "The Industrial Dynamics of Open Innovation - Evidence from the Transformation of Consumer Electronics", *Research Policy*, Vol. 34, No. 10, 2005.
100. Christensen J. F., "Wither Core Competency for the Larger Corporations in an Open Innovation World", *Open Innovation: Researching a New Paradigm*, Oxford: Oxford University Press, 2006.
101. Christian Lüthje, Herstatt C., "The Lead User Method: An Outline of Empirical Findings and Issues for Future Research", *R&D Management*, Vol. 34, No. 5, 2004.
102. Cohen W. M., Levinthal D. A., "Absorptive Capacity: A New Perspective on Learning and Innovation", *Administrative Science Quarterly*, Vol. 35, No. 1, 1990.
103. Collis D. J., "Research Note: How Valuable are Organizational Competence", *Strategic Management Journal*, No. 15, 1994.
104. Colyvas J., Crow M., Gelijns A. et al., "How do University Inven-

tions Get into Practice", *Management Science*, Vol. 48, No. 1, 2002.

105. Cybert R. M. and March J. G., *A Behavioral Theory of the Firm*, New Jersey: Prantice-hall, 1963.

106. D'Aveni, R., *Hyper-competition: Managing the Dynamics of Strategic Maneuvering*, New York: the Free Press, 1994.

107. Dahlander L., Gann D. M., "How Open is Innovation", *Research policy*, Vol. 39, NO. 6, 2010.

108. Davenport S, Davies J, Grimes C., "Collaborative Research Programmes: Building Trust from Difference", *Technovation*, Vol. 19, No1, 1998.

109. David P. A., Hall B. H., Toole A. A., "Is Public R&D a Complement or Substitute for Private R&D? A Review of the Econometric Evidence", *Research Policy*, Vol. 29, No. 4, 2000.

110. De Backer K., Cervantes M., *Open Innovation in Global Networks*, OECD Publishing, 2008.

111. De Clercq D., Dimov D., "Internal Knowledge Development and External Knowledge Access in Venture Capital Investment Performance", *Journal of Management Studies*, Vol. 45, No. 3, 2008.

112. Dittrich K., Duysters G., "Networking as a Means to Strategy Change: The Case of Open Innovation in Mobile Telephony", *Journal of Product Innovation Management*, Vol. 24, No. 6, 2007.

113. Dodgson M., Gann D., Salter A., "The Role of Technology in the Shift Towards Open Innovation: The Case of Procter&Gamble", *R&D Management*, Vol. 36, No. 3, 2006.

114. Dosi, G., "Sources, Procedures, and Micro-economic Effects of Innovation", *Journal of Economic Literature*, Vol. 26, No. 3, 1988.

115. Dyer J H., Singh H., "The Relational View: Cooperative Strategy and Sources of Inter-organizational Competitive Advantage", *Academy of Management Review*, Vol. 23, No. 4, 1998.

116. Eiema. *Innovation through Spinning In and out*, Working Group Report WG60, 2003.

117. Eisenhardt K. M., Martin J. A., "Dynamic Capabilities: What are They", *Strategic Management Journal*, Vol. 21, No. 10/11, 2000.
118. Eisenhardt K. M., "Building Theories from Case Study Research", *Administrative Science Quarterly*, Vol. 14, No. 4, 1989.
119. Elmquist M., Fredberg T., Ollila S., "Exploring the Field of Open Innovation", *European Journal of Innovation Management*, Vol. 12, No. 3, 2009.
120. Enkel E., Gassmann O., "Creative Imitation: Exploring the Case of Cross – Industry Innovation", *R&D Management*, Vol. 40, No, 3. 2010.
121. Enkel E., Gassmann O., *Driving Open Innovation In the front End*, University of St. Gallen, 2008.
122. Faems D., De Visser M., Andries P., Van Looy, B., "Technology Alliance Portfolios and Financial Performance: Value – enhancing and Cost – Increasing Effects of Open Innovation", *Journal of Product Innovation Management*, Vol. 27, No. 6, 2010.
123. Faems D., Van Looy B., Debackere K., "Inter – organizational Collaboration and Innovation: Toward a Portfolio Approach", *Journal of Product Innovation Management*, Vol. 22, No. 3, 2005.
124. Fauchart, E. and Von Hippel, E., "Norms – Based Intellectual Property Systems: The Case of French Chefs", *Organization Science*, Vol. 19, No. 2, 2008.
125. Feller J., Finnegan P, . Hayes J. et al., "Institutionalising Information Asymmetry: Governance Structures for Open Innovation", *Information Technology & People*, Vol. 22, No. 4, 2009.
126. Fetterhoff T. J., Voelkel D., "Managing Open Innovation in Biotechnology", *Research Technology Management*, Vol. 49. No. 3, 2006.
127. Flatten T., Greve G., Brettel M., "Absorptive Capacity and Firm Performance in SMEs: The Mediating Influence of Strategic Alliances", *European Management Review*, Vol. 8, No. 3, 2011.
128. Fleming L., Waguespack D. M., "Brokerage, Boundary Spanning,

and Leadership in Open Innovation Communities", *Organization science*, Vol. 18, No. 2, 2007.
129. Frank Tietze, *Technology Market Transactions – Auctions, Intermediaries and Innovation*, New York: Social Science Electronic Publishing, 2012.
130. Franke N., Von Hippel E., Schreier M., "Finding Commercially Attractive User Innovations: A Test of Lead – user Theory", *Journal of Product Innovation Management*, Vol. 23, No. 4, 2006.
131. Freeman C., Soete L., *The Economics of Industrial Innovation*, London: Routledge, 1997.
132. Freeman C., "Networks of Innovators: A Synthesis of Research Issues", *Research Policy*, Vol. 20, No. 5, 1991.
133. Frishammar J., ÅkeHörte S., "Managing External Information in Manufacturing Firms: The Impact on Innovation Performance", *Journal of Product Innovation Management*, Vol. 22, No. 3, 2005.
134. Gambardella A., Giuri P., Luzzi A., "The Market for Patents in Europe", *Research Policy*, Vol. 36, No. 8, 2007.
135. Ganguly A., Nilchiani, R., Farr, J. V., "Evaluating Agility in Corporate Enterprises", *International Journal of Production Economics*, Vol. 118, No. 2, 2009.
136. Gassmann O., Enkel E., "Towards a Theory of Open Innovation: Three Core Process Archetypes", *R&D Management Conference*, 2004.
137. Gassmann O., "Opening up the Innovation Process: Towards an Agenda", *R&D Management*, Vol. 36, No. 3, 2006.
138. Gehani, R. R., "Time – Based Management of Technology: A Taxonomic Integration of Tactical and Strategic Roles", *International Journal of Operations & Production Management*, Vol. 15, No. 2, 1995.
139. Gemünden H. G., Ritter T., Heydebreck P., "Network Configuration and Innovation Success: An Empirical Analysis in German High – Tech Industries", *International Journal of Research in Marketing*, Vol. 13, No. 5, 1996.

140. Gherardis, Nicolini D., "The Organizational Learning of Safety in Communities of Practice", *Journal of Management Inquiry*, Vol. 9, No. 1, 2000.

141. Grant R. M., *Contemporary Strategy Analysis: Concepts, Techniques, Applications*, Malden, Massachusset USA: Blackwell Publishers Ltd., 2002.

142. Groen A. J., Linton J. D., "Is Open Innovation a Field of Study or a Communication Barrier to Theory Development?", *Technovation*, Vol. 30, No. 11, 2010.

143. Gulati R., "Alliances and Networks", *Strategic Management Journal*, Vol. 19, NO. 4, 1998.

144. Gunasekaran A., "Agile Manufacturing: Enablers and An Implementation Framework", *International Journal of Production Research*, Vol. 36, No. 5, 1998.

145. Hagedoorn J., & Cloodt M., "Measuring Innovative Performanee: Is There Advantage in Using Multiple Indicators?" *Research Policy*, Vol. 32, No. 8, 2003.

146. Hansen M. T, Nohria N., "How to Build Collaborative Advantage", *MIT Sloan Management Review*, Vol. 46, No. 1, 2004.

147. Hastbacka M. A., "Open Innovation: What's Mine is Mine. What if Yours Could Be Mine Too", *Technology Management Journal*, Vol. 12, No. 1/3, 2004.

148. Helfat C., FinkelsteIin S., Mitchell W., Peteraf M., Singh H., Teece D., Winter S., *Dynamic Capabilities: Understanding Strategic Change In Organizations*, Oxford: Blackwell, 2007.

149. Henkel J., "Selective Revealing in Open Innovation Processes: The Case of Embedded Linux", *Research Policy*, Vol. 35, No7, 2006.

150. Hienerth C., "The Commercialization of User Innovations: The Development of The Rodeo Kayak Industry", *R&D Management*, Vol. 36, No. 3, 2006.

151. Hills G.. E, Lumpkin G. T., Singh R. P. "Opportunity Recognition:

Perceptions and Behaviors of Entrepreneurs", *Frontiers of Entrepreneurship Research*, Vol. 17, 1997.

152. Ho Yung – Ching, and Tsai Tsui – Hsu, "The Impact of Dynamic Capabilities with Market Orientation and Resourcebased Approaches on Npd Project Performance", *Journal of American Academy of Business*, Vol. 8, No. 1, 2006.

153. Hoecht A., Trott P., "Trust Risk and Control in the Management of Collaborative Technology Development", *International Journal of Innovation Management*, Vol. 3, No. 3, 1999.

154. Hoffmann W. H., Schlosser R., "Success Factors of Strategic Alliances in Small and Medium – Sized Enterprises – an Empirical Survey", *Long Range Planning*, Vol. 34, No. 3, 2001.

155. Hoi. C. M, Lyles. M., "Organizational Learning", *Academy of Management Review*, Vol. 10, No4, 1985.

156. Hu Y., Mcnamara P., Mcloughlin D., "Outbound Open Innovation in Bio – Pharmaceutical Out – Licensing", *Technovation*, Vol. 35, No. 1, 2015.

157. Huang F., Rice J. "The Role of Absorptive Capacity in Facilitating 'Open Innovation' Outcomes: A Study of Australian Smesi in The Manufacturing Sector", *International Journal of Innovation Management*, Vol. 13, No. 2, 2009.

158. Huizingh E., "Open Innovation: State of The Art and Future Perspectives", *Technovation*, Vol. 31, No. 1, 2011.

159. Hult G. T. M., Ferrell O. C., "Global Organizational Learning Capacity in Purchasing: Construct and Measurement", *Journal of Business Research*, Vol. 40, No. 2, 1997.

160. Huston L., Sakkab N., "Connect and Develop", *Harvard Business Review*, Vol. 84, No. 3, 2006.

161. Igartua J. I., Garrigós J. A., Hervas – Oliver J. L., "How Innovation Management Techniques Support an Open Innovation Strategy", *Research – Technology Management*, Vol. 53, No. 3, 2010.

162. Ikujirononaka, Hirotaka Takeuchi, *The Knowledge – Creating Company*, New York: Oxford University Press, *1995*.

163. Jacobides M. G., Billiger S., "Designing the Boundaries of the Firm: From 'Make, Buy, Or Ally' to the Dynamic Benefits of Vertical Architecture", *Organization Science*, Vol. 17, No. 2, 2006.

164. Jeppesen L. B., Laursen K., "The Role of Lead Users in Knowledge Sharing", *Research Policy*, Vol. 38, No. 10, 2009.

165. Johnsen T., Ford D., "Managing Collaborative Innovation in Complex Networks: Findings from Exploratory Interviews", $16^{th}$ *Annual Imp Conference*, 2000.

166. Kafouros M. I., Forsans N., "The Role of Open Innovation in Emerging Economies: Do Companies Profit from the Scientific Knowledge of Others?" *Journal of World Business*, Vol. 47, No. 3, 2012.

167. Kaplan A., *The Conduct of Inquiry: Methodology for Behavioral Sciences*, New York: Thomas Y. Crowell Company, 1964.

168. Katila R, Ahuja G., "Something Old, Something New: a Longitudinal Study of Search Behavior and New Product Introduction", *Academy of Management Journal*, Vol. 45, No. 6, 2002.

169. Katila R., "New Product Search Over Time: Past Ideas in Their Prime?" *Academy of Management Journal*, Vol. 45, No. 5, 2002.

170. Katz R., Allen T. J., *Organizational Issues In the Introduction of New Technologies*, Springer US, 1985.

171. Kaufmann A, T? dtling F., "Science – Industry Interaction in the Process of Innovation: the Importance of Boundary – Crossing Between Systems", *Research Policy*, Vol. 30, No. 5, 2001.

172. Kaulio M. A., "Customer, Consumer and User Involvement in Product Development: A Framework and a Review of Selected Methods", *Total Quality Management*, Vol. 9, No. 1, 1998.

173. Kelly D., Amburgey T. L. "Organizational Inertia and Momentum: A Dynamic Model of Strategic Change", *Academy of Management Journal*, Vol. 34, No. 3, 1991.

174. Keupp M. M., Gassmann O., "Determinants and Archetype Users of Open Innovation", *R&D Management*, Vol. 39, No. 4, 2009.
175. Kirzner, I. M., *Competition and Entrepreneurship*, Chicago: University of Chicago Press, 1973.
176. Kline D., "Sharing the Corporate Crown Jewels", *MIT Sloan Management Review*, Vol. 44, No. 3, 2003.
177. Knudsen L. G., "Determinants of 'Openness' In R&D Collaboration: The Roles of Absorptive Capacity and Appropriability", *Druid – Dime Academy Winter* 2006 *Phd Conference*, 2006.
178. Koput K. W., "A Chaotic Model of Innovative Search: Some Answers, Many Questions", *Organization Science*, Vol. 8, No. 5, 1997.
179. Koruna S., "External Technology Commercialization – Policy Guide – Lines", *International Journal of Technology Management*, Vol. 27, No. 2/3, 2004.
180. Kostopoulos K., Papalexandris A., Papachroni M., Loannoud George, "Absorptive Capacity, Innovation, and Financial Performance", *Journal of Business Research*, Vol. 64, No. 12, 2001.
181. Lane P. J., Lubatkin M., "Relative Absorptive Capacity and Inter – organizational Learning", *Strategic Management Journal*, Vol. 19, No. 5, 1998.
182. Laursen K., Salter A., "Open for Innovation: The Role of Openness In Explaining Innovation Performance Among UK Manufacturing Firms", *Strategic Management Journal*, Vol. 27, No. 2, 2006.
183. Laursen K., Salter A., "Searching High and Low: What Types of Firms Use Universities as a Source of Innovation?" *Research Policy*, Vol. 33, No. 8, 2004.
184. Laursen K., Salter A., "The Paradox of Openness: Appropriability and The Use of External Sources of Knowledge for Innovation", *Academy of Management Conference*, Hawaii, 2005.
185. Lazzarotti V., ManzIni R., "Different Modes of Open Innovation: A Theoretical Framework and an Empirical Study", *International Journal*

*of Innovation Management*, Vol. 13, No. 4, 2009.

186. Lee S., Park G., Yoon B., Park J., "Open Innovation in Smes – An Inter-mediated Network Model", *Research Policy*, Vol. 39, No. 2, 2010.

187. Leonard-Barton, D., "Core Capabilities and Core Rigidities: A Paradox in Managing New Product Development", *Strategic Management Journal*, Vol. 13, No. 1, 1992.

188. Lettl C., Herstatt C., Gemuenden H. G., "Users' Contributions to Radical Innovation: Evidence from Four Cases in the Field of Medical Equipment Technology", *R&D Management*, Vol. 36, No. 3, 2006.

189. Liao J., Kickul J. R., Ma H., "Organizational Dynamic Capability and Innovation: an Empirical Examination of Internet Firms", *Journal of Small Business Management*, Vol. 47, No. 3, 2009.

190. Lichtenthaler U., Ernst H., "External Technology Commercialization in Large Firms: Results of a Quantitative Benchmarking Study", *R&D Management*, Vol. 37, No. 5, 2007.

191. Lichtenthaler U., Ernst H., "Opening up the Innovation Process: The Role of Technology Aggressiveness", *R&D Management*, Vol. 39, No. 1, 2009.

192. Lichtenthaler U., Lichtenthaler E., "A Capability-Based Framework for Open Innovation: Complementing Absorptive Capacity", *Journal of Management Studies*, Vol, 46, No. 8, 2009.

193. Lichtenthaler U., Lichtenthaler E., "Technology Transfer Across Organizational Boundaries: Absorptive Capacity and Desorptive capacity", *California Management Review*, Vol. 53, No. 1, 2010.

194. Lichtenthaler U., "Open Innovation in Practice: An Analysis of Strategic Approaches to Technology Transaction", *Engineering Management*, Vol. 55, No. 1, 2008.

195. Lichtenthaler U., "Open Innovation: Past Research, Current Debates, and Future Directions", *The Academy of Management Perspectives*, Vol. 25, No. 1, 2011.

196. Lichtenthaler U. , "Outbound Open Innovation and its Effect on Firm Performance: Examining Environmental Influences", *R&D Management*, Vol. 39, No. 4, 2009.

197. Lichtenthaler U. , "Relative Capacity: Retaining Knowledge Outside a Firm's Boundaries", *Journal of Engineering and Technology Management*, Vol. 25, No. 3, 2008.

198. Lieberman M. L. , Montgomery D. B. , "First – Mover (Dis) Advantages: Retrospective and Link with the Resource – Based View", *Strategic Management Journal*, Vol. 19, No. 12, 1998.

199. Lukas B. A, Hult G. T. M, Ferrell O. C. A. , "Theoretical Perspective of Te Antecedents and Consequences of Organizational Learning in Marketing Channels", *Journal of Business Research*, Vol. 36, No. 3, 1996.

200. Marquardt, M. J. , "Five Elements of Learning", *Executive Excelence*, No. 9, 2002.

201. Marsh S. J, Stock G. N. , "Building Dynamic Capabilities in New Product Development Through Inter – temporal Integration", *Journal of Product Innovation Management*, Vol. 20, No2, 2003.

202. Michael L. Pettus, Yasemin Y. Kor, and Joseph T. Mahoney, *A Theory of Change In Turbulent Environments: The Sequencing of Dynamic Capabilities Following Industry Deregulation*, Working Paper, 2007.

203. Miotti L. , Sachwald F. , "Co – Operative R&D: Why and with Whom?: An Integrated Framework of Analysis", *Research Policy*, Vol. 32, No. 8, 2003.

204. Mohnen P. , Hoareau C. , "What Type of Enterprise Forges Close Links with Universities and Government Labs? Evidence from Cis", *Managerial & Decision Economics*, Vol. 24, No. 2/3, 2003.

205. Mohr J. , Spekman R. , "Characteristics of Partnership Success: Partnership Attributes, Communication Behavior, and Conflict Resolution Techniques", *Strategic Management Journal*, Vol. 15, No. 2, 1994.

206. Monjon S. , Waelbroeck P. , "Assessing Spillovers from Universities to

Firms: Evidence from French Firm – Level Data", *International Journal of Industrial Organization*, Vol. 21, No. 9, 2003.

207. Monteiro, F., Mol, M. J., and Birkinshaw, J., "External Knowledge Access Versus Internal Knowledge Protection: A Necessary Trade – off", *Academy of Management Proceedings*, No. 1, 2011.

208. Moorman C., Miner A. S., "The Convergence of Planning and Execution: Improvisation In New Product Development", *The Journal of Marketing*, Vol. 62, No. 3, 1998.

209. Morrison P. D., Roberts J. H., Midgley D. F., "The Nature of Lead Users and Measurement of Leading Edge Status", *Research Policy*, Vol. 33, No. 2, 2004.

210. Morrison P. D., Roberts J. H, Von Hippel, "Determinants of User Innovation and Innovation Sharing in a Local Market", *Management Science*, Vol. 46, No. 12, 2000.

211. Murray F, O'Mahony S., "Exploring the Foundations of Cumulative Innovation: Implications for Organization Science", *Organization Science*, Vol. 18, No. 6, 2007.

212. Nakamura M., "Research Alliances and Collaborations: Introduction to The Special Issue", *Managerial and Decision Economics*, Vol. 24, No. 2/3, 2003.

213. Nelson R. R., Winter S. G., "An Evolutionary Theory of Economic Change", *Administrative Science Quarterly*, Vol. 32, No. 2, 1982.

214. Nielsen A. P., "Understanding Dynamic Capabilities Through Knowledge Management", *Journal of Knowledge Management*, Vol. 10, No. 4, 2006.

215. Nijssen E. J., Van Reekum R., Hulshoff H. E., "Gathering and Using Information for the Selection of Technology Partners", *Technological Forecasting and Social Change*, Vol. 67, No. 2, 2001.

216. O'Connor G., "Open, Radical Innovation: Toward an Integrated Model in Large Established Firm", Chesbrough, H., Vanhaverbeke W. and West. J, *Open Innovation: Researching a New Paradigm*, Oxford:

Oxford University Press, 2006.
217. Pavlou P. A., El Sawy O. A., "From it Leveraging Competence to Competitive Advantage in Turbulent Environments: The Case of New Product Development", *Information Systems Research*, Vol. 17, No. 3, 2006.
218. Pavlou P. A., "It – Enabled Dynamic Capabilities in New Product Development: Building a Competitive Advantage in Turbulent Environments", University of Southern California, 2004.
219. Penrose E. T., *The Theory of Growth of The Firm*, Oxford: Basil Blackwell Publisher, 1959.
220. Perkmann M., Walsh K., "University – Industry Relationships and Open Innovation: Towards a Research Agenda", *International Journal of Management Reviews*, Vol. 9, No. 4, 2007.
221. Peteraf M. A., "The Cornerstones of Competitive Advantage: A Resource – Based View", *Strategic Management Journal*, Vol. 14, No. 3, 1993.
222. Pettigrew M., "Longitudinal Field Research on Change: Theory and Practice", *Organization Science*, Vol. 1, No. 3, 1990.
223. Piller F., Schaller C., Walcher D., "Customers as Co – Designers: A Framework for Open Innovation", *German Ministry of Research*, Vol. 12, No. 4, 2003.
224. Poot T., Faems D., Vanhaverbeke W., "Toward a Dynamic Perspective on Open Innovation: A Longitudinal Assessment of the Adoption of Internal and External Innovation Strategies in the Netherlands", *International Journal of Innovation Management*, Vol. 13, No. 2, 2009.
225. Popa S., Soto – Acosta P., Martinez – Conesa I., "Antecedents, Moderators, and Outcomes of Innovation Climate and Open Innovation: An Empirical Study in SMEs", *Technological Forecasting and Social Change*, Vol. 118, No. 5, 2017.
226. Powell W. W., Koput K. W., Smith – Doerr L., "Inter – organizational Collaboration and the Locus of Innovation: Networks of Learning

in Biotechnology", *Admnistrative Science Quarterly*, 1996.
227. Praest Knudsen M., Bøtker Mortensen T., "Some Immediate but Negative Effects of Openness on Product Development Performance", *Technovation*, Vol. 31, No. 1, 2011.
228. Prahalad C. K., Hamel G., "The Core Competency of the Corporation", *Harvard Business Review*, Vol. 68, No. 3, 1990.
229. Rebecca Henderson, Iain Cockburn, "Measuring Competence? Exploring Firm Effects in Pharmaceutical Research", *Strategic Management, Journal*, 1994.
230. Reichwald R., Piller F., *Interactive Wertschöpfung: Open Innovation, Individualisierung Und Neueformen Der Arbeitsteilung*, Springer De, 2009.
231. Repenning N. P, Sterman J. D., "Capability Traps and Self-Confirming Attribution Errors in the Dynamics of Process Improvement", *Administrative Science Quarterly*, Vol. 47, No. 2, 2002.
232. Rigby D., Zook C., "Open-Market Innovation", *Harvard Business Review*, Vol. 80, No. 10, 2002.
233. Ritala P., Hurmelinna-Laukkanen P., "What's in it for Me? Creating and Appropriating Value in Innovation-Related Coopetition", *Technovation*, Vol. 29, No. 12, 2009.
234. Ritter T, Gemünden H. G., "The Impact of a Company's Business Strategy on its Technological Competence, Network Competence and Innovation Success", *Journal of Business Research*, Vol. 57, No. 5, 2004.
235. Rogers H. M., "Innovation and the Survival of New Firms in the UK", *Review of Industrial Organization*, Vol. 36, No. 3, 2010.
236. Rohrbeck R., "Harnessing a Network of Experts for Competitive Advantage: Technology Scouting in The Ict Industry", *R&D Management*, Vol. 40, No. 2, 2010.
237. Rothwell R., Zegveld W., *Reindusdalization and Technology*, London: Logman Group Limited, 1985.

238. Sapienza, H., Parhankangas, A. and Autio, E., "Knowledge Relatedness and Postspin – Off Growth", *Journal of Business Venturing*, Vol. 19, No. 6, 2004.

239. Sawhney M, Prandelli E, Verona G., "The Power of Innomediation", *MIT Sloan Management Review*, Vol. 44, No. 2, 2002.

240. Sclznickp, *Leadership in administration: A Brief Overview of Themes and Contributions*, Harper and row, London: Oxford University Press, 1957.

241. Senge, P. M., *The Fifth Discipline: The Art of The Learning Organization*. New York: Doubleday, 1990.

242. Shane S., "Prior Knowledge and the Discovery of Entrepreneurial Opportunities", *Organization Science*, Vol. 11, No. 4, 2000.

243. Sharifi H., Zhang Z., "A Methodology for Achieving Agility in Manufacturing Organizations: An Introduction", *International Journal of Production Economics*, Vol. 62, No. 1, 1999.

244. Sieg J. H., Wallin M. W., Von Krogh G., "Managerial Challenges in Open Innovation: A Study of Innovation Inter – mediation in the Chemical Industry", *R&D Management*, Vol. 40, No. 3, 2010.

245. Simard C, West J., "Knowledge Networks and The Geographic Locus of Innovation", Chesbrough, H., Vanhaverbeke, W. and West, J., *Open Innovation: Researching a New Paradigm*, Oxford: Oxford University Press, 2006.

246. Sinkula J. M., Baker W. E., Noordewier T., "A Framework for Market – Based Organizational Learning: Linking Values, Knowledge, and Behavior", *Journal of The Academy of Marketing Science*, Vol. 25, No. 4, 1997.

247. Sinkula J. M., "Market Information Processing and Organization Learning", *Journal of Marketing*, Vol. 62, No. 7, 1994.

248. Slater S. F., Narver J. C., "Market Orientation and The Learning Organization", *The Journal of Marketing*, 1995.

249. Smith M, Prieto I. M., "Dynamic Capabilities and Knowledge Man-

agement: An Integrative Role for Learning?", *British Journal of Management*, Vol. 19, No. 3, 2008.

250. Spithoven A., Clarysse B., Knockaert M., "Building Absorptive Capacity to Organise Inbound Open Innovation in Traditional Industries", *Technovation*, Vol. 31, No. 1, 2011.

251. Subbanarasimha P. N., "Strategy in Turbulent Environments: The Role of Dynamic Competence", *Managerial & Decision Economics*, Vol. 22, No. 4 – 5, 2001.

252. Tao J., Magnotta V., "How Air Products and Chemicals 'Identifies and Accelerates'", *Research – Technology Management*, Vol. 49, No. 5, 2006.

253. Teece D. J., "Explicating Dynamic Capabilities: The Nature and Micro – foundations of (Sustainable) Enterprise Performance", *Strategic Management Journal*, Vol. 28, No. 13, 2007.

254. Teece D., Pisano G., Shuen A., "Dynamic Capabilities and Strategic Management", *Strategic Management Journal*, Vol. 18, No. 7, 1997.

255. Teece D., Pisano G., "The Dynamic Capabilities of Firms: An Introduction", I*ndustrial and Corporate Change*, Vol. 3, No. 3, 1994.

256. Tether B. S., "Who Co – Operates for Innovation, and Why: an Empirical Analysis", *Research Policy*, Vol. 31, No. 6, 2002.

257. Trott P., Hartmann D., "Why Open Innovation Is Old Wine in New Bottles", *International Journal of Innovation Management*, Vol. 13, No. 4, 2009.

258. Tseng, Y. H., Lin, C. T., "Enhancing Enterprise Agility by Deploying Agile Drivers, Capabilities and Providers", *Information Sciences*, Vol. 181, No. 17, 2011.

259. Tucker R. B., *Driving Growth Through Innovation*, San Francisco: Berrett – kochler Publishers.

260. Van De Vrande V., De Jong J. P. J., Vanhaverbeke W., DeRochemont M., "Open Innovation in Smes: Trends, Motives and Management Challenges", *Technovation*, Vol. 29, No. 6, 2009.

261. Vanhaverbeke W., Van De Vrande V., Chesbrough H., "Understanding the Advantages of Open Innovation Practices In Corporate Venturing in Terms of Real Options", *Creativity and Innovation Management*, Vol. 17, No. 4, 2008.

262. Vanhaverbeke W., "The Inter-organizational Context of Open Innovation", Chesbrough, H., Vanhaverbeke, W. and West, J., *Open Innovation: Researching a New Paradigm*, Oxford: Oxford University Press, 2006.

263. Vcrona U., Ravasi D., "Unbundling Dynamic Capabilities: An Exploratory Study of Continuous Product Innovation", *Industrial and Corporate Change*, No. 12, 2003.

264. Veugelers R., "Internal R & D Expenditures and External Technology Sourcing", *Research Policy*, Vol. 26, No. 3, 1997.

265. Von Hippel E., Von Krogh G., "Free Revealing and The Private-Collective Model for Innovation Incentives", *R&D Management*, Vol. 36, No. 3, 2006.

266. Von Hippel E., "Comment on 'Is Open Innovation a Field of Study or a Communication Barrier to Theory Development?'", *Technovation*, Vol. 30, No. 11, 2010.

267. Von Hippel E., *The Sources of Innovation*, Oxford: Oxford University Press, 1988, p. 133.

268. Wagner S., Cockburn I., "Patents and The Survival of Internet-Related Ipos", *Research Policy*, Vol. 39, No. 2, 2010.

269. WallIn M. W., Von Krogh G., "Organizing for Open Innovation: Focus on the Integration of Knowledge", *Organizational Dynamics*, Vol. 39, No. 2, 2010.

270. Walter A., Aue M., Ritter T., "The Impact of Network Capabilities and Entrepreneurial Orientation on University Spin-off Performance", *Journal of Business Venturing*, Vol. 21, No. 4, 2006.

271. Wang C. L., Ahmed P. K., "Dynamic Capabilities: A Review and Research Agenda", *International Journal of Management Reviews*,

Vol. 9, No. 1, 2007.

272. West J., Gallagher S., "Challenges of Open Innovation: The Paradox of Firm Investment in Open – Source Software", *R&D Management*, Vol. 36, No. 3, 2006.

273. West J., Vanhaverbeke W., Chesbrough H., "Open Innovation: A Research Agenda", Chesbrough, H., Vanhaverbeke, W. and West, J., *Open Innovation: Researching a New Paradigm*, Oxford: Oxford University Press, 2006.

274. Wincent J., Anokhin S., Boter H., "Network Board Continuity and Effectiveness of Open Innovation in Swedish Strategic Small – Firm Networks", *R&D Management*, Vol. 39, No. 4, 2009.

275. Winter S., "The Satisfying Principle In Capability Learning", *Strategy Management Journal*, Vol. 21, No. 10 – 11, 2000.

276. Witzeman S., Slowinski G., Dirkx R. Et Al, "Harnessing External Technology for Innovation", *Research – Technology Management*, Vol. 49, No. 3, 2006.

277. Wu L. Y., "Entrepreneurial Resources, Dynamic Capabilities and Start – Up Performance of Taiwan's High – Tech Firms", *Journal of Business Research*, Vol. 60, No. 5, 2007.

278. Yin R., *Case Study Research: Design and Methods*, Beverly Hills: California: Sage Publishing, 1994.

279. Yusuf Y. Y., Adeleye E. O. A., "Comparative Study of Lean and Agile Manufacturing With a Related Survey of Current Practices in The Uk", *International Journal of Production Research*, Vol. 40, No. 17, 2002.

280. Zaheer A., Gulati R., Nohria N., "Strategic Networks", *Strategic Management Journal*, Vol. 21, No. 3, 2000.

281. Zahra S. A., George G., "Absorptive Capacity: A Review, Reconceptualization, and Extension", *Academy of Management Review*, Vol. 27, No. 2, 2002.

282. Zahra S. A., Sapienza H. J., Davidsson P., "Entrepreneurship and

Dynamic Capabilities: A Review, Model and Research Agenda", *Journal of Management Studies*, Vol. 43, No. 4, 2006.

283. Zhang Z., Sharifi H., "Towards Theory Building in Agile Manufacturing Strategy – a Taxonomical Approach", *Engineering Management*, Vol. 54, No. 2, 2007.

284. Zollo M., Winter S., "Deliberate Learning and the Evolution of Dynamic Capabilities", *Organization Science*, Vol. 13, No. 3, 2002.

285. Zott C., "Dynamic Capabilities and the Emergence of Intraindustry Differential Firm Performance: Insights from a Simulation Study", *Strategic Management Journal*, Vol. 24, No. 2, 2003.

# 后 记

窗外柳枝鹅黄,玉兰花开,是一年春风送别情,又是一年人间四月天。墨干笔停,案牍白纸已布满文字,至此,我的第一部专著,全部完成,它是在我的博士学位论文基础上形成的。王国维先生在《人间词话》里说:"古今之成大事业、大学问者,必经过三种之境界:'昨夜西风凋碧树。独上高楼,望断天涯路。'此第一境也。'衣带渐宽终不悔,为伊消得人憔悴。'此第二境也。'众里寻他千百度,蓦然回首,那人却在灯火阑珊处。'此第三境也。"闻先生之言,我心有戚戚焉。回首踏上学术生涯的心路历程,从踌躇满志到迷惘求索再到豁然顿悟,正契合了王国维先生治学、成事之道,我想学术生涯的痛在此、乐也在此,虽心中有万千所感,触于纸上却也只剩下这寥寥几语。"痛并快乐着"永远是治学里不变的态度。

"博学之,审问之,慎思之,明辨之,笃行之",是我写此书的基本态度,书稿从提笔到封笔,我不间断地阅读了大量文献资料和前人理论,希冀站在巨人的肩膀上完成自己心中的成果,查找、翻阅、思索和讨论,以不同的形式充实自己的理论基础和学术视野;反复推敲论文题目和基本框架,一次次冥思苦索,想用自己最清晰的思路表达最想要表达的观点;经历了苦索不得的过程,经历了到处请教的过程,孜孜不倦自己努力钻研,虚心向老师和前辈请教,认真寻找适合的研究方法和分析软件如何使用,力求达到最专业的水准。总之论文的完成,除了自己坚持不懈的努力,也离不开各位师长和朋友的帮助,离不开家人的关心和倾力支持,在这里我郑重向各位致以最真心和最诚挚的感谢:

我要感谢我的导师高良谋教授。高老师不仅是我学术上的导师,更是我人生的指路者，能够跟随高老师做学问、学做人是我一生的荣幸。本书的成稿，无论从选题、定题、构架还是基本思路，都倾注着高老师的心血和关注。感谢我的领导和同事，他们在本书的撰写和出版过程中，给予了莫大的帮助和支持。同时，还要感谢韵江教授、李宇教授、胡国栋副教授、王磊副教授，感谢我的朋友和亲爱的同学们。感谢他们的一路相知和相伴，感谢他们在我书稿进行数据收集以及修改阶段给予的大力支持和鼎力帮助，正是他们的宝贵意见使我及时规避了写作中会出现的问题，使本书成稿后避免了诸多瑕疵。没有他们，就没有这篇论文的特别之处。

最后还要感谢我家人，落寞时给予的鼓励；病痛时给予的关心；烦躁时给予的劝慰。无论是生活上还是学业上，对我做的一切都化成柔情温暖着我。感谢我的家人，一直理解我，默默支持我，求学这条路其实艰辛无比，付出的努力和汗水，非旁人所能理解，正是因为有家人一直默默站在我身后，才使我在求学、治学路上越走越远！感谢你们，亲爱的家人！

学不可以已，道不可以已，为自己，也为身边亲爱的人们：奋发、前行、珍重、珍惜！

马文甲
二〇一九年四月春色正好时于东财问源阁